AF349312

Sin filtro

AUTOR *BEST SELLER* DEL *SUNDAY TIMES*

GUENTHER STEINER

SIN FILTRO

MI INCREÍBLE DÉCADA EN LA FÓRMULA 1

Traducción de Joan Eloi Roca

Primera edición: diciembre de 2024
Título original: *Unfiltered. My Incredible Decade in Formula 1*

© Guenther Steiner, 2024
© de la traducción, Joan Eloi Roca, 2024
© de esta edición, Futurbox Project, S. L., 2024
Todos los derechos reservados, incluido el derecho de reproducción total o parcial.

Diseño de cubierta: Taller de los Libros
Imágenes de cubierta: © XPB Images Ltd - Alamy Stock Photo, Shutterstock | Supamotionstock.com - Shutterstock
Corrección: Gemma Benavent, Luisa Stampa, Irene Martínez

Publicado por Principal de los Libros
C/ Roger de Flor, n.º 49, escalera B, entresuelo, oficina 10
08013, Barcelona
info@principaldeloslibros.com
www.principaldeloslibros.com

ISBN: 978-84-18216-91-6
THEMA: SMF
Depósito Legal: B 20334-2024
Preimpresión: Taller de los Libros
Impresión y encuadernación: CPI Black Print
Impreso en España — *Printed in Spain*

Para mi familia y para todos los miembros
de Haas F1, de antes y de ahora[*]

[*]¡Excepto tú, Gene!

ÍNDICE

PRÓLOGO DE TOTO WOLFF

Debo confesar que cuando Guenther me pidió que escribiera este prólogo, tuve dudas. Por un lado, me sentí halagado de que me tuviera en cuenta. Por otro, no pude evitar preguntarme: «¡¿De verdad el mundo necesita otro p*** libro de Guenther?!».

Su pasaporte dice que es italiano, pero durante su etapa en la Fórmula 1 siempre ha sido *einer von uns** en la pandilla austriaca del deporte. De Niki a Helmut (Marko), pasando por Franz (Tost) y Guenther, todos ellos directos, pragmáticos y obstinados.

Sin duda, los austriacos estamos sobrerrepresentados en la Fórmula 1 y nuestro paisaje conforma nuestro carácter. En general, tenemos dos tipos de personas: los que crecen con el nivel adecuado de oxígeno en el aire, y la gente de las montañas. Guenther es uno de estos últimos, y quizá eso explique algunas cosas. Tanto él como yo dejamos la universidad y tuvimos que aprender sobre la marcha; tal vez por eso siempre nos hemos llevado tan bien.

Durante su estancia en Haas, Guenther desarrolló lo que podemos llamar educadamente un estilo de liderazgo «único». Parecía que hubiera leído un libro de gestión y luego hubiera decidido hacer lo contrario en casi todas las

* «Uno de nosotros» en alemán. *(N. de la C.)*

situaciones. Al escuchar algunas historias de su forma de dirigir a la gente, da la impresión de que, como hijo de carnicero, se limitaba a continuar con el negocio familiar. Pero, como suele ocurrir cuando se ignoran los libros de texto, de algún modo funcionó.

Tenía una visión para un equipo, y en Gene [Haas] encontró un empresario que la compartiera y financiara. Aprovechó al máximo las reglas de la Fórmula 1 para asociarse con empresas consolidadas a fin de fabricar el coche. Construyó un equipo que rendía por encima de sus recursos, con excelentes resultados tanto en la clasificación como en las carreras. Y, por último, la forma en que destaca entre la multitud lo convirtió en oro en polvo para los cineastas de Netflix, bueno, eso y que es un malhablado.

La historia de Guenther habla de trabajo duro, ingenio y determinación; desde los *rallies,* pasando por el automovilismo estadounidense, hasta su paso por la Fórmula 1, primero como jefe de equipo y ahora como comentarista en RTL.

Me gusta pensar que en su último cargo ha recogido el testigo de Niki y que aportará su visión única e intransigente del deporte.

Pero también estoy seguro de que sus aventuras en primera línea de fuego de la Fórmula 1 todavía no han terminado…

Toto Wolff
Brackley, Reino Unido, junio de 2024

INTRODUCCIÓN

Bien, amigos míos, esto es todo. El principio del fin de una era que ha durado más de una década. Una época que me ha visto a mí, un viejo italiano de las montañas, allí donde falta el aire, llamado Guenther, cuya primera lengua es el alemán, y el italiano la segunda, pero que tiene doble nacionalidad estadounidense y vive en Carolina del Norte (lo sé, soy un bicho raro), crear un equipo de Fórmula 1 desde cero con la ayuda de un fabricante californiano de máquina-herramienta y un «cavallino rampante». En el proceso, hice arquear más de una ceja y cabreé a un montón de gente (pero solo a las personas adecuadas, creo). Terminamos sextos en nuestra primera carrera, lo que sorprendió a muchos, luego quedamos quintos en el Campeonato de Constructores, y también últimos en este mismo premio (posiblemente más de una vez, lo he olvidado). Encontramos algunos patrocinadores excelentes (y algunos no tan excelentes). Le declaramos la guerra a la FIA casi cada semana y un duendecillo danés enfadado se cargó mi puta puerta. Vi cómo un francés aún más enfadado se estrellaba contra un guardarraíl a más de 230 kilómetros por hora y se chamuscaba las manos, pero vivía para contarlo (gracias a Dios). Logré una primera posición de la parrilla de salida. Creé más drama que todas las óperas italianas juntas, me divertí muchísimo, recorrí más de un millón de kilómetros volando por todo el mundo, conocí a miles de personas increíbles (además de a uno o dos cabrones), «entretuve» sin querer a unos cuantos en televisión por no tener filtro y por importarme una mierda lo que la gente pensara de mí, y me relevaron abruptamente de mis servicios profesionales mientras compraba jamón en un supermercado.

¿Qué os parece para poneros en contexto? En serio, chicos, ¿estáis listos? Va a ser una montaña rusa.

Para dejar las cosas claras, en realidad pasé doce años en la Fórmula 1, no diez, así que el subtítulo de este libro es en realidad una sarta de mentiras. Por otra parte, no tocaré demasiado mis dos años con Niki Lauda en Jaguar, aparte de alguna que otra anécdota, así que eso debería evitar que algún capullo intente demandarme.

Pero ya que hablo de Jaguar, ¿sabéis quién fue una de las primeras personas en enviarme un mensaje después de que Haas hiciera público que me dejaba marchar? Eddie Irvine. ¿Nunca habéis oído hablar de él? Tal vez debería daros más detalles. Eddie fue piloto de carreras en los viejos tiempos y condujo para mí y Niki en Jaguar cuando no podíamos conseguir a nadie mejor. ¿Os suena? Eddie hace que el joven Fernando Alonso parezca el Papa cuando se trata de ego. Hace poco me llamó para quejarse de que no lo había mencionado mucho en mi último libro, *Sobrevivir a toda velocidad*.

—Me aseguraré de incluirte en el próximo —le dije.

—¿Me lo prometes, Guenther? —respondió—. Significa mucho para mí.

—Te lo prometo. Yo me encargo. Me aseguraré de que haya al menos dos párrafos solo para ti.

Además de ser el único piloto con el que mi equipo ha logrado un podio (hasta ahora), Eddie es un *playboy* internacional al que le sale el dinero por las orejas y, por mi experiencia, siempre es prudente mantener el contacto con esa gente. A propósito, poco antes del Gran Premio de Italia de 2023 me entrevistaron en *Sky Sports UK* y por alguna razón se mencionó en la conversación el podio que Jaguar obtuvo con Eddie cuando yo estaba en el equipo, que a día de hoy es una de las mayores sorpresas que me he llevado en la vida, ya que el coche era una absoluta mierda. Unos minutos después recibí un mensaje de WhatsApp de Eddie y cuando lo abrí había una foto de su viejo Mitsubishi Shogun. «Conseguiré un podio antes que tú y conduzco este montón de chatarra», decía. Menudo idiota.

En fin, volvamos a lo que estáis a punto de leer.

Cuando Gene Haas me comunicó que no quería renovarme el contrato —encontraréis los detalles de esta conversación al final de este libro—, una de las primeras cosas que me vino a la mente fue que ahora que todo había llegado a su fin, debía ponerlo por escrito. Ya me habían pedido que escribiera una secuela de *Sobrevivir a toda velocidad,* pero lo cierto es que me faltaban ideas, y entonces ocurrió esto.

Esa noche me quedé en la cama pensando en ello y reviví toda la historia durante dos o tres horas. Tuve la idea inicial de crear un equipo de Fórmula 1 competitivo con un presupuesto reducido, es decir, un equipo estadounidense. Me puse en contacto con Stefano Domenicali, que entonces trabajaba en Ferrari. Fue la primera persona que sugirió la posibilidad de que nos convirtiéramos en una escudería cliente del Cavallino Rampante. Luego hablé con Gene para que nos financiara, después con Bernie Ecclestone, Charlie Whiting y la FIA para que nos apoyaran y nos concedieran la licencia. Tras obtener la maldita licencia, montamos la infraestructura y reclutamos al equipo. Más tarde, construimos el coche y escogimos a los pilotos. Nos presentamos por primera vez para competir y participamos en la primera carrera, todo ello mientras yo trataba de mantenerlo todo a flote. Nunca pensé ni por un momento que no sería capaz de hacerlo, pero tampoco imaginé que lo lograría. Simplemente, bajé la cabeza, me puse manos a la obra y lo hice lo mejor que pude.

Es probable que leáis esto más de una vez en el libro, pero en los últimos diez años he vivido y respirado la Fórmula 1 veinticuatro horas al día, siete días a la semana, 365 días al año, y desde la posición única de alguien que creó un equipo desde cero y lo hizo viable. Quedamos muy pocos a día de hoy. Los únicos en los que puedo pensar son Jackie Stewart, Ron Dennis y Eddie Jordan. ¿Solo estamos nosotros ahora?

Al margen de lo que se piense de mí o de lo que ha ocurrido en los últimos diez años, todos quienes han participado en Haas F1 tienen mucho de lo que enorgullecerse. También tenemos una historia que contar. Una historia que incluye risas, lágrimas, éxitos, fracasos, bastantes tonterías, conmoción, asombro, irritación, buenas decisiones, malas decisiones, decisiones terribles, ira, tragedia, estupidez, revelaciones y alguna que otra palabrota. ¿No es eso lo que todo el mundo quiere de un libro hoy en día? Eso espero, porque es lo que vais a obtener. Y prometo que, después de esto, se acabaron las listas.

Espero que disfrutes del viaje.

Guenther Steiner
Carolina del Norte, abril de 2024

2009-2015

LA IDEA

En los últimos días he intentado recordar el momento exacto en el que se me ocurrió la idea de crear un equipo de Fórmula 1 y cuándo tomé la decisión de ponerme manos a la obra y probar suerte. Ha pasado mucho tiempo desde entonces, y mi memoria es terrible. Sin embargo, ya conocéis la historia, ¿verdad? La del desastre de la US F1. Vale, por si no la sabéis, os la cuento.

A principios de 2009, dos hombres, el periodista Peter Windsor, que también había trabajado para Ferrari y Williams, y Ken Anderson, quien, irónicamente, había sido director técnico del equipo de la NASCAR del que Gene Haas es copropietario junto a Tony Stewart, Stewart-Haas Racing, anunciaron al mundo su intención de lanzar un equipo de Fórmula 1 estadounidense —el primero desde 1986—, que también sería el único con sede fuera de Europa. Recuerdo que fue una gran noticia en aquel momento, pero también que muy pocas personas de este mundo pensaban que sería un éxito. La Fórmula 1 seguía siendo un deporte minoritario en Estados Unidos, a pesar de que el público en general adoraba el automovilismo; la NASCAR y la IndyCar eran competiciones muy queridas, muy populares y habían formado parte del tejido deportivo del país durante décadas. ¿Qué posibilidades tenía la Fórmula 1?

Lo que no es tan de dominio público es que el primer Gran Premio de Estados Unidos se celebró en 1908, unos cuarenta y dos años antes de la inauguración del Campeonato Mundial de Fórmula 1. La carrera la ganó, por cierto, el francés Louis Wagner, que luego se llevaría la victoria en el primer Gran Premio de Gran Bretaña oficial en 1926. A propósito, esta información no procede de mi memoria. Por suerte, como era de esperar en un deporte obsesionado con los datos, cada fragmento de la historia de la Fórmula 1 ha quedado bien registrado.

Para la Fórmula 1 en Estados Unidos, los cien años que siguieron a esa primera carrera estuvieron llenos de contratiempos, y el momento más crítico se produjo en 2005 cuando, debido a algunos problemas con los neumáticos, solo seis coches se alinearon en la parrilla para el Gran Premio de Estados Unidos. Recuerdo que el público empezó a abuchear y, cuando terminó, apagué el televisor y le dije a Gertie, mi mujer, algo parecido a «¡Vaya mierda de espectáculo!». Posteriormente, la reputación de este deporte en Estados Unidos, que ya era muy dudosa, sufrió un golpe devastador y, dos años más tarde, la Fórmula 1 abandonó el país.

No hubo un intento de reinstaurar el deporte hasta 2010, cuando la ciudad de Austin, en Texas, obtuvo un contrato de diez años para albergar el Gran Premio de Estados Unidos a partir de 2012 en un circuito nuevo construido específicamente para ello. Así que cuando Peter y Ken anunciaron su intención de fundar un equipo de Fórmula 1 estadounidense a principios de 2009, la reputación de este deporte todavía estaba por los suelos. Aun así, unos meses más tarde, Bernie y la FIA les concedieron la licencia y, con ella, la entrada en el Campeonato Mundial de Fórmula 1 de 2010. ¿Qué podía salir mal?

Una de las razones por las que sé algo sobre esto es porque la fábrica y la sede del US F1 se habían instalado en Charlotte, en Carolina del Norte, cerca de donde yo vivía desde hacía varios años. Además, acababa de fundar una empresa de materiales compuestos llamada Fibreworks con un amigo, la cual él dirige y de la que ambos somos copropietarios hasta la fecha, y US F1 se había puesto en contacto con nosotros para que trabajásemos en el diseño de sus coches y les suministrásemos algunas piezas. Al principio, estaba muy emocionado porque no tenía ni idea de adónde nos llevaría. Sin embargo, al cabo de unas semanas, me di cuenta de que no todo iba como debía. Sencillamente, nadie en la fábrica del equipo parecía saber qué demonios estaban haciendo, y me temí lo peor.

Con el tiempo, se corrió la voz sobre nuestra relación con el equipo US F1 y, a regañadientes, me convertí en una de las personas a las que acudían las partes interesadas de la Fórmula 1 (Bernie Ecclestone, el director de carrera Charlie Whiting, y otros) para saber cómo progresaba el equipo. No es que pudiera decirles gran cosa, al menos al principio. Bernie fue el primero en ponerse en contacto conmigo.

—Guenther, me preocupa que no estén listos a tiempo —me dijo—. ¿Podrías estar al tanto?

Le respondí que por supuesto, y durante las semanas siguientes seguí de cerca la situación (o tan cerca como pude), e hice algunas averiguaciones. Era evidente que la idea de tener un nuevo equipo de Fórmula 1 en Estados Unidos atraía a Bernie y a los chicos de la competición, pero la distancia les dificultaba que pudieran controlar las cosas, supervisar el progreso y asegurarse de que estuvieran produciendo un equipo de carreras viable.

No tardé mucho en enterarme de que el equipo tenía grandes problemas, lo que no me sorprendió demasiado, y el consenso general era que no estaría listo a tiempo para la temporada de 2011, y mucho menos para la de 2010, que era el objetivo.

—No tienen ni puta idea —recuerdo que le dije a Bernie.

—Vale —respondió—. Será mejor que mande a alguien.

Creo que el enviado de Bernie llegó a Charlotte en diciembre de 2009 y, aunque nunca me contó lo que descubrieron, Charlie Whiting visitó el lugar un par de meses más tarde. Poco después decidieron cerrar el grifo y poner fin a aquel terrible espectáculo. Nunca funcionaría, y permitir que continuara solo habría perjudicado el deporte. Alguien podría escribir un libro sobre la debacle de US F1. Los chicos tenían buenas intenciones, estoy seguro, pero tenían ni idea de lo que hacían.

Mientras todo esto ocurría, me preguntaba si sería factible crear un equipo de Fórmula 1 estadounidense, siempre y cuando se hiciera de la forma adecuada. Cuando US F1 se disolvió, aún no lo tenía claro, pero decidí seguir investigando. Creo que el acuerdo de Austin todavía no se había hecho público por entonces, aunque yo creía que merecía la pena explorar la idea. Y no tenía prisa.

Unas semanas después de que el equipo US F1 se fuera al garete, recibí una llamada inesperada de un tipo llamado Chad Hurley. Chad, que era uno de los cocreadores de YouTube y lo acababa de vender a Facebook por un montón de dinero, había sido uno de los principales inversores de US F1 y quería saber si, en mi opinión, había alguna manera de que pudiera tener un coche en la parrilla para la siguiente temporada. En aquel momento, yo era probablemente uno de los pocos habitantes de Estados Unidos con algún conocimiento sobre cómo funcionaba la Fórmula 1, así que le dije que lo pensaría y haría algunas llamadas.

—Tu única opción —le dije a Chad unos días después— sería barajar la idea de comprar los dos coches de HRT.

El equipo madrileño HRT Team tenía grandes problemas financieros en ese momento y no habían podido pagar los siete millones de euros que le debían a Dallara, la empresa que había construido sus coches.

—Por lo que sé, los coches están muy avanzados —añadí—. ¿Por qué no vuelas hasta allí e intentas llegar a un acuerdo?

—Pero yo no los conozco —respondió Chad—. ¿Podrías ir tú por mí? Ya has dicho que conoces al dueño de Dallara.

No estoy seguro de qué me impulsó a hacerlo, pero acabé accediendo a la petición de Chad y tomé el siguiente vuelo a Parma, en Italia, cerca de la fábrica Dallara. Hacía varios años que conocía al fundador y propietario de la empresa, el señor Giampaolo Dallara, y cuando le propuse la idea, se mostró receptivo. Pero había varios problemas, como saber si Dallara era realmente propietaria de los coches. Además, con independencia de si lo era o no, iba a hacer falta mucho más que comprar un par de coches para estar en la parrilla de salida. Era el momento de llamar a otro de mis contactos.

Stefano Domenicali, el actual CEO del Formula One Group, cuyo mayor logro profesional hasta ahora es haber escrito la introducción de mi primer libro, *Sobrevivir a toda velocidad,* era el director de la Scuderia Ferrari desde 2008 y éramos amigos desde mis días en Jaguar. Como estaba en Italia, decidí hacerle una visita, en parte porque quería oír su opinión sobre los coches y la situación de HRT, y en parte también porque la comida en la fábrica de Ferrari en Maranello es increíble y quería un almuerzo gratis.

—No te involucres en eso, Guenther —me aconsejó Stefano—. No saldrá bien. Es un regalo envenenado. Tienes una buena reputación en la Fórmula 1, no la estropees.

Por mucho que confiara en Stefano y valorara su opinión (en especial sobre mi reputación en la Fórmula 1), decidí llamar a Bernie, por si se me escapaba algo en las altas esferas. Al fin y al cabo, seguía siendo el dueño de la Fórmula 1, y si alguien podía darme la última palabra sobre todo ello, era él. Acabé teniendo dos reuniones con Bernie. No porque estuviéramos haciendo progresos, sino porque el asunto era absurdamente complicado.

—Es un puto desastre —le dije a Chad—. Lo siento, pero es hora de cerrar el tema.

Por supuesto, estaba decepcionado porque había malgastado millones de dólares, pero no podía hacer nada más.

Aparte de un viaje gratuito a Italia, algunas conversaciones interesantes y un buen almuerzo, lo único que saqué de aquello fue la constatación de que, gracias a mi experiencia y mis contactos, si alguna vez lo deseaba, tal vez podría montar un equipo de Fórmula 1 yo mismo. Ya se había anunciado el acuerdo de Austin, lo cual hacía que la idea de tener un equipo estadounidense fuera factible y atractiva. Sin embargo, lo que me asustaba era la cantidad de dinero que habría que invertir en infraestructura. Esto había sido la perdición de varios equipos (más adelante ocurriría con otros) y era una de las razones por las que el deporte estaba en crisis. Si la memoria no me falla, incluso existía la posibilidad de que no hubiera suficientes coches en las parrillas de 2011 y 2012.

Esto obligó a Bernie y a la FIA a buscar formas en que las partes interesadas pudieran mitigar algunos de los costes iniciales y continuos asociados a la creación, el funcionamiento y, en algunos casos, la ruina de un equipo de Fórmula 1. En mi opinión, una de las ideas más viables y atractivas era permitir a los nuevos equipos comprar piezas transferibles de fabricantes existentes para mantener bajos los costes. Esto, por un lado, resolvía la cuestión de la sostenibilidad y, al mismo tiempo, también proporcionaba ingresos a los fabricantes.

Aunque me gustaba la idea, quería comprobar si había alguna forma de conseguir que todo se basara en una relación (entre el equipo nuevo y el existente) en lugar de en una mera transacción. No una asociación exactamente, sino más bien una colaboración. Entonces decidí llamar a Charlie Whiting.

—Según el nuevo reglamento —empecé—, si montara un equipo, ¿qué podría y qué no podría comprarle a un fabricante?

—Todo menos el chasis —dijo—. Y, por supuesto, tendréis que encargaros de vuestra propia aerodinámica.

—Entonces, ¿podría establecer una relación con un equipo en la que fuéramos sus clientes y, al mismo tiempo, pudiéramos desarrollar nuestra propia tecnología e incluso aprender unos de otros?

—Bueno, no hay nada en el reglamento actual que lo prohíba —respondió Charlie.

A pesar de ello, tenía mis dudas. Desconocía si un fabricante podría apostar por algo así. La idea del equipo cliente ya había irritado a más de uno en este deporte (sobre todo a los equipos más pequeños con dificultades financieras), así que llevarlo a otro nivel podría resultar excesivo.

—No seas tonto, Guenther —me dijo mi antiguo jefe, Niki Lauda, cuando se lo conté. Por aquel entonces trabajaba con Mercedes y era la persona perfecta para aconsejarme—. Siempre y cuando los parámetros sean los adecuados —añadió—, ¿por qué no iba a funcionar? Al fin y al cabo, todo el mundo sale ganando.

—¿Y qué pasa con Bernie?

—Yo me encargo de Bernie —contestó Niki—. Cuando llegue el momento, hablaré con él.

El primer fabricante con el que me reuní fue Mercedes. A pesar de que se mostraron cautelosamente entusiastas con la idea, a la hora de la verdad resultaban demasiado caros. En retrospectiva, me alegro de que así fuera, ya que Ferrari era, con diferencia, lo más apropiado para mí, como italiano y como posible director de equipo. Puede que parezca un poco egocéntrico, pero al fin y al cabo yo era la única persona trabajando en esta idea, así que tenía que empezar por mí. Además, no solo Stefano Domenicali era un buen amigo mío, sino que tenía también bastantes amigos en la fábrica de Ferrari en Maranello. Me pareció el enfoque adecuado.

Al igual que había hecho con Mercedes, mantuve varias reuniones con Stefano y sus colegas de Ferrari. Esta vez, sin embargo, no había cautela en su entusiasmo.

—Me gusta la idea —dijo Stefano—. Así que, si encuentras el dinero, intentaremos hacer que funcione.

Aunque acabo de referirme a mí mismo como director de equipo, o al menos como posible director de equipo, en realidad no tenía ni idea de en qué podría consistir mi papel (en detalle, al menos) si mi idea llegaba a materializarse. Al fin y al cabo, son los equipos o los fabricantes quienes suelen contratar a los directores de equipo, mientras que yo estaba intentando crear uno de cero y encontrar un fabricante con el que trabajar. Además, al haber dirigido la escudería Jaguar junto a Niki Lauda, entendía a la perfección lo que implicaba el papel tradicional de director de equipo. Mi rol sería mucho más amplio, pero eso era todo cuanto sabía en aquel momento.

Aunque no estaba reinventando la rueda exactamente, no había un plan definido para lo que estaba haciendo o lo que tenía pensado, o al menos no uno que se hubiera ejecutado hacía poco o que hubiera tenido éxito. En parte, eso era lo que le daba emoción. Si me hubiera limitado a copiar el proyecto de otro, no me habría interesado tanto, así que probablemente no lo habría intentado. La Fórmula 1 se basa en el progreso a través de la innovación y, a mi manera, eso era lo que estaba haciendo.

—¿Cuál es el siguiente paso? —me preguntó Gertie cuando volví de Maranello.

—El siguiente paso es encontrar el dinero —dije—. Tengo que dar con un multimillonario.

EL DINERO

Hoy es probable que la Fórmula 1 sea uno de los deportes que más dinero mueve del planeta. Incluso equipos más pequeños como Haas se han valorado recientemente en unos mil millones de dólares, por lo que el futuro de este deporte nunca ha sido tan brillante, al menos en el plano financiero. En 2011, que es cuando empecé a buscar inversores, las cosas eran muy diferentes. Para empezar, se trataba de un deporte mucho más pequeño, tanto en términos de popularidad global como de número de personas involucradas. En el aspecto financiero, la situación era muy distinta.

Aparte de que ahora es un negocio para multimillonarios y no para millonarios, la Fórmula 1 se considera una apuesta segura a la hora de invertir, por lo que los interesados piden a gritos, literalmente, entrar en la parrilla. ¿Por qué? Porque es más popular que nunca y se gestiona de forma equitativa, o al menos mucho más equitativa que en 2011. El concepto de convertirse en un equipo cliente no hizo nada para mitigar la desigualdad que existía entre los equipos en aquellos días —en todo caso, la reforzó—, pero eso no consiguió desanimarme. Bernie no podía aferrarse para siempre, y una vez se hubiera ido, quién sabe, las cosas podrían cambiar.

Lo primero que hice cuando decidí buscar inversores fue elaborar un plan de negocio. Todavía lo conservo y, con la portada incluida, solo ocupa ocho páginas. La razón de ello es que se trataba más un tema de discusión que de un documento detallado de la idea. Por supuesto, puedo ser más preciso si es necesario, pero prefiero serlo después de haber mantenido una conversación inicial. Cuando empecé a hablar con Gene Haas, por ejemplo, me hacía preguntas casi constantemente y así siguió hasta mucho después de que obtuviéramos la licencia.

Esto también demuestra una de las principales diferencias entre cómo hacíamos las cosas entonces (o debería decir, cómo las hacía yo) y cómo deberían hacerse en la actualidad, lo que una vez más es representativo de lo mucho que ha cambiado el deporte. Ahora no se me ocurre ningún escenario posible en la Fórmula 1 en el que alguien pueda aparecer con una propuesta impresa de ocho páginas hecha en PowerPoint y ponerse a hacer negocios, y menos aún fundar un equipo. Tuve que hacerme a la idea a toda prisa, y a medida que el deporte se desarrollaba, me adaptaba con gusto. Puede que sea viejo y decrépito, pero no soy tonto del todo.

Entre 2011 y 2013 me debí de reunir con cinco o seis personas interesadas en invertir en el equipo, así que no fueron demasiadas. Al principio se mostraban optimistas, pero ninguno de los interesados estuvo cerca de aceptar. No estoy seguro de a qué se debió. Pude haber sido yo, la propuesta, el estado en el que se encontraba la Fórmula 1 entonces, o las tres cosas a la vez. Pero no estaba especialmente decepcionado. Al fin y al cabo, esto era lo que mis amigos de los talleres de *rally* del Reino Unido solían llamar «una apuesta». Pensaba que la idea podía funcionar, pero también era consciente de que las posibilidades de reunir el dinero eran escasas. En retrospectiva, si no hubiera tenido los contactos que tenía en el deporte, no creo que hubiera durado demasiado. De hecho, me atrevería a decir que fue la influencia y el apoyo de todos ellos lo que me hizo seguir adelante, en especial los de Stefano, Niki y Charlie.

Debo decir que, hasta cierto momento que abordaré unas páginas más adelante, esta nunca fue mi motivación para levantarme de la cama por las mañanas. Claro que no, joder. Suena un poco disparatado al plasmarlo sobre el papel, pero para mí, montar un equipo de Fórmula 1 no era más que una afición a tiempo parcial a la que le acompañaba un gran sueño. En 2009 había creado mi empresa, Fibreworks, y desde entonces había dedicado la mayor parte de mi tiempo a ayudar a construirla. Ese era mi pan de cada día, aunque durante los primeros años no tuve muchos beneficios. Dicho esto, siempre había soñado con crear una empresa, solo o con un socio, y me encantaba cada momento de esta aventura.

Otra persona que me animó a seguir adelante con la idea de fundar un equipo de Fórmula 1 fue Gertie. Durante la mayor parte de nuestra relación, yo me había dedicado al automovilismo de una forma u otra, y ella sabía que, en el fondo, me apetecía volver a ello. De vez en cuando me preguntaba si había novedades y compartía mi entusiasmo si, por ejemplo, encontraba un posible inversor. Por otro lado, también se compadecía cuando todo se iba al garete, como ocurría siempre hasta que encontré a Gene.

En retrospectiva, fue importante para mí tener un apoyo fuera de la Fórmula 1, porque de no haber sido así, se habría quedado en un mero eco. Stefano, Niki y Charlie eran geniales, pero también estaban totalmente inmersos en el deporte. Necesitaba un nivelador, y Gertie era perfecta para ello. Además, a veces hacía muy buenas sugerencias, como la de darle un nombre al equipo.

—¿Qué quieres decir con ponerle un nombre? —le pregunté la primera vez que me lo propuso.

—Cuando hagas tu presentación —me explicó—, no puedes llamarlo «Equipo de Fórmula 1 de Guenther Steiner».

Tenía razón. Si alguien era lo bastante astuto e inteligente como para darle a Guenther Steiner decenas de millones de dólares que invertir en un nuevo equipo de Fórmula 1, sin duda querría tener algo que decir al respecto; el equipo necesitaba un nombre.

—Es un buen argumento —dije—. Déjame pensarlo.

Tenía claro que no quería incluir mi nombre, así que, tras investigar un poco, me decidí por North American Racing Team (NART). Luigi Chinetti ya lo había utilizado antes en el automovilismo. Desde finales de los cincuenta hasta finales de los sesenta, este italiano emigrado a Estados Unidos compitió principalmente en carreras de resistencia, con mucho éxito. A su vez, participó en la Fórmula 1, donde también le fue bien, pero solo en Norteamérica y México.

La similitud más llamativa entre el NART de Luigi y el que yo proponía era, con diferencia, que ambos habíamos dependido (o dependeríamos) de una relación con Ferrari. Luigi fundó NART en 1958 para promocionar la marca Ferrari en Norteamérica. Había pasado años vendiendo Ferraris al por mayor en la zona y cuando se le ocurrió la idea de competir con ellos (primero en carreras de resistencia), Ferrari accedió a proporcionarle coches, mecánicos industriales y todo el apoyo que necesitara.

Fiel a la opinión generalizada de que Ferrari fabricaba algunos de los mejores coches del mundo, NART solo inscribía coches en las carreras más prestigiosas, como las 24 Horas de Le Mans, las 12 Horas de Sebring y las 24 Horas de Daytona, y consiguió victorias en las tres. A pesar de que dentro de la Fórmula 1 solo corrieron en México y Norteamérica, en 1964, tras inscribir un Ferrari 158 en representación de la Scuderia Ferrari pero bajo el nombre de NART, ayudaron a conseguir victorias tanto para Ferrari, que ganó el Campeonato Mundial de Constructores de Fórmula 1, como para John Surtees, que ganó su primer y único Campeonato Mundial. En fin, después de haber leído todo sobre la escudería de Luigi y su relación con Ferrari, tenía sentido seguir su ejemplo y rendir homenaje a sus esfuerzos y logros.

Forza NART!

No puedo dar nombres aquí, pero a finales de 2011 tenía una reunión programada con un inversor potencial que de verdad pensé que se rascaría el bolsillo. Lo conocía desde hacía tiempo y ya habíamos hablado de ciertos requisitos por teléfono. No solo por su parte, sino también por la mía. En aquella época, había muchas personas rondando el mundo de la Fórmula 1 que te hacían perder el tiempo, y yo ya me había pillado los dedos. O, mejor dicho, había malgastado medio día de mi puñetera vida con alguien que no tenía intención de invertir, sino que solo quería saber más sobre la idea. Menudo capullo.

La reunión con el posible inversor (no con el capullo) salió muy bien, y fue la primera vez que recuerdo haber pensado que podría hacerse realidad. Suelo interpretar muy bien las reacciones de la gente, y la suya fue increíblemente positiva. Además, hizo, en mi opinión, todas las preguntas correctas y no pareció inmutarse ante las respuestas, o, más bien, ante las cifras.

—¿Cómo te ha ido? —me preguntó Gertie cuando llegué a casa—. Bastante bien, por la expresión de tu cara.

—No estoy seguro —dije—, pero creo que podría haber algo. Este hombre sabe lo que se hace.

—Pero ¿es rico?

—¿Rico? Caga putos billetes.

—¡GUENTHER!

—Perdón.

¿Os he dicho que se supone que no debo decir palabrotas en casa? Pues así es. Gertie es bastante estricta, y tiene algo que ver con que tengamos una hija adolescente. De verdad que me esfuerzo por portarme bien, pero las palabrotas aparecen de vez en cuando. ¿Qué puedo decir? Pasé diez años trabajando en los *rallies* y, como consecuencia, a veces soy un malhablado.

Aproximadamente una semana después recibí una llamada del inversor potencial y me dijo que ya no estaba interesado.

—No es por ti —me explicó—, ni por la propuesta. Es el deporte en sí. Es demasiado volátil y desigual para mi gusto. Lo siento, Guenther.

—No lo sientas —dije—. Lo entiendo perfectamente.

Durante unos segundos, me sentí decepcionado, pero entonces el imparable optimismo de los Steiner empezó a imponerse. De acuerdo, no había invertido. ¡Ni él ni nadie! Pero sí había mostrado un interés genuino. La propuesta le había parecido sólida y realista. O al menos eso me dijo. Por lo que sé, podría haber estado tomándome el pelo.

—¿Cómo te va, Guenther? —me preguntó Niki por teléfono ese mismo día—. ¿Sabes algo?

—Tuve una muy buena reunión con un tipo la semana pasada.

—Pero ¿invertirá?

—No, pero le gustó la propuesta.

—Menudo idiota.

—Gracias, Niki. Agradezco tu apoyo y tus palabras amables.

—No hay problema, Guenther.

Dado que los inversores potenciales solo aparecían de vez en cuando, no me esperaba otro a corto plazo. Sin embargo, apenas una semana después de que Niki se refiriera al último como «menudo idiota», apareció uno nuevo, aunque en ese momento no me di cuenta.

Iba de camino a una reunión en Charlotte cuando de repente me topé con una cara conocida.

—Maldita sea, Joe, ¿cómo estás? Hace años que no te veo.

Conocí a Joe Custer, el director del equipo NASCAR Stewart-Haas Racing en 2005, cuando me mudé a Carolina del Norte para montar un equipo de la NASCAR para Red Bull. Por diversas razones, aquello no funcionó, al menos para mí, y no había vuelto a verlo desde que dejé el equipo un año después. Estuvimos charlando durante casi una hora, pero cuando llegué a casa por la noche, algo me inquietaba.

—Mierda —dije en voz alta—. Habría sido perfecto.

Por suerte, Gertie no estaba en ese momento. Maldije en cuanto me di cuenta de que el dueño del equipo de Joe, Gene Haas, era exactamente el tipo de persona con la que debía hablar sobre la propuesta.

—¿Crees que el señor Haas estaría interesado? —le pregunté a Joe cuando lo llamé al día siguiente.

—Tal vez —respondió—. Pero Gene vive en Los Ángeles. ¿Por qué no quedamos para tomar un café? Me haces la presentación a mí y si creo que a Gene puede interesarle, se lo transmito.

—Perfecto.

Quedamos en reunirnos en el Starbucks de Mooresville unos días después, e hice la presentación.

—Bien, ¿qué te parece? —pregunté al terminar.

—Es muy interesante —comentó Joe.

—¿Lo bastante para pasárselo al señor Haas?

—Creo que sí —añadió, y tomó la presentación—. Gene vendrá a la ciudad esta semana. Se la daré y te llamaré en cuanto pueda.

Me esforcé por no emocionarme, pero me resultó imposible. Sabía que Gene Haas vivía en Los Ángeles, pero era dueño de un equipo de la NASCAR situado al final de la calle. Mejor aún, entendía cómo funcionaba la industria del automovilismo.

Durante las cuatro semanas siguientes no supe nada de Joe, pero no importaba. Si Gene la hubiera rechazado, me lo habría dicho, así que pensé que la ausencia de noticias era una buena noticia. Entonces, un jueves por la noche, justo en cuanto llegué a casa, mi teléfono empezó a sonar. Era Joe.

—Hola, Guenther. Gene está en la ciudad para la carrera de la NASCAR en Charlotte este fin de semana y le gustaría conocerte. ¿Estás libre para cenar el sábado?

—¡Por supuesto!

Hasta ahora, cada inversor potencial había sido diferente, ya que algunos se habían mostrado receptivos a la presentación y otros no tanto. Con Gene volvió a ser distinto, pues apenas habló durante nuestras dos primeras reuniones, aunque nunca tuve la sensación de que no estuviera interesado. Se limitó a mantener sus cartas ocultas y a usar sus palabras con moderación.

—¿Cómo crees que ha ido? —le pregunté a Joe el lunes después de la cena.

—Es difícil de decir —contestó—. No sé si te has dado cuenta, pero Gene no habla demasiado.

—¡No me digas!

—Pero lo importante es que si no le interesara, me lo habría dicho.

Una vez más, la ausencia de noticias era una buena señal.

Pasaron dos semanas hasta que una mañana me llamó un número que no reconocí. Normalmente lo habría ignorado, pero tenía la sensación de que podía ser Gene.

—Guenther —dijo la persona que llamaba—. Soy Gene Haas.

¿Qué puedo decir? Soy un maldito genio.

—Tengo algunas preguntas para ti —añadió.

No recuerdo qué me preguntó, pero fui capaz de responder allí mismo. No hubo comentarios sobre la presentación ni sobre las contestaciones que acababa de darle. Solo hacía preguntas que, una vez respondidas, desaparecían.

Durante las semanas siguientes, las llamadas de Gene se volvieron cada vez más frecuentes, hasta el punto de que empecé a esperarlas. Como en la primera llamada que recibí, lo único que hacía eran preguntas. Algunas de ellas estaban relacionadas con la presentación, otras con Dallara, que fabricaría el chasis y nos ayudaría a construir el coche, otras con Ferrari, por supuesto, que se encargaría de la mayoría de las piezas transferibles, y otras con el deporte en general y la gente de las altas esferas. Nueve de cada diez veces podía responder de inmediato o tras una rápida llamada, lo que parecía complacer a Gene. Aun así, debo añadir una cosa: sin duda, era muy meticuloso.

Esto duró más de un año, y aunque estaba desesperado por saber en qué punto se encontraba Gene con respecto a la idea, nunca lo forcé a hablar.

—Eres tonto, Guenther —dijo un día Niki—. Llevas un año hablando con este hombre. ¿Qué le pasa?

—Nada, que yo sepa. Me llama, me hace un montón de preguntas, yo las contesto y luego cuelga.

—¿Está realmente interesado?

—Si te soy sincero, no tengo ni puñetera idea, Niki. Eso espero.

—Creo que ya es hora de que tome una decisión, ¿no crees? Pregúntale en qué punto está.

—De acuerdo, lo haré.

Niki tenía razón. Entendía que Gene quisiera asegurarse antes de tomar cualquier decisión, pero no se me ocurría ninguna pregunta que no hubiese respondido ya. Además, a todos se les estaba acabando la paciencia. Y con todos me refiero a Stefano, Bernie, Charlie y Niki, por supuesto. Gene estaría en Charlotte ese fin de semana, así que decidí preguntarle entonces.

—¿Qué crees que pasará? —me dijo Gertie el día antes de su llegada.

—Sinceramente, no lo sé. Desde el primer día me advirtieron de que si no estaba interesado me lo diría, pero ya no sé qué pensar. O tal vez se le ha olvidado decírmelo.

A pesar de la falta de progreso y claridad, siempre había intentado convencerme a mí mismo de que no saldría adelante. No era pesimismo; más bien, estaba siendo realista. La Fórmula 1 seguía siendo un deporte increíblemente inestable (sobre todo si eras propietario de un equipo) y, aunque tenía fe tanto en mi propuesta como en mi capacidad, comprendía a la perfección que cualquier posible inversor quisiera echarse atrás. En la vida hay que correr riesgos, pero de una forma razonable. Sabía que no podía venderle la idea a nadie. Debían querer hacerlo.

Al día siguiente, Gene me llamó. Esta vez solo tenía una pregunta para mí:

—¿Puedes venir a mi despacho de la fábrica? Quiero hablar contigo.

Llegué a su oficina sobre las dos de la tarde.

—Tengo que conectarme a una reunión con la junta directiva —comentó. Me dispuse a salir de la habitación, pero me dijo que no me molestara—. No tardaré —me aseguró.

Mientras tanto, decidí enviar algunos correos electrónicos. Estaba a medio escribir el segundo cuando Gene dijo algo que me llamó la atención.

—Por cierto —les explicaba a los miembros de la junta—, Guenther y yo vamos a solicitar una licencia de Fórmula 1.

Aquello era nuevo para mí.

—¿De verdad? —pregunté cuando colgó el teléfono.

—Por supuesto.

Después de tres largos años de negociaciones con una sucesión de pretendientes, por fin iba a ponerlo en marcha.

—Pero antes de hablar de eso —dijo—, tengo algunas preguntas que hacerte.

Joder.

LA LICENCIA

—Ya era hora. Empezaba a pensar que este hombre te estaba haciendo perder el tiempo o era un lunático.

—Gene Haas no es nada de eso —le dije a Niki, que me había llamado para felicitarme—. Solo es un hombre de negocios muy astuto y con mucho éxito que quiere tener las cosas claras.

—Pero no sin antes hacer una infinidad de preguntas. Enhorabuena, Guenther. Ya casi lo tienes.

Aunque obviamente lo había considerado todo antes de redactar y presentar mi propuesta a las partes interesadas, no me había planteado cómo podrían cambiar las cosas en términos de actividad si llegábamos a esta fase. Cuando por fin ocurrió, me llevé una gran sorpresa. En lugar de que Gene me llamara cada dos días para hacerme preguntas y Niki cada dos semanas para comprobar si había algún progreso, mi móvil empezó a sonar sin parar. Se había empezado a correr la voz de que Gene y yo íbamos a solicitar una licencia y la gente quería saberlo todo.

—Dejadme en paz de una puta vez —les respondí a la mayoría—. Acabamos de iniciar el proceso para obtener la licencia; es todo lo que puedo decir.

Por suerte, bastantes de las llamadas eran de personas implicadas en el proceso de solicitud que necesitaban información. Esto fue positivo, ya que cada llamada nos servía de recordatorio de que estábamos avanzando.

Aproximadamente una semana después de anunciar que íbamos a solicitar una licencia, viajé a Europa por asuntos de Fibreworks. A eso de las tres de la madrugada de la segunda noche de mi estancia empezó a sonarme el móvil. Todavía cansado por el viaje, me había quedado dormido sobre las nueve y media de la noche, y no me hizo ninguna gracia que me despertaran.

—¿Quién coño es? —murmuré mirando el teléfono. No reconocía el número, pero estaba tan desesperado por gritarle a quienquiera que me hubiera despertado de un sueño tan profundo que contesté—. Sí, ¿quién es? —gruñí. Fuera quien fuera, estaba a punto de recibir una buena bronca.

—Guenther, soy Niki —me contestó—. Estoy en la India con Bernie y Stefano. Están aquí conmigo ahora y tenemos puesto el altavoz, así que ten cuidado con lo que dices de ellos. Hemos hablado de tu solicitud y Bernie tiene algunas preguntas que hacerte.

—¿En serio? —dije, mientras trataba de levantarme de la cama sin caerme de culo en el proceso—. Bien Bernie, estoy listo —añadí—. Dispara.

Durante las dos horas siguientes, me interrogó sobre lo que tenía en mente y cómo pensaba ejecutar y sostener el proyecto, con intervenciones ocasionales de Niki Lauda. Por suerte para mí, Gene ya me había hecho casi todas las preguntas, así que pude explicarme con cierta soltura.

—Ha ido bastante bien —me comentó Niki al día siguiente—. Le gusta la idea y, lo que es más importante, le gustas tú. Creo. Un poco.

No podría haber deseado un comienzo mejor, a pesar de que me tomó por sorpresa.

La siguiente persona que me interrogó fue Charlie Whiting, a quien conocía mucho mejor que a Bernie, y luego Jean Todt, el presidente de la FIA. Todas estas conversaciones eran preliminares, por cierto. A instancias de Niki, se les había animado a conocerme a mí y a la propuesta antes de que se hiciera pública la solicitud para la licencia y nosotros realizáramos la presentación oficial. Stefano también les había hablado bien de mí a Bernie y Jean, así que todo era muy alentador.

A propósito, mi idea original era empezar utilizando piezas de la temporada anterior, lo que abarataría aún más los costes.

—Eso está muy bien —dijo Gene—, pero ¿cómo vamos a ser competitivos? Me gustaría estar a la par con Ferrari desde el principio.

Al final, volamos a Italia para conocer a Stefano y a Mattia Binotto, que dirigía el departamento de motores de Ferrari.

—De hecho, nos viene mejor que sean iguales —explicó Stefano—, porque solo tendríamos que hacer un modelo de cada pieza.

En lugar de dejarlo ahí, Stefano y yo ampliamos el concepto, lo que llevó a Haas a convertirse en lo que se conoce como un equipo satélite de Ferrari.

Hoy sería imposible crear un equipo bajo ese concepto, pues las normas son mucho más estrictas. También creo que algunos de los equipos existentes podrían tener algo que decir al respecto. En aquella época, el reglamento aún no concretaba el número de piezas que un equipo cliente podía comprar a un fabricante, sencillamente porque nadie había pensado en hacerlo. Todo estaba todavía abierto a debate, y nosotros lo aprovechábamos al máximo. Ya lo he dicho muchas veces, pero en esta situación, o un equipo se queda sin dinero o a un inversor se le acaba el entusiasmo, y mi trabajo consistía en intentar asegurarme de que Gene Haas tuviera suficiente de ambos.

Lo que traté de hacer entender a todo el mundo durante el proceso, ya fuera Gene, Bernie, Charlie o Jean, era que el concepto beneficiaba a todos. El fabricante con más experiencia y éxito de la parrilla nos suministraría las piezas y nos daría apoyo continuo, la Fórmula 1 contaría con un equipo nuevo con un modelo de negocio mucho menos arriesgado que el de los que se habían ido (y se seguían yendo) a la mierda y Ferrari tendría un nuevo cliente que pagaría sus facturas a tiempo y que estaba dispuesto a desarrollar aún más la relación, dentro de la normativa, por supuesto. Era la típica situación en la que todos salían ganando, al menos a mis ojos.

Lo primero que tuve que hacer para solicitar la licencia fue rellenar algo llamado convocatoria de interés, que básicamente informaba a la FIA de nuestras intenciones y les hacía saber quién estaba involucrado. Me refiero a esto en pasado, pues es muy probable que el proceso haya cambiado a estas alturas. En cualquier caso, si se aceptaba, ya se podía presentar la solicitud. Aquí es donde las cosas se ponían serias, ya que para hacerlo tenías que abonar a la FIA una fianza no reembolsable de 150 000 euros. Esto era para pagar la debida diligencia llevada a cabo por la FIA y para desenmascarar a los mentirosos.

—Así que si no conseguimos la licencia, estoy jodido —dijo Gene cuando se lo comuniqué.

—Yo no diría jodido, exactamente. Solo un poco más pobre. O debería decir un poquito menos rico. De todos modos, vamos a obtener la licencia. Ya lo verás.

¡Qué manera de confiar en los propios instintos!

En retrospectiva, lo único que se me ocurre que podría habernos hecho descarrilar en ese momento era el hecho de que Gene tuviera antecedentes penales. Aunque todavía no lo sabe mucha gente, en enero de 2006, Gene empezó a cumplir una condena de dos años de cárcel por evasión fiscal y dieciséis meses después salió en libertad condicional. No puedo asegurarlo, pero me atrevería a decir que, hoy en día, cualquiera que solicite una licencia de Fórmula 1 y tenga antecedentes penales, y encima recientes, no pasaría de la primera base. Sin embargo, cuando Gene y yo la pedimos, las cosas eran diferentes. El deporte estaba desesperado por nuevos equipos, así que había que mantener los ojos, los oídos, las bocas y los culos cerrados.

En las ligas de fútbol de Gran Bretaña, como la Premier League, existe una prueba llamada «Fit and Proper Persons test» (prueba de idoneidad), diseñada para evitar que personas sin escrúpulos y poco fiables se conviertan en propietarias de un club de fútbol profesional o formen parte de la junta directiva de este. Imagino que esto se puso en marcha debido a malas experiencias anteriores. Estoy seguro de que no es perfecto (no se ha detenido o procesado a todas las personas poco fiables o sin escrúpulos), pero supongo que ha marcado una diferencia.

Aunque desconozco cuál era la postura exacta de la Fórmula 1 con respecto a quiénes consideraban personas aptas para poseer o dirigir un equipo, la condena de Gene y su posterior sentencia apenas se mencionaron durante el proceso de solicitud. Tengo dos teorías sobre el porqué. La primera es que a la gente de arriba simplemente no le importaba y estaban desesperados por tener un nuevo equipo, y la segunda es que como yo era el rostro y la voz de la candidatura (y no había estado en la cárcel) no lo consideraron un problema. En mi opinión, la segunda teoría es la más probable, pero creo que la primera también tuvo algo que ver.

Por curioso que parezca, los únicos que mencionaron la condena de Gene durante el proceso para solicitar la licencia fueron algunos amigos del sector que habían oído hablar de la candidatura, pero que en realidad no estaban implicados. De nuevo, no puedo dar nombres (lo siento, ¡me matarían!), pero recibí al menos siete u ocho llamadas telefónicas. La mayoría suponía que yo no sabía nada de su condena, y cuando les dije la verdad se sorprendieron.

—Pero ¿lo saben Bernie y la FIA? —preguntó uno de ellos.

—Claro que sí. Es de dominio público. Gene no ha intentado ocultar nada, pero tampoco lo ha gritado a los cuatro vientos.

Durante todo el tiempo que trabajé con Gene Haas, solo tuvimos una breve conversación sobre su estancia en la cárcel, y de ella aprendí dos cosas. Primero, que se puso muy en forma mientras estuvo allí porque hacía ejercicio todos los días, y segundo, que estaba a cargo de la caldera. Eso es todo.

Una vez finalizada la diligencia debida, en febrero de 2014 nos invitaron a hacer una presentación ante el consejo de la FIA para explicar, una vez más, lo que teníamos en mente para el equipo y cómo íbamos a conseguirlo y mantenerlo. La única persona de la FIA que no asistió fue el presidente, Jean Todt. Todos los demás estaban presentes. Los juristas, el director técnico y el director general. Y Charlie y Bernie, por supuesto. Lo único que me puso un poco nervioso antes de que Gene, Joe Custer y yo viajáramos a la sede de la FIA en la ciudad suiza de Ginebra (en realidad, la presentación tuvo lugar en Francia, ya que la sala de reuniones de la FIA estaba al otro lado de la frontera) fue el hecho de no haber contratado los servicios de un abogado. Al menos una docena de personas me lo habían recomendado, pero yo siempre lo había descartado.

—¿Para qué coño iba a necesitar un abogado? —le dije a uno de ellos.

—¿Para que responda a las preguntas legales durante la presentación? Supongo que los abogados de la FIA sí que estarán presentes.

—Sí, supongo que sí. No te preocupes, estaré bien.

Sin embargo, cuando llegamos a la FIA, tuve la sensación de haberme precipitado al descartar la idea. Pero ya era demasiado tarde. Había que jugársela.

La otra preocupación que algunos tenían acerca de la presentación, aunque yo no, era el hecho de que ni siquiera utilizaría PowerPoint.

—¿Qué vas a usar, entonces? —me preguntó un amigo.

—Un folio con algunos puntos.

—¿Un qué?

—Un puto folio con algunos puntos. ¿Estás sordo o qué?

Según mi amigo (que, para ser justos, había trabajado en el mundo del motor durante mucho tiempo, de modo que no era un completo idiota), por muchos contactos que tuviera en el sector o en la FIA, una presentación con el objetivo de conseguir una licencia de equipo para la categoría más alta de las carreras internacionales de monoplazas del mundo merecía algo más que un folio con algunos puntos escritos. De hecho, me planteé elaborar unas diapositivas en PowerPoint, que es lo que había preparado en un principio para presentarles la idea a posibles inversores como Gene, pero al final decidí no hacerlo.

—Todo está en mi cabeza —le dije a mi amigo—. Una presentación en PowerPoint sería una distracción, para mí y para ellos.

A algunos les parecerá una locura, pero lo mantengo. No es que fuera a haber cien personas en la sala (había unas diez), y yo quería que todas se concentraran plenamente en quien estaba hablando, no en una maldita pantalla. Por cierto, tampoco tenía un guion. Los puntos eran todo lo que necesitaba para exponer nuestro caso y confiaba en que entre Gene, Joe y yo seríamos capaces de responder a todas las preguntas.

—No —recuerdo que le insistí a mi amigo—. Una presentación en PowerPoint sería demasiada distracción. Voy a improvisar.

—¿En serio? Buena suerte —dijo.

La presentación en sí está ahora un poco borrosa. No porque estuviera nervioso ni nada de eso. En realidad, no me pongo nervioso. Soy demasiado tranquilo para eso. Mi filosofía de vida es «lo que tenga que ser, será, y mientras me haya esforzado al máximo, estaré bien». Supongo que esto era un poco diferente porque llevaba varios años trabajando en ello, pero si todo se quedaba en nada, ¿qué podía hacer? Al diablo con todo. No tengo tiempo para preocuparme por cosas que no puedo cambiar. Eso es para los tontos.

Aunque a Gene tampoco se le veía nervioso, cuanto más se acercaba el día de la presentación, más parecía preocupado por lo que pudiera ocurrir si nos la rechazaban. Yo era el que había hecho todo el trabajo, pero él era quien había desembolsado 150 000 euros.

El motivo por el que tengo borroso el recuerdo de la presentación es que todo fue muy intenso y apenas paré de hablar durante más de dos horas. Tras explicarles el concepto a través de los puntos y decirles que si nos daban la licencia los cerdos volarían y los elefantes cantarían, lo que nos llevó una hora y media, pasamos a las preguntas de los miembros de la junta, la mayoría de las cuales tuve que responder yo debido a mi cargo y a todo lo que sabía.

Pensándolo bien, fui a esa reunión muy confiado. Tengo bastante seguridad en mí mismo y, aparte de ayudar a crear Fibreworks, no había trabajado en nada más desde hacía más de tres años.

—¿Cómo crees que ha ido? —me preguntó Gene cuando terminamos—. ¿Crees que conseguiremos la licencia?

—Sinceramente, no lo sé, Gene —le contesté—. Eso depende de la FIA. Hemos hecho todo lo que hemos podido. Esperemos a ver qué pasa.

Unos cinco minutos más tarde recibí un mensaje. Era de un miembro de la junta directiva de la FIA, cuya identidad permanecerá en secreto para siempre. «Joder, Guenther», decía. «Nadie sabe darle tanto a la lengua como tú. Si no consigues una licencia después de esa interpretación, nadie lo hará».

—En realidad, Gene —rectifiqué—, digamos que estoy confiado.

El viernes 11 de abril tomé un avión de Charlotte a Los Ángeles para asistir al Gran Premio Toyota de Long Beach de 2014, que suele ser la segunda o tercera carrera de la IndyCar Series. La presentación a la FIA había tenido lugar dos meses antes y Charlie Whiting me había comunicado hacía unos días que la decisión sobre la solicitud era inminente.

El vuelo de Charlotte a Los Ángeles duró unas seis horas y, tras recoger mi equipaje, encendí el teléfono y me dirigí a la salida. Cuando volvió a la vida (mi móvil tardaba una eternidad en aquellos días), me notificó que tenía treinta y cinco nuevos correos electrónicos. ¡En seis horas! Me iba a alojar en casa de un amigo en Los Ángeles y, mientras esperaba a que me recogiera, empecé a revisarlos. «Mierda, borrar, mierda, borrar, mierda, borrar, mierda, borrar, Charlie Whiting». ¡Maldita sea! El asunto del correo decía algo así como «Decisión sobre la licencia». Así que era eso.

Antes de abrir el correo electrónico, me recordé una vez más que si la respuesta era negativa, el mundo no se vendría abajo y mi familia y yo seguiríamos estando bien.

«Estimado Guenther —empezaba—. Me complace informarle de que su solicitud para la Superlicencia ha sido aceptada».

A diferencia de muchas otras cosas que he intentado recordar de forma desesperada mientras escribía este libro, puedo describir con exactitud cómo reaccioné ante la noticia de la licencia. A nivel emocional fue increíble, una mezcla de emoción, alegría, alivio y temor, mientras que físicamente solo pude sonreír durante unas seis horas. En serio, ¡parecía que me hubiera drogado! También sentí orgullo. Gene lo había hecho posible con su dinero, pero yo había sido el responsable tanto de la idea como de la ejecución. No suelo echarme flores, pero en esta ocasión estaba dispuesto a hacerlo.

Gene fue la primera persona a la que llamé tras recibir el correo electrónico. Como de costumbre, era difícil saber si se sentía eufórico, engañado, deprimido o enfadado. Pero creo que estaba eufórico.

—Bien hecho, Guenther —me felicitó—. Ahora empieza el trabajo.

Recuerdo que pensé: «¿Empieza? Llevo trabajando en esto más de tres malditos años». Pero Gene tenía razón. Cuando leí el correo supe que, al menos en el futuro inmediato, podía despedirme de cualquier tipo de vida social. Tenía que formar un equipo de Fórmula 1.

LA CAMPAÑA DE CONTRATACIÓN

—Hoy pareces muy contento —dijo Gertie una mañana, más o menos una semana después de que nos concedieran la licencia—. Está empezando a convertirse en un hábito.

—Eso es porque estoy feliz —respondí—. Voy a ver a Gene en media hora en la fábrica, luego tengo llamadas con Niki y Charlie.

—¿Ahora sobre qué tenéis que hablar? Esos dos ya deben estar hartos de ti.

—Si lo estuvieran, me lo dirían, créeme. Ambas llamadas son sobre la lista de cosas que tengo que hacer. Se hace más larga con cada minuto que pasa.

El tema principal de conversación entre Gene, la FIA y yo nada más obtener la licencia era cuándo empezaríamos a competir. Un miembro del consejo de la FIA estaba muy interesado en que empezáramos en 2015, lo que nos habría dado menos de un año para prepararnos. Aunque hubiera sido posible montar el equipo a tiempo para esa temporada, lo más probable era que fracasáramos, y eso nos habría hecho retroceder años. La noticia sobre una posible participación en la temporada de 2015 me ponía nervioso. Si el resto de la FIA apoyaba la idea, nos veríamos obligados a participar.

—No te preocupes —dijo Stefano, que estaba a punto de cambiar la Scuderia por Audi—. Participar en 2015 tampoco le iría bien a Ferrari.

—Entonces, ¿podrías decírselo a la FIA, por favor? —le pregunté—. Estoy de los nervios.

Por suerte, Stefano hizo lo que le pedí y todo el mundo estuvo de acuerdo en que el equipo Haas F1 se uniera a la parrilla para la temporada 2016. ¡Qué alivio! Aun así, solo tenía un año y medio para montarlo todo desde cero, empezando por un grupo de personas que se convertiría en la columna vertebral del equipo. Era el momento de sacar la agenda de contactos.

La primera persona a la que llamé fue un hombre llamado Nigel Newton, con quien había trabajado en Jaguar y más tarde lo haría en Red Bull. Hoy, Nigel es el director comercial europeo de Haas F1, lo que sea que eso signifique, pero en 2014 lo que necesitaba que hiciera, y sabía que era más que capaz para ello, era mantenerme en el buen camino y ocuparse de los detalles y las cosas aburridas. No hay otra forma de decirlo. Ya sabéis a qué me refiero: crear empresas, organizar permisos y licencias y redactar contratos. Yo podía hacer algunas de estas cosas, pero siempre necesitaba a alguien detrás de mí con una aspiradora y un maldito bastón. Es el tipo de trabajo que odiaría hacer, pero a Nigel parecía gustarle. ¡Qué bicho raro! Y lo que era mejor, se le daba bien.

Una de las siguientes personas a las que llamé fue Alan Maybin, que había sido jefe de mecánicos en Jaguar durante mi etapa allí. Ahora trabajaba para Marussia F1 Team, que estaba a punto de irse a pique, y cuando lo llamé para preguntarle si quería venir a ayudarme a crear un nuevo equipo, me dijo que sí. Una de las razones por las que llamé a Alan fue que conocía a mucha gente que trabajaba actualmente en este mundo. Yo también, pero la mayoría eran administradores, y lo que necesitaba ahora mismo eran técnicos. Así que cuando le pregunté a Alan si podía recomendarme un buen director de equipo, que de nuevo resultaría fundamental para ayudarme a contratar a estas personas, me sugirió a Dave O'Neill.

—También está en Marussia —dijo Alan—, y es un buen tipo.

No sé si estoy narrando esto en el orden correcto, pero una de las siguientes personas a las que contraté fue Kate Mackenzie, que hasta hacía poco trabajaba como coordinadora de viajes para Caterham F1 Team. Al igual que Marussia, Caterham ya había quebrado o estaba a punto de hacerlo, y Kate, que venía muy recomendada, estaba en el mercado. Por suerte, ella también aceptó y sigue en el equipo a día de hoy. Os prometo que Kate Mackenzie podría organizar un autobús lleno de monos chiflados y llevarlos a cualquier parte del mundo a tiempo.

Asegurarme de que me rodeaba de la gente adecuada desde el principio fue uno de los factores por los que el proceso de crear un equipo de Fórmula 1 resultó menos desalentador y estresante de lo que cabría imaginar. Siempre he creído que en un equipo eres tan bueno como la gente que te rodea, y este fue un buen ejemplo. Además, en cuanto se corrió la voz de que Haas estaba contratando personal, empezamos a recibir multitud de currículums. Algunas de las personas que contratamos al principio tuvieron que negociar sus contratos con otros equipos, pero como en aquel momento no teníamos dónde colocarlas, no hubo problema.

También decidimos rechazar a otros candidatos porque no entendían o no valoraban lo que intentábamos conseguir. Creo que, ahora, la gente en la Fórmula 1 es mucho más abierta, pero hace diez años se desconfiaba de todo lo que no reflejara el modelo tradicional del deporte.

Con tantos equipos cayendo en bancarrota, no faltaban candidatos, eso seguro, pero debíamos asegurarnos de que los interesados solicitaban el empleo por las razones adecuadas, que de verdad creían en el proyecto y lo entendían.

Debo hacer mención a Stuart Morrison, que era y sigue siendo el jefe de prensa de Haas, y a Pete Crolla, a quien se contrató originalmente como jefe de logística, pero que ahora es el jefe de equipo Haas desde hace varios años. A ambos los contratamos desde el principio y se convirtieron en mis ojos y mis oídos; Pete en el garaje y Stuart, en el *paddock*. El trabajo de Stuart consistía en evitar que yo dijera estupideces y palabrotas delante de los micrófonos y las cámaras, así que deberían haberlo despedido hace años. Pero son unos tíos estupendos. Dos de los mejores.

Las últimas personas a las que contratamos antes de los pilotos fueron los mecánicos, en parte porque tenían plazos de preaviso más cortos que el resto, y en parte porque en realidad no los necesitaríamos hasta que se aproximara el inicio de la temporada 2016. Por cierto, diría que una vez que terminamos la campaña inicial de contratación, alrededor del noventa por ciento de los miembros de la plantilla venían de otros equipos, así que estaban listos para empezar.

Mientras yo me ocupaba de eso, Gene Haas y Joe Custer estaban ocupados organizando la construcción de nuestras nuevas instalaciones en Kannapolis, en Carolina del Norte. Por suerte para mí, estaba a unos veinticinco minutos en coche de mi casa, aunque solo fue una coincidencia. De principio a fin, la construcción duró menos de un año, lo que significa que nos trasladamos allí a finales de 2014. Mientras tanto, empecé a buscar un local en el Reino Unido. La idea inicial era alquilar algo primero, pero cuando la sede de Marussia en Banbury, en Oxfordshire, salió a la venta como parte de su liquidación, Gene decidió comprarla.

Una vez que la compra de Banbury estuvo en marcha, viajé a Italia para reunirme tanto con Ferrari como con Dallara. Comenzamos a trabajar en el coche en noviembre de 2014 y, tras decidir utilizar el túnel de viento de Ferrari, que había sido idea mía y del equipo satélite de Stefano, alquilamos allí una oficina para el equipo de aerodinámica. Este equipo estaba dirigido por un hombre llamado Ben Agathangelou, a quien, en realidad, habíamos contratado de Ferrari y que recientemente había terminado de remodelar ese mismo túnel de viento. También alquilamos una oficina (mucho más grande) en Dallara para los diseñadores.

La persona encargada de supervisar tanto el diseño como la construcción del nuevo coche, además de reunir al equipo de diseño, era Rob Taylor, nuestro recién nombrado diseñador jefe. Tras haber trabajado conmigo en Jaguar, Rob había dirigido el diseño del primer coche de Fórmula 1 para Red Bull, el RB1, y luego había pasado un tiempo en McLaren. Creo que contraté a Rob a finales de 2014, así que estuvo con nosotros casi desde el principio en el proceso de diseño.

A lo largo de los años me han preguntado muchas veces por qué el equipo tiene una sede en Estados Unidos y dos en Europa (Banbury y Dallara), y la respuesta es sencilla. Las instalaciones de Kannapolis, cuya edificación empezó antes de que obtuviéramos la licencia, se construyeron en parte para demostrarle a la FIA que íbamos en serio. Sin duda, era un gran compromiso, pero a Gene le pareció bien, gracias a Dios.

En aquel momento no sabíamos exactamente qué uso daríamos a las instalaciones, pero acabaron albergando el departamento de administración, los departamentos de recursos humanos y finanzas, uno de CFD (dinámica de fluidos computacional) —resulta que había un montón de buenos ingenieros de CFD en la zona—, y otro de maquinaria.

La instalación de Banbury estaba destinada más bien al desarrollo durante un fin de semana de carrera y acogería a los equipos de carrera y de apoyo. También sería adonde se trasladarían los coches después de la competición. Los departamentos de ingeniería eléctrica, sistemas de control, rendimiento del vehículo y gestión del programa también tendrían su sede allí, al igual que los departamentos de comunicación y *marketing*. Una de las principales razones por las que nos pareció esencial que el equipo contara con unas instalaciones en el Reino Unido fue que la Fórmula 1 realiza desde allí sus operaciones de transporte marítimo y aéreo.

Hace un par de semanas, un periodista amigo mío me preguntó si había alguien que me hubiera servido de mentor en el proceso de creación del equipo. Se esperaba que mencionara a Niki Lauda, pero no fue así en absoluto. Por supuesto, me había ayudado mucho a conseguir la licencia, pero no podía acudir a él con todos mis problemas cotidianos. Era mi amigo, no mi asistente. Aunque hubiera podido acudir a alguien, no lo habría hecho. Tenía que poder confiar plenamente en las personas que tenía a mi alrededor. Si no, ¿qué sentido tenía contratarlas? Desde luego, si hubiera surgido un problema que creyera que me superaba, podría haber consultado a alguien, pero eso nunca ocurrió. Además, no debemos olvidar que personas como Rob Taylor, Nigel Newton, Alan Maybin y Dave O'Neill estaban mucho mejor informados que yo sobre el panorama actual de la Fórmula 1, así que la mayoría de las veces me limitaba a preguntarles. Y lo hice, ¡muchas veces!

No quiero parecer arrogante, pero cuando empecé a

formar lo que finalmente sería el Haas F1 Team ya tenía bastante práctica en la creación de empresas, e incluso de equipos de automovilismo. Mi experiencia con Fibreworks era la más reciente y, aunque era una industria diferente, muchos de los procesos eran los mismos, al igual que la actitud que debía adoptar para que funcionara.

Una experiencia mucho más relevante fue la que conseguí trabajando para Malcolm Wilson en el M-Sport Rally Team a finales de los noventa. Hasta entonces, Ford le había suministrado los coches a M-Sport, pero un día cambiaron de opinión y le propusieron a Malcolm que lo hiciera él mismo. Para ello tenía que crear un equipo desde cero y, en un gesto de valentía, me encargó a mí el proyecto.

—¿Estás preparado, Guenther? —me preguntó Malcolm.

—No tengo ni idea —dije—. Pero daré lo mejor de mí.

En total, solo teníamos ocho meses para diseñar y construir un coche nuevo, y no disponíamos de instalaciones ni de personal. Era a una escala mucho menor que el proyecto de Fórmula 1, pero había muchas similitudes. También disponía de una gran libertad de actuación. Malcolm solo se involucraba cuando yo lo necesitaba. De hecho, me pareció absolutamente brillante en ese aspecto.

La lección más importante que aprendí al formar el equipo para Malcolm fue que lo que yo entregaba tenía que ser correcto en todos los aspectos. Sé que suena rudimentario, pero supuso una gran lección en términos de responsabilidad, y me dio la mentalidad que necesitaba para poder hacerlo de nuevo. De no haber contado con esa experiencia, dudo que hubiera tenido la confianza suficiente para plantearme siquiera la idea de crear un equipo de Fórmula 1. En realidad, probablemente sí la habría tenido, pero no creo que me hubiera ido tan bien. ¡Todo es culpa tuya, Malcolm!

Mi forma de dirigir ha sido a menudo objeto de conversaciones con periodistas y, para ser sincero, siempre he intentado esquivarlo. No es que me sienta culpable de nada, solo que no me gusta demasiado analizar mi personalidad o mi comportamiento. Me pasa lo mismo con todo el asunto de *Drive to Survive,* la serie documental de Netflix llamada *La emoción de un Grand Prix* en castellano. Nunca he visto un episodio entero porque si lo hiciera vería cosas que no me gustan de mí mismo y empezaría a modificar mi comportamiento. Creo que no hay que andar jodiendo con la perfección. Aunque siempre intento ser bueno con la gente, prefiero mejorar sobre la marcha, y lo hago. O al menos, eso espero.

A pesar de mi experiencia gestionando a un gran número de personas, estas habían estado ubicadas en una o dos sedes como máximo, y siempre había tenido ayuda. Ahora iba a tener a mi cargo a unos ciento cincuenta empleados repartidos en tres sedes localizadas en dos continentes diferentes. No me preocupaba en absoluto. Ante todo, confiaba en las personas que me rodeaban y que se encargarían de su gestión diaria. También tenía fe en mi convicción de que si alguien está dispuesto a trabajar duro para mí, yo siempre trabajaré duro para él. He visto de primera mano a jefes que no tratan a su personal como seres humanos y eso hace que me hierva la sangre. En mi opinión, a gente así no se le debería permitir tener un negocio, y mucho menos emplear y dirigir a buenas personas.

Tal vez no os sorprenda saber que durante los primeros días de Haas, cuando se estaba creando el equipo, si discutía con un compañero solía ser por dinero. ¡No mi dinero, el de Gene! Todo el mundo intentaba hacerlo todo al mismo tiempo y las peticiones de dinero no paraban de llegar. Yo siempre estaba muy ocupado, así que a veces tardaba un poco en dar el visto bueno o en comunicar una decisión a los demás.

Cuando contraté a nuestro jefe de equipo, Dave O'Neill, que es londinense y se parece al pequeñajo de aquella comedia británica *Only Fools and Horses,* no lo conocía de nada, pero fue, con diferencia, el miembro más persistente de mi equipo inicial a la hora de pedir dinero. El resto me enviaban un correo electrónico y esperaban pacientemente una respuesta. Dave no. Era como un niño pesado que quiere que le compres caramelos. Por desgracia, como no nos conocíamos antes de que se uniera al equipo, esta fue mi presentación, y no me importa admitir que me sacó de quicio casi desde el principio. Solo intentaba hacer su trabajo, por supuesto, pero eso hizo que empezáramos con mal pie y, al principio de nuestra relación laboral, solo quería acabar con él.

Aquí os dejo un ejemplo.

Como responsable de las paradas en boxes, Dave quería contratar a un fisioterapeuta para mantener a su equipo en forma. Su petición inicial me llegó a través de un correo electrónico y le contesté diciendo que era algo en lo que ya había pensado y que hablaría con él más adelante. Para Dave, eso equivalía a mandarlo a la mierda, así que, en lugar de esperar a que me pusiera en contacto con él, se dedicó a convertirse en mi némesis. Durante la semana siguiente me mandó unos treinta correos en los que me pedía que tomara una decisión. Contesté a los dos primeros y le recordé que organizaría una reunión al respecto lo antes posible, pero no se dio por satisfecho. Recuerdo que un día le dije a Alan Maybin:

—Voy a matar a este tío. Es como un perrito que no para de morderte los tobillos.

Alan sonrió.

—Pero es muy bueno en su trabajo, Guenther.

—¡Esa es la única razón por la que no lo he despedido aún!

Unos días más tarde visité las instalaciones de Banbury, que es donde se encontraba Dave, o Dave-o, como todo el mundo lo llamaba. Llegué a Heathrow en un vuelo nocturno y, cuando aterricé, fui directamente a la sede sin haber dormido más de dos horas. En cuanto entré por la puerta, Dave-o me abordó para hablarme del fisioterapeuta. En serio, no podía haber elegido peor momento. Esperaba que quisiera hablar conmigo y había planeado buscar el momento para hacerlo. Pero ¿en ese momento? ¿Tras solo haber dormido dos horas? A la mierda el fisioterapeuta. Quería contratar a un sicario.

En retrospectiva, desde el punto de vista de un directivo, lo que debería haber hecho en esta situación es verlo con la perspectiva de Dave-o. Para mí solo era un punto más en la lista de tareas pendientes, mientras que para él era mucho más importante. Y Alan tenía razón. Dave-o era muy bueno en su trabajo, que era lo único que de verdad importaba. Por desgracia, yo era testarudo, no tenía experiencia en gestión y no estaba acostumbrado a la enorme capacidad de insistencia de Dave. Para colmo, también me pedía que firmara el pago de medio millón de libras por unas cajas de carga, lo cual no ayudaba mucho.

—¿Dónde demonios están esas cajas? —le pregunté cuando por fin pudimos hablar.

—La empresa tiene su sede en Norfolk —respondió—. Mañana voy a verlos.

—De acuerdo —le dije, probablemente fulminándolo con la mirada—. Iré contigo.

—¡Genial! —exclamó Dave-o, ¡y lo decía en serio!

A pesar de que me enfadaba mucho por todo, a él no parecía afectarle lo más mínimo, lo que provocó que me hirviera aún más la sangre.

—Ya que vamos, podemos visitar a la empresa que está haciendo las salas de cableado para el garaje —propuso—. En realidad, tengo que hablar contigo acerca de eso. Va a costar alrededor de…

—¡Madre mía, Dave, una cosa detrás de otra!

—Vale, Guenther. Hasta mañana.

Incluso me saludó con la mano, alegre, mientras salía de la habitación, como diciendo: «¡Disfruta de tu infarto, Guenther!»

Además de querer ver las cajas de medio millón de libras con mis propios ojos, supuse que tres horas juntos en un coche serían suficientes para que Dave-o y yo llegáramos a algún tipo de entendimiento. O eso, o lo mandábamos todo al garete y acabábamos matándonos el uno al otro. Durante las dos primeras horas, la conversación fue bastante aburrida. Yo aún estaba cansado (en aquella época siempre lo estaba) y ambos intentábamos evitar los temas que sabíamos que podían provocar una discusión, que eran básicamente todos.

De repente, cuando estábamos a unos cuarenta y cinco minutos de nuestro destino, oí un pitido.

—¿Qué demonios es eso? —le pregunté a Dave-o.

En el salpicadero empezó a parpadear una luz que indicaba que el depósito había llegado a cero. Antes de que tuviera tiempo de responder, pasamos junto a una señal en la A11 que nos indicaba que la siguiente gasolinera estaba a treinta kilómetros.

—Mierda —dijo Dave-o.

Lo miré y me eché a reír.

—Voy a decirte algo —empecé—. Como se acabe la gasolina, yo me quedaré aquí, al volante, y tú bajarás a empujar.

—Me parece justo —dijo Dave-o.

Tras salir de la A11 en la siguiente salida, nos las arreglamos para encontrar una gasolinera y evitamos el desastre… ¡por poco! Y lo que es más importante, aquello ayudó a romper el hielo entre nosotros, y después de eso todo fue bien. Él consiguió limitar sus correos electrónicos en los que me pedía dinero a sesenta al día, y yo logré dejar de comportarme como un cabrón testarudo. Sin embargo, esta experiencia me enseñó una valiosa lección sobre gestión: no hables con cretinos ingleses justo después de un maldito vuelo nocturno.

LOS PILOTOS

Nunca había reclutado pilotos de carreras y, para ser sincero, no me hacía demasiada ilusión. No tenía ningún problema con los pilotos en sí. Según mi experiencia, la mayoría estaban bien. Lo que me preocupaba era la mierda por la que había que pasar para contratarlos.

En lugar de recibir un currículum como el de un ingeniero o un mecánico, recibes una llamada telefónica o un correo electrónico de un mánager, un abogado o un agente. No pretendo poner en duda que estas personas defiendan los intereses del piloto al que representan, pero también los suyos propios, algo de lo que fui consciente tras haber sido testigo de cómo Niki Lauda y Malcolm Wilson contrataban a los pilotos. Algunos solo desean que sus pilotos (y ellos mismos) ganen tanto dinero como sea posible, lo que no debería ser la única consideración, y otros simplemente intentan justificar su existencia. Al hacerlo, a menudo se convierten en un grano en el culo y, o bien entorpecen o, en algunos casos, incluso arruinan lo que podría haber sido una oportunidad beneficiosa para ambas partes.

Con el tiempo me acostumbré a esto como director de equipo, pero nunca fue fácil. ¿Y por qué iba a serlo? Al fin y al cabo, las cifras que se manejan cuando se contrata a un piloto son considerables y la presión que se ejerce sobre esa persona para que rinda desde todos los frentes —propietarios, aficionados, medios de comunicación, miembros del consejo de administración, etcétera—, es enorme. Esto, junto con todo lo que ya he mencionado, puede provocar que el punto de partida sea tenso y, en ocasiones, desfavorable.

Por fortuna, a pesar de las situaciones que acabo de comentar, a mí siempre me han importado una mierda esos directivos y agentes, y no los trato de forma diferente a como trataría a un conocido. Soy educado y directo. No les haré la pelota ni les daré palmaditas en la espalda, aunque me lo pidan, y no me preocupa demasiado ni la situación política ni lo que puedan pensar o decir de mí después. De verdad, chicos, id a buscar a alguien a quien le importe una mierda, porque si venís a mí con jueguecitos y exigiendo que os baile el agua, os llevaréis una gran decepción. A mí no me van estos circos.

Para equilibrar la balanza, debo señalar que en los últimos años las cosas han mejorado un poco y las personas con las que uno tiene que lidiar en relación con los pilotos suelen ser profesionales y sensatas. Aun así, lo ideal para mí es hablar con el piloto lo antes posible. De este modo, podríamos tener una oportunidad de avanzar antes de que uno de los dos muera de aburrimiento.

Lo creáis o no, dos de los primeros pilotos con los que hablé para que se unieran a Haas fueron Kevin Magnussen y Nico Hülkenberg. Recuerdo que me reuní con Kevin en Monza y, aunque me cayó muy bien, Gene y yo concluimos que quizá era demasiado joven. ¿Cuántos años tendría entonces, veintidós, veintitrés? En conjunto, las personas que había reunido hasta ahora tenían mucha experiencia, pero no sabían trabajar en equipo. Esto hizo que la decisión de seleccionar a pilotos con mucha trayectoria antes que a otros menos experimentados fuera casi un requisito previo. La pregunta más obvia que teníamos que hacernos era: ¿cómo van a reaccionar al trabajar con un grupo de personas que todavía no son un equipo? Kevin solo había corrido una temporada cuando hablamos en 2014, y se quedó fuera en la de 2015. Claro que tenía talento, mucho, pero debía cultivarlo, y en ese momento no encajaba con nosotros.

Cuando hablamos con Nico en 2015, ya estaba a mitad de su quinta temporada en la Fórmula 1 y cuando nos vimos en persona congeniamos a las mil maravillas.

—Es el elegido —le dije a Gene.

Después de un par de reuniones más habíamos acordado los términos y estábamos en proceso de formalizar el contrato. Poco antes de firmar, Nico me llamó para decirme que había decidido quedarse en Force India. Aunque me sentí un poco decepcionado, no tuve ningún problema, y habría reaccionado igual independientemente de a quién hubiera contratado o para qué puesto. Era su decisión, su futuro, y en esa situación no hay reglas sobre cuándo puedes cambiar de opinión o por qué. Si hubiera sido nuestra única opción, habría pateado su culo alemán por todo Hockenheim mil veces, pero no lo era.

El siguiente piloto que me llamó la atención fue Romain Grosjean. Esto sería alrededor del final de la temporada 2015, y a él ya se le había acabado el contrato con Lotus, que estaba a punto de convertirse en Renault de nuevo. Su agente era un tipo llamado Martin Reiss, con el que me llevaba bien. Cuando lo llamé y le hice la propuesta, me dijo que hablaría con Romain, pero que estaba seguro de que le interesaría. Me sorprendió, la verdad. En 2015, Romain había terminado entre los diez primeros en no menos de diez ocasiones, con un podio, y en 2013 había conseguido seis podios y acabó séptimo en el Campeonato. Incluso aunque Renault no quisiera retenerlo, lo que me habría parecido extraño dado que es francés, seguramente uno o más de los equipos establecidos se habrían matado por contratarlo. En esta ocasión, por la razón que sea, me alegra decir que me equivoqué, y después de visitarnos varias veces en nuestras instalaciones de Banbury, Romain aceptó firmar. De hecho, las negociaciones fueron tan bien que en pocas semanas teníamos un contrato preparado. *Comme c'est putain de magnifique!*[*]

Ahora en serio, el fichaje de Romain fue todo un acierto. En términos de desarrollo, necesitábamos un piloto que conociera el deporte y los circuitos al dedillo, y él era ese hombre; además, su entusiasmo nos sorprendió a todos. Era extraordinario. No sé si fue porque estaba descontento en Lotus, pero cuando se unió al equipo parecía un niño en una tienda de golosinas. Romain lleva el corazón en la mano, así que si está contento, lo sabes.

A medida que pasaba el tiempo, empezaba a preocuparnos la búsqueda de un segundo piloto. Me había puesto en contacto con unos diez diferentes (o con sus representantes), y los que me parecían adecuados habían decidido quedarse donde estaban, como Nico, o irse a otro sitio. Por desgracia, no todos eran tan aventureros como Romain. También había mucho escepticismo sobre el hecho de que fuéramos otro equipo nuevo. No solo por parte de los pilotos y sus representantes, sino de mucha otra gente a la que queríamos contratar. Por supuesto, teníamos un modelo de negocio diferente al de los demás equipos, que era más sostenible, pero eso no le decía nada a algunas personas. Logramos conquistar a quienes aceptaron la invitación de venir a visitarnos a Banbury, y se marcharon con una impresión totalmente distinta.

Al final, el hombre que había sustituido a Stefano Domenicali como director de equipo de la Scuderia Ferrari,

---

[*] ¡Qué jodidamente maravilloso! *(N. del T.)*

Maurizio Arrivabene, acudió en nuestro rescate. Sugirió a uno de los pilotos de pruebas y desarrollo de Ferrari, Esteban Gutiérrez. Además de haber terminado tercero en la GP2 Series de 2012, Esteban había pasado las temporadas de 2013 y 2014 conduciendo a tiempo completo para Sauber.

—Es un buen chico —dijo Maurizio—. Y si lo hace bien con vosotros, podríamos darle una oportunidad.

Ferrari también proporcionaría a Haas pilotos de pruebas y desarrollo durante al menos las primeras temporadas. A diferencia de nuestro fichaje por Esteban, sin embargo, eso se había acordado hacía tiempo y tenía mucho sentido para todos los implicados. Los pilotos de pruebas y desarrollo que nos cedieron para 2016, por cierto, fueron Antonio Fuoco, Jean-Eric Vergne y Charles Leclerc. Y antes de que preguntéis, sí, Charles condujo para Haas. Si no me falla la memoria, fue en la primera sesión de entrenamientos libres (FP1) tanto en el Gran Premio de Gran Bretaña como en el de Alemania. De hecho, estoy bastante seguro de que Charles pilotó un Haas durante un fin de semana de carrera antes de conducir un Ferrari. Me gusta Charles. Es un tipo muy agradable y con mucho talento.

Me estoy adelantando un poco, pero durante la temporada 2016 empezó a circular el rumor de que si Charles ganaba la GP3 Series ese año, pilotaría para Haas en 2017 de forma automática. Por desgracia, eso era mentira, y aunque sí ganó la GP3 Series, en 2017 participó en el Campeonato de Fórmula 2, donde también ganó. Imagina lo que podría haber sido si hubiera pilotado para nosotros. Él se lo pierde, obviamente. Menudo idiota.

La contratación de los pilotos no era ni de lejos la última pieza del rompecabezas, aunque fue una de las últimas cosas que cerramos antes de finales de 2015. Como siempre, ese año mi mujer Gertie, mi hija Greta y yo pasamos las Navidades en nuestra casa de Italia y recuerdo que empecé las vacaciones bastante relajado. No se había producido ningún gran desastre hasta entonces, y todo había ido más o menos según lo previsto (tocar madera). Habíamos atravesado dificultades, por supuesto, y habíamos aprendido de ellas, pero nadie había muerto ni acabado en una celda acolchada (por increíble que parezca). Lo mejor de todo era que el equipo parecía estar contento en general y seguíamos contratando a gente buena. La construcción del coche avanzaba a buen ritmo y las pruebas de choque de la FIA para el chasis y el alerón delantero estaban previstas para principios de enero. Al menos tenía algo que me hacía ilusión.

2016

LA PRUEBA

Cuando me acostumbré a dirigir Haas, mis Navidades se volvieron un poco más relajadas, en el sentido de que no tenía que trabajar tanto e incluso había veces en las que podía apagar el teléfono. Esto también se debió al hecho de que ahora la gente insiste en tomarse vacaciones durante las Navidades, lo que es ridículo. Si hubiéramos tenido una oficina cerca de casa, en Italia, habría estado tan ocupado como siempre.

Hay ciertas cosas que son sagradas en Navidad, como que Gertie, Greta y yo vayamos juntos a pasear por las montañas y a ver a los amigos. Sin embargo, admito que siempre me ha parecido muy frustrante la idea de que la Fórmula 1 se paralice por completo durante un par de semanas. Ahora parece una locura, pero a veces, mientras nos relajábamos, miraba el móvil con nostalgia con la esperanza de que se encendiera de repente con alguna mierda de la que tuviera que ocuparme. Eso es lo que el trabajo puede hacerte. Lo consume todo.

Durante al menos el primer año de existencia de Haas como equipo activo de Fórmula 1, el trabajo no aflojó, ya que seguíamos creciendo y perfeccionando todo. Esto significaba que en Navidad la vida continuaba más o menos como siempre, solo que a un ritmo un poco más lento, lo que me venía como anillo al dedo. Dirigir un equipo de Fórmula 1 es una ocupación, o una vocación, que abarca las veinticuatro horas del día, los siete días de la semana, y no tengo ningún problema en admitir que lo acepté desde el principio. Gertie y Greta ya estaban acostumbradas a la cantidad de tiempo que pasaba trabajando, y con la llegada de aplicaciones como Facetime y Teams, no importaba el lugar del mundo en el que me encontrara, podíamos comunicarnos como siempre. De hecho, diría que como teníamos que hacer un esfuerzo para estar en contacto en esas circunstancias, a menudo acabábamos hablando más que cuando estaba en casa. No estoy abogando por pasar meses lejos de tu familia, por supuesto, pero puede funcionar y no tiene por qué ser el fin del mundo. No tener nada que hacer sí que es el fin del mundo, al menos para mí.

Cuando llegó el 1 de enero de 2016 me sentía como Nico Hülkenberg en una fábrica de espejos. ¡Estaba emocionado de cojones! La prueba de impacto de la FIA iba a tener lugar en Italia dentro de unos días y, si la superábamos, que estaba seguro de que lo haríamos, estaríamos un paso más cerca de conseguir lo que se había convertido en el sueño de todos los que trabajábamos en el equipo: estar en la parrilla de Melbourne. La prueba de impacto, por cierto, consistía en aplicar presión sobre el chasis y, a continuación, realizar una prueba de impacto con el morro sujeto. Se programó para principios de enero porque, si había algún problema, tendríamos tiempo de sobra para solucionarlo antes de la prueba de Barcelona. A pesar de ser nuestro primer chasis, los avances en el diseño y la ingeniería en este deporte han sido tales que los días en que los equipos descubrían problemas catastróficos durante las pruebas de impacto eran cosa del pasado. Por otra parte, ¡se trataba de Haas!

Aunque estaba muy emocionado por el inicio de la prueba en Barcelona, era consciente de que cuanto más tiempo pasara el coche en el túnel de viento, más rápido sería. Por otro lado, más tiempo de desarrollo se traducía en menos tiempo de producción, y un exceso de lo primero podía afectar a la calidad de la construcción y del producto en general. Una vez más, se trataba de encontrar un equilibrio que funcionara.

El mayor cambio con respecto al año anterior fue que en enero de 2015 todos los correos electrónicos que recibía y todas las conversaciones que mantenía giraban en torno a la contratación, la infraestructura, la administración o la logística, mientras que ahora todo trataba sobre el coche. Por mi experiencia con M-Sport, sabía que la creación de un nuevo equipo se hacía por etapas y que, por lo general, cada nueva etapa era más emocionante que la anterior. Esto me facilitó mucho las cosas a la hora de motivar al equipo, aunque tampoco era muy necesario. Todos eran profesionales con experiencia y sabían muy bien lo que había al final del túnel. O, mejor dicho, del túnel de viento. Al fin y al cabo, estábamos allí para correr, y cuanto más parecía hacerse realidad, más animados y entusiastas nos volvíamos todos. Es un ambiente que nunca he vuelto a vivir, o no hasta tal punto, y creo que la diferencia radica en el nivel de misterio y expectación que todos estábamos experimentando. Todos los miembros del equipo, con independencia de su cargo, lo sintieron profundamente, y yo, por mi parte, disfruté cada segundo.

Otra cosa que recuerdo de esta época es lo rápido que pasa el tiempo cuando haces algo así. Algunos miembros del equipo en Banbury estaban preocupados por un plazo y recuerdo que les dije algo así como: «No pasa nada, tenemos tiempo de sobra». Eso duró lo que me parecieron cinco minutos, ya que una semana más tarde pasé varias noches en vela temiendo lo contrario. Desde el punto de vista de la planificación, era un territorio nuevo. A mi alrededor ocurrían un millón de cosas, de las que yo era responsable en última instancia. Descubrí lo fácil que es que te pille desprevenido y, también, que dejar que gobierne tu vida y te mantenga despierto por la noche puede empeorar las cosas aún más. De nuevo, y a riesgo de repetirme (lo que probablemente haré unas cuantas veces, ya que soy viejo y olvidadizo), se trataba de encontrar un equilibrio.

El primer coche de Haas, el VF-16, se presentó al mundo en el Circuit de Barcelona-Catalunya a las 7.50 del 22 de febrero de 2016, que era el primer día de la prueba. El nombre se remontaba a la primera máquina fabricada por la empresa de Gene, Haas Automation, la VF1. La V significaba «vertical», que era un aspecto del diseño de la máquina, y se añadió «F1» para designarla como la primera de la empresa, de ahí VF1. El comunicado de prensa que siguió al lanzamiento ampliaba esta información y se centraba sobre todo en los vínculos entre Haas Automation y el equipo. Era como un puñetero anuncio publicitario. «Del mismo modo que los productos de Haas Automation están en constante evolución, para volverse mejores y más eficientes», aseguraba, «nuestra intención con el VF-16 era convertirlo en la mejor evolución de un buen coche de Fórmula 1».

Sí, sí, lo que sea.

Por suerte, también se nos permitió escribir algo sobre la temporada que se avecinaba. «Nuestro objetivo con este coche es puntuar», declaré. «En primer lugar, tenemos que salir ahí fuera y demostrar que podemos hacer nuestro trabajo, que somos capaces de terminar las carreras, que los aficionados y los demás equipos del *paddock* nos respetan. Después, queremos sumar puntos. Ese es el objetivo final».

Al echar la vista atrás, no estoy seguro de si creía que podíamos puntuar con el coche (al menos en el momento del lanzamiento), por la sencilla razón de que no me había permitido pensar tan a largo plazo. Como ya he explicado, la creación de un equipo de Fórmula 1 va por etapas y hay que superarlas una a una. Es como escalar una montaña. Debes concertarte en la fase en la que estás y en nada más. Además, al no haber probado el coche todavía, no teníamos ni idea de con qué íbamos a trabajar. Esperaba que puntuáramos en nuestra primera temporada, pero ¿pensaba que lo lograríamos? Desde luego que no. Mi única ambición entonces, que era la misma para todo el equipo, era conseguir que el coche terminara la prueba de una pieza y, con suerte, con algunos buenos datos y comentarios positivos.

La elección de los colores distintivos del VF-16 condujeron a lo que supongo que podría describirse como nuestro primer casi desastre. A instancias de Gene, los colores de 2016 coincidirían con los de sus máquinas en Haas Automation: gris claro, blanco y negro. Recuerdo que encargué a Dave O'Neill el diseño y los colores, y, aunque no eran de su competencia, aceptó. Madre mía, le llevó siglos. El diseñador, Dave y Gene intercambiaban opiniones sin parar. Parecía eterno.

—Mira, me da igual cómo se vea el puto coche —recuerdo que le dije a Dave-o después del décimo retoque—, ¡termínalo ya!

—Díselo a Gene, no a mí —respondió Dave-o. Debo admitir que era lo más razonable.

Por fortuna, antes de que tuviera la oportunidad de llamar a Gene y pedirle muy educadamente que dejara de perder el tiempo y tomara una decisión, llegó el diseño definitivo.

—Estás de suerte, Guenther —anunció Dave-o—, se ha aprobado el diseño final.

—Aleluya —dije, y agité las manos en el aire—. ¿Podemos fabricarlo ya, por favor?

—No te preocupes —contestó—. Ya estoy en ello.

Armado con el diseño y los códigos de Pantone correspondientes de la carta de colores que le facilitó uno de los trabajadores de la fábrica, Dave fue a un taller de pintura de Towcester, cerca de Silverstone, para que le realizaran una prueba de color. Cuando la vio, se dio cuenta enseguida de que el gris del coche parecía más bien plateado.

—¿Gene ha dado el visto bueno? —le preguntó al chico.

—Sí, sí, lo ha aprobado —dijo Nigel.

—De acuerdo —aceptó Dave-o, y envió la prueba de color a Dallara, donde se estaban encargando de la construcción del coche.

Más o menos una semana después, Dave-o fue a la fábrica para ver el producto acabado e hizo algunas fotos que me envió para que yo se las mandara a Gene. Cuando las recibí, tenía un millón de cosas en las que pensar, así que me limité a hacérselas llegar a Gene sin siquiera mirarlas. Una hora después recibí una llamada suya en la que, para variar, no era el tipo impasible de siempre.

—¿Qué está pasando, Guenther? —preguntó—. Mi coche es plateado cuando debería ser gris.

Desde entonces he aprendido a valorar tanto la importancia como los entresijos de la preparación de los colores adecuados para un coche de carreras, pero en aquel momento ignoraba ambas cosas.

—¿En serio, Gene? —repliqué, en un intento por reprimir todo lo que quería soltar, que habría sido algo así como: «Tengo cosas más importantes que hacer ahora mismo»—. Es evidente que ha sido un error. Ahora te llamo. —A esto le siguió una retahíla de improperios que incluso *La emoción de un Grand Prix* habría tenido que editar. No iban dirigidos a nadie en particular, sino a los puñeteros colores.

—¿Qué narices está pasando, Dave-o? —pregunté por teléfono a mi jefe de equipo, una vez me hube calmado—. Gene está como loco porque el coche es plateado y no gris.

—Ya, me pareció un poco llamativo —dijo con demasiada serenidad—. Deja que hable con la fábrica.

Según Dave-o, llamó al tío de la fábrica de inmediato y, tras preguntarle por lo ocurrido, este respondió:

—Ah, sí. Me pareció que el gris se veía un poco apagado, así que le subí un par de tonos. Queda mucho mejor, ¿no crees?

—No, no lo creo —replicó Dave-o—, ¡y Gene tampoco!

—Demasiado tarde —dijo Nigel—. El coche ya está de camino a Barcelona.

—¡Mierda!

Después de darme la noticia —que, como podéis imaginar, me tomé con mucha calma, limitándome a asentir y a decir: «Está bien, Dave-o, no te preocupes, se lo diré a Gene y aguantaré el chaparrón»—, Dave-o empezó a pensar en la manera de arreglarlo antes del lanzamiento presencial (en contraposición al lanzamiento *online)*, que, por supuesto, debía tener lugar a las 7.50 del primer día de la prueba.

No sé si lo sabéis, pero antes de que empiece una prueba, cada equipo tiene la oportunidad de conducir sus coches unos minutos en busca de cualquier fallo de última hora (podríamos decir que es una prueba dentro de una prueba), y cuando se publican las fechas para las pruebas, los equipos tienen que ponerse en contacto con el circuito para reservar una hora para realizarlas. Por suerte, y porque es un tipo brillante, Dave O'Neill había sido el primer jefe de equipo en contactar con el Circuit de Barcelona-

Catalunya, lo que significaba que podía reservar el primer hueco. Eso nos proporcionaba la ventaja de que, si algo iba mal con el coche, tendríamos más tiempo para arreglarlo y correríamos menos peligro de perder tiempo en las pruebas.

La suerte del equipo continuó cuando, tras una sola vuelta, descubrimos un problema con el eje de transmisión, pero como habíamos sido los primeros en salir, tuvimos dos días enteros para solucionarlo. La suerte se acabó cuando nos dimos cuenta de que no podríamos resolver el problema de los colores a tiempo para la nueva temporada. Unas veces se gana y otras se pierde.

La víspera del primer día de la prueba estuve a punto de tener mi primer encontronazo con Gene. Hasta entonces, nuestra relación había sido cordial y profesional, y a pesar de que habíamos tenido desacuerdos ocasionales, los habíamos resuelto rápida y amistosamente. Aunque, en realidad, esto no fue un desacuerdo; más bien, se trató de una reacción a algo que dijo Gene.

Me estaba preparando para ir al aeropuerto a tomar el vuelo a Barcelona cuando me sonó el móvil. Era Gene. Estaba esperando su llamada. No me deseó buena suerte ni nada parecido. Solo dijo:

—No me avergüences, Guenther.

«Joder, menudos ánimos», pensé para mis adentros. Me había partido el lomo para llevar al equipo hasta aquí y no estaba contento.

—No lo haré, Gene —le aseguré—. ¿Eso es todo? Tengo que ir al aeropuerto.

Si me hubiera dejado llevar por mi mal genio, le habría gritado, pero conseguí contenerme. Aun así, estaba muy cabreado.

Nuestra llegada a Barcelona sorprendió a mucha gente, y por diversas razones. Algunos pensaban que no lo lograríamos, mientras que otros daban por hecho que, si lo conseguíamos, tendríamos un equipo de mierda de segunda mano. Todo esto venía de la suposición de que Haas sería otro Marussia, así que cuando llegamos a Barcelona y empezamos a prepararlo todo y a montar el equipo, todas las miradas se posaron sobre nosotros. En parte, tomamos la decisión de invertir en equipo nuevo o casi nuevo por la experiencia de los antiguos empleados de Marussia, como Dave O'Neill y Alan Maybin. En su anterior equipo habían tenido que hacerlo todo a bajo coste, lo que, en algunos casos, les había acabado saliendo aún más caro.

Uno de los ejemplos que me viene a la mente es el equipo hidráulico para el taller que compramos poco después de adquirir las instalaciones de Banbury. Las opciones eran o bien construir uno nosotros mismos, que nos habría costado unas quince mil libras, o bien comprar uno nuevo por unas setenta mil libras.

—Lo construiremos, por supuesto —le dije a Dave-o.

—Te aseguro que es un falso ahorro —me advirtió—. En Marussia construimos uno por solo diez mil libras, pero tuvimos que gastarnos otras ochenta mil para arreglarlo.

Tras discutirlo con Gene, decidimos seguir el consejo de Dave y apostar por esa nueva vía, así que cuando llegamos a Barcelona nos parecíamos mucho más a Red Bull o Mercedes que a Marussia. (¿Os habéis dado cuenta de que he decidido no poner a Ferrari como ejemplo? Como sigo diciendo, soy un genio).

Una vez instalados en Barcelona, la pregunta que todo el mundo se hacía era si seríamos, como suele decirse, de mucho ruido y pocas nueces. Tendrían que esperar y ver.

El primer día de la prueba salimos a las diez de la mañana, que es cuando esta empezaba, y el coche funcionó a la perfección durante doce vueltas. Entonces, surgió un problema que todavía me produce escalofríos. Esteban

Gutiérrez y yo estábamos a un lado de la pista observando a Romain, y cuando nos pasó por delante en la que habría sido su decimotercera vuelta, la parte delantera del coche empezó a levantarse hasta alcanzar el medio metro de altura. Esteban y yo nos miramos horrorizados.

—Me cago en la puta, va a salir volando —dije. Por suerte, esto ocurrió poco antes de la zona de frenado, así que no tardó en empezar a descender de nuevo. Si hubiera sucedido en otro punto del circuito, habría sido un desastre.

No recuerdo cuánto tardamos en reparar el alerón delantero, pero a las seis de la tarde Romain había dado treinta y una vueltas en total. Puede que no parezca mucho, pero comparado con algunas de las pruebas que realizamos más tarde, en realidad estuvo bien. Además, el problema con el alerón delantero era un ensayo en sí mismo, que teníamos que superar lo antes posible. Y lo que es más importante, a pesar de haber estado a punto de salir volando, Romain estaba contento con cómo había funcionado el coche y dijo que, en general, estaba perfectamente equilibrado.

El segundo día de la prueba fue, cuando menos, frustrante. Tuvimos que cambiar el turbocompresor por la noche y al día siguiente, durante la vuelta de instalación, detectamos otro problema. Por desgracia, nos llevó el resto del día solucionarlo, lo cual no fue lo ideal. Estaba previsto que Romain pilotara el tercer y cuarto día, pero como Esteban no pudo correr y necesitábamos hacer más reglajes con él, decidimos dividir las tareas de conducción del cuarto día entre los dos. Menos mal que los dos últimos días de la prueba fueron mucho mejor que los primeros y, aparte de un fallo de *software* y un problema con los frenos el tercer día, todo fue según lo previsto. Muchas vueltas, muchos datos y dos pilotos contentos (más o menos).

Sin desmerecer los progresos que hicimos con el coche, recuerdo que me marché de la prueba de Barcelona sintiéndome muy orgulloso de mi equipo. La ética de trabajo establecida en aquella época era muy diferente a la de ahora, pues se esperaba que la gente trabajara horas extra sin rechistar. Aunque me alegro de que eso haya cambiado, al principio todos los miembros del equipo lo hacían de forma voluntaria, y eran tan dedicados y apasionados como yo. Yo tenía una excusa, ya que todo había sido idea mía, pero ellos no. Los convencí con un sueño y, después de tiempo, empezaron a creer en él. A mí me ocurrió lo mismo, por cierto. A principios de 2016 todo se volvió real, y fue entonces cuando la esperanza de la que había estado viviendo durante tanto tiempo empezó a transformarse en creencia con destellos de expectación. Nadie se quejaba y todo se hacía. Si Dios quería y acabábamos teniendo algún tipo de éxito en nuestra primera temporada, sería tanto por ellos como por mí, Gene o los pilotos.

Forza Team Haas!

LAS DOS PRIMERAS CARRERAS

Si alguna vez has necesitado un ejemplo de lo que le espera a un equipo nuevo de Fórmula 1, las aventuras de Haas en el Gran Premio de Australia de 2016 se llevan la palma, aunque no lo supiéramos en ese momento, por supuesto. Empezamos ese fin de semana como novatos, con grandes esperanzas y caras nuevas, y terminamos sintiéndonos como veteranos curtidos a los que les habían pateado el culo (metafóricamente hablando, por suerte) y felicitado después. Sin embargo, como experiencia, fue excepcional y parece que nos vino de maravilla para situarnos a la altura de las circunstancias. Chicos, no temáis, ¡ha llegado Haas! Estamos un poco chiflados y algo verdes, pero tenemos muchas ganas y gente estupenda, aunque ni puñetera idea de lo que está pasando ni de lo que vendrá después. Disfrutad del viaje.

A pesar de que siempre intentamos ir paso a paso y evitar adelantarnos demasiado a los acontecimientos, no nos supuso un problema coger confianza después de todo lo que habíamos pasado y cuando llegamos a Melbourne para el primer Gran Premio de la temporada 2016, por no decir el primer Gran Premio de nuestra existencia como equipo, estábamos preparados para casi todo. Al ser los recién llegados, también sabíamos que todas las miradas estarían puestas en nosotros, por lo menos durante uno o dos días. Como era de esperar, tras instalarnos el miércoles de la semana de la carrera, empezamos a recibir un número constante de visitantes. Algunos eran conocidos nuestros, como amigos o gente con la que habíamos trabajado, y otros no. También los había que intentaban disimular su interés y pasaban despacio por delante del garaje varias veces, fingiendo no mirar.

El primer personaje célebre al que recibimos en el garaje fue Niki Lauda, que se presentó el jueves.

—Necesito examinar lo que habéis estado haciendo durante el último año —dijo muy grandilocuente—. Guenther, ven aquí y hazme una visita guiada. Quiero verlo todo.

—Sí, señor Lauda.

Todo ello con una gran sonrisa. Hacía tiempo que no veía a Niki y tenía auténticas ganas de ver lo que habíamos conseguido.

—Todo esto es impresionante, Guenther —comentó al final de su inspección—. Creo que te irá bien. Buena suerte para el fin de semana.

Los entrenamientos libres del jueves empezaron de la peor manera posible, cuando Rio Haryanto, del MRT, cometió un error y acabó chocando con Romain en la calle de boxes. Por suerte, los daños en el coche de Romain se pudieron reparar, aunque necesitó un nuevo fondo. A Haryanto se lo sancionó con una caída de tres puestos en la parrilla por el incidente y posteriormente se le retiraron dos puntos de su licencia.

La clasificación del sábado no fue mucho mejor y supuso un gran aprendizaje para nosotros. En esta temporada se puso en práctica un formato experimental de clasificación en el que, en lugar de eliminar a los cinco coches más lentos al final de la Q1 y la Q2, se eliminaba al piloto más lento cada noventa segundos. Con esto se pretendía animar a los pilotos a dar vueltas continuas en lugar de hacer una al principio y otra al final. Tanto Romain como Esteban estaban preparados para pasar a la Q2, pero debido a este nuevo formato se quedaron sin tiempo. Así, Romain se clasificó decimonoveno y Esteban vigésimo por detrás de Pascal Wehrlein del MRT y el mencionado Rio Haryanto. Hasta ahora habíamos gestionado bien nuestras expectativas, pero a pesar del nuevo sistema, este resultado no dejaba de ser una decepción. Por otra parte, el coche era bueno, la base era buena y, en términos de rendimiento, sabíamos que teníamos posibilidades.

Todo el mundo, menos la FIA, criticó el nuevo formato de clasificación porque daba lugar a grandes periodos de tiempo en los que no había nadie en la pista. Además, algunos pilotos se quedaban fuera, como Romain y Esteban, mientras que otros terminaban sus tandas antes de tiempo cuando aún estaban en la pista. Si soy sincero, fue una puta farsa, e inmediatamente después se pidió que se retomara el sistema anterior. Yo no lo hice. Decidí guardarme lo que pensaba al respecto porque no quería enfadar a la FIA. Al menos por el momento. Ya lo compensaría más adelante.

Aunque fueron emocionantes en algunos momentos, las primeras dieciséis vueltas de la carrera transcurrieron bien para nosotros, en el sentido de que no hubo problemas, y en un momento dado uno o dos miembros del equipo incluso dejaron de sudar. Entonces, en la vuelta diecisiete, mientras intentaba adelantar a Esteban, Fernando Alonso calculó mal su maniobra y, en el proceso, se salió de la carrera y se llevó a nuestro piloto con él. Desde que llegué a Australia, había conseguido contener mis emociones, pero esto me hizo perder los papeles. Fernando había maniobrado muy mal y, cuando lo entrevistaron después, no mostró ningún arrepentimiento. Por supuesto, lo más importante es que los dos pilotos salieron bien, aunque Fernando acabó con un par de costillas fracturadas. De todos modos, después de eso, todos los ojos estaban puestos en Romain.

Aunque, al menos en ese momento, habríamos preferido que no hubiera ocurrido, el accidente de Esteban y Fernando nos hizo un favor casi inmediato, ya que en la vuelta dieciocho salió el coche de seguridad, que acabó en bandera roja. Todos los pilotos restantes se alinearon en la calle de boxes y Romain, el único piloto que aún no había entrado en boxes, terminó en novena posición con una parada gratuita. Unos veinte minutos más tarde la carrera se reanudó, y en la vuelta veintidós Kimi Räikkönen se retiró, lo que situó a Romain en la octava posición.

En el muro de boxes las cosas estaban cambiando tan rápido como en la pista; en cuestión de cuatro o cinco vueltas pasé de echar fuego por la boca y pedir la cabeza de Alonso en una bandeja a celebrar que Romain estaba en octava posición con una parada en boxes pendiente. En la vuelta treinta y dos, Romain alcanzó la sexta posición cuando Carlos Sainz y Max Verstappen entraron en boxes.

—¿Cuántas vueltas quedan? —le pregunté a Ayao Komatsu, nuestro ingeniero jefe, que estaba sentado a mi lado en el muro de boxes.

—Lo pone ahí delante —respondió mientras señalaba una de las pantallas—. Treinta y nueve.

—No puedo leerlo, idiota —le dije—, ¡estoy demasiado emocionado!

El mayor peligro para Romain era Hülkenberg, que iba séptimo, pero como nuestro piloto había tenido cuidado con no desgastar demasiado los neumáticos al principio de la carrera, logró distanciarse. Unas vueltas antes del final de la carrera, Gene se unió a nosotros en el muro de boxes. Estaba tan emocionado como nosotros, y cuando Romain cruzó la línea de meta para asegurarse la sexta posición, y ocho preciosos puntos, todos nos volvimos un poco locos.

Además de ser uno de los mejores fines de semana de estreno para un nuevo equipo en la historia de la Fórmula 1, por no mencionar que era la primera vez que un equipo novel puntuaba en su debut desde Toyota en 2002, habíamos superado las expectativas de todo el mundo. Las mías, las de Gene, las del equipo y las del público. De todos. Gene también dijo cosas muy bonitas a la prensa después de la carrera, lo que significó mucho para todos nosotros.

—Han sido muchas las personas que han contribuido a esto —le explicó a un periodista—, así que tenemos que agradecérselo a todos, empezando por Guenther Steiner, quien creó este proyecto y no dejó de insistirme para que le diera una oportunidad. La gente de Ferrari ha sido excelente. Nos han apoyado mucho. Dallara nos ayudó a construir el chasis. Tenemos un gran patrocinador en Haas Automation. Todo es genial. Hay un nuevo equipo en la Fórmula 1 y es estadounidense, así que estamos muy orgullosos. Pero los demás equipos son muy buenos en lo que hacen. No me voy a sentar aquí y decir que siempre iremos por delante de ellos, pero hoy ha sido un gran día.

Dado que consideraba a Gene una persona muy formal y poco dada a los cumplidos, aprecié mucho estas palabras. También Romain, que fue elegido Piloto del Día, dio a la prensa una imagen de sí mismo casi tan buena como la que había dado en la pista.

—Ha sido un buen día en la oficina —dijo—. Es como una victoria. Para todos los chicos que han trabajado tan duro en las últimas semanas, esto es increíble. Ayer tuvimos mala suerte, pero la bandera roja nos ha favorecido.

Aun así, hemos podido contener a Williams y Force India. No tuvimos mucho tiempo para poner el coche a punto. Era cuestión de salir y ver qué pasaba. Es una sensación increíble. Los chicos han hecho un trabajo magnífico y les he dicho que deberíamos tomárnoslo como una victoria para todos. Nuestra primera carrera y aquí estamos, en el sexto puesto. Ha sido un día feliz.

He olvidado de quién fue la idea, pero antes de volar a Melbourne, alguien sugirió que lleváramos camisetas con el lema «No temáis, el Haas F1 Team está aquí». Cada miembro del equipo recibió una, creo, para llevarla debajo del mono o lo que fuera, y después de la carrera se vieron unas cuantas.

Después de esa primera carrera en Australia, la reacción de la prensa y los medios de comunicación fue muy satisfactoria para el equipo en general. A pesar de que cada vez hay más detractores en este deporte, la prensa y los medios de comunicación encontraron nuestra presencia en la parrilla bastante refrescante; tras leer parte de la cobertura de la carrera hace poco, volví a sentirme orgulloso. El reportero de Fórmula 1 de la NBC en Australia nos dedicó el que probablemente fue el titular más entusiasta de todos. Dijo: «No recuerdo la última vez que un equipo se estrenó tan bien preparado y con tanta disciplina. Bien hecho, Haas».

Lo único que amenazaba con socavar nuestros esfuerzos en Melbourne era el hecho de que habíamos tenido cierta dosis de suerte. Nunca fue el titular, pero se leía más como un cuento de hadas que como un logro. Tampoco me quejaba. Una cosa que Gene no había podido comprar cuando fundamos el equipo era un grupo de aficionados, y despertar el interés de los fieles de la Fórmula 1, que es lo que conseguimos con los resultados en Melbourne, era un buen punto de partida.

La siguiente carrera fue en Baréin, y tuvo lugar dos semanas después de la de Melbourne. Lo que a menudo se pasa por alto de aquella primera carrera es que solo uno de nuestros coches llegó hasta el final (por no mencionar el hecho de que uno de nuestros pilotos podría haber resultado gravemente herido). Por eso, aparte de sumar puntos, nuestra prioridad al llegar a Baréin era que ambos pilotos aguantaran hasta el final del recorrido. Después de todo, teníamos más posibilidades de puntuar con dos coches en pista que con uno.

Aunque había muchos rumores de lo contrario, la FIA decidió seguir con su absurdo nuevo sistema de clasificación, que solo era aceptable porque todos estábamos en el mismo barco. Por suerte, nuestros dos pilotos pasaron a la Q2; Esteban en la decimotercera posición y Romain en la novena.

Ambos empezaron la carrera con neumáticos superblandos, y gracias a un problema mecánico que sufrió Sebastian Vettel, al final de la vuelta de calentamiento Romain era octavo y Esteban, duodécimo. En la salida, Romain recuperó un puesto tras adelantar a Hülkenberg y Esteban ganó tres puestos. Una vuelta más tarde, Lewis Hamilton empezó a tener problemas, lo que les hizo subir otra posición. Hamilton se recuperó, el muy cabrón, pero al final de la primera vuelta Romain iba sexto y Esteban octavo. Una vez más, estaba sentado en el muro de boxes en un estado de incredulidad.

—Antes de que preguntes, quedan cincuenta y seis vueltas —dijo Ayao, señalando una de las pantallas.

—¡Vete a la mierda!

Romain entró en boxes desde la cuarta posición en la vuelta once y salió noveno, pero después de que dos pilotos que tenía delante pararan en boxes, se colocó séptimo. Luego adelantó a Felipe Massa y Daniil Kvyat, y en la vuelta veinticuatro ya iba cuarto. En la veintisiete, Romain entró de nuevo en boxes, con su tercer juego de superblandos, y salió octavo. Tras pasar a Valtteri Bottas dos vueltas más tarde, dejó atrás a Kvyat, que entró en boxes, lo que situó a Romain entre Daniel Ricciardo, por delante, y Max Verstappen, por detrás.

En la vuelta cuarenta y una, Romain entró en boxes por tercera y última vez. En esta ocasión, le pusimos neumáticos medios, pero, por desgracia, un error durante la parada le hizo perder varios segundos. Aun así, salió octavo, y luego de que Kvyat parara en boxes una vuelta más tarde, se colocó séptimo. Massa fue el siguiente piloto al que pasó nuestro francés imparable, y en el momento en que Verstappen entró en boxes pocas vueltas después, probablemente por miedo, se situó quinto.

Estoy bastante seguro de que quedaban siete vueltas cuando Verstappen entró en boxes y, aún hoy, puedo asegurar que fueron los diez u once minutos más largos de mi vida. Verstappen, que entonces no era el piloto que es hoy (¡por suerte!), trató de presionar a Romain una última vez, pero este lo contuvo y terminó dos segundos por delante del belga. Y lo que es más importante, acabó en quinta posición, con lo que se llevó diez preciosos puntos más.

—¡Me cago en la puta, Romain! —le dije por la radio—. ¿Quieres que me dé un ataque al corazón o algo parecido? En serio, ha sido una carrera magnífica. Enhorabuena.

Romain no solo había mejorado su posición un puesto, sino que esta vez nada tuvo que ver con la suerte. Además, volvió a ser escogido Piloto del Día tras realizar ocho adelantamientos durante la carrera.

—Haas va quinto en el Mundial de Constructores —le expliqué a Gertie por teléfono después de la carrera—. Y, de momento, Romain es el quinto en el Campeonato de Pilotos. Es una locura.

El único inconveniente del fin de semana fue que Esteban tuvo que retirarse por un problema con el disco de freno. Creo que era el delantero izquierdo. Aunque estaba más abajo en la clasificación, había corrido bien, y a todos nos supo mal por él. Aun así, Esteban sacó muchas cosas positivas de la carrera, como una excelente gestión de los neumáticos y el combustible. También estaba contento con el coche y, lejos de desanimarlo, el éxito de Romain le daba esperanzas. Todo iba bien.

Estoy tratando de no citar demasiadas entrevistas posteriores a las carreras, pero lo que Romain dijo después del Gran Premio de Baréin fue un gran resumen de lo que todos sentíamos. «Este es el sueño americano», declaró ante el equipo de comunicación. «Es increíble. Tras quedar sextos en Australia, dije que teníamos que mantener las expectativas bajas, pero aquí hemos acabado quintos. Todavía tenemos que mejorar en muchos aspectos, desde las paradas en boxes hasta la puesta a punto del coche, pero, por ahora, esto es para los chicos. Anoche los miré a la cara y vi lo cansados que estaban debido a la cantidad de trabajo que estamos realizando. Es una recompensa enorme. De verdad, es increíble. Durante la carrera, he tenido muy buenas sensaciones con el coche. Ha sido una estrategia agresiva, pero la gestión de los neumáticos siempre ha sido mi punto fuerte. Me gustó saber que teníamos una goma más blanda para este circuito. El coche estaba bien preparado para los neumáticos superblandos y he hecho una carrera fantástica. El coche tiene una base muy buena. Todo marcha a pedir de boca. Creo que nunca había quedado entre los cinco primeros en la clasificación. Es la primera vez en mi carrera, no me lo creo».

Yo no lo habría descrito mejor.

El resto de la temporada tuvo muchos más altibajos que las dos primeras carreras, con especial énfasis en «bajos». No fue catastrófico, pero tras puntuar en Rusia, que fue la cuarta carrera de la temporada, solo puntuamos dos veces más en las diecisiete carreras siguientes. Sin embargo, casi siempre nos quedábamos cerca, en la undécima o duodécima posición, así que al menos teníamos algo por lo que pelear. A decir verdad, esto era probablemente un reflejo honesto de nuestra posición como equipo por aquel entonces, lo que tampoco era una vergüenza. Acabamos octavos en el Mundial de Constructores con veintinueve puntos por delante de Renault, Manor y Sauber, que era donde merecíamos estar. De hecho, si nos lo hubieran ofrecido antes de empezar la temporada, lo habríamos aceptado sin dudarlo, así que estábamos contentos.

Otro momento destacado de 2016 fue cuando conseguimos el último punto de la temporada en el Gran Premio de Estados Unidos. A pesar de correr en casa y de que era la primera vez que un equipo estadounidense participaba en la carrera desde hacía tres décadas, no teníamos ni idea de si el público local nos apoyaría ni en qué medida. La máquina de relaciones públicas se puso en marcha la semana anterior a la carrera, cuando mandamos a Romain y Esteban a Carolina del Norte, donde recibieron una buena acogida. Por mucho que eso nos fuera de ayuda, éramos muy conscientes de que lo único que nos faltaba respecto a Estados Unidos y la Fórmula 1 era un piloto estadounidense. Eso es lo que todo el mundo necesitaba para consolidar la relación. Al final, el público estadounidense nos brindó una acogida calurosa y entusiasta, y acabar entre los diez primeros no nos vino nada mal que digamos. Incluso vi una o dos banderas de Haas entre la multitud, lo que fue alentador. Al igual que la temporada en sí, fue un comienzo positivo.

Por cierto, el último equipo estadounidense que compitió en el Mundial de Fórmula 1 fue Haas Lola (también conocido como Team Haas), que existió a mediados de los ochenta. El fundador y propietario de Haas Lola fue un empresario del automovilismo llamado Carl Haas (sin parentesco con Gene, hasta donde yo sé) que tuvo un gran éxito en la IndyCar, donde ganó campeonatos con pilotos como Nigel Mansell y Michael y Mario Andretti. A pesar de conseguir que el gran Alan Jones pilotara para él en Haas Lola, solo compitieron dos temporadas y estuvieron en la parrilla de salida en veinte ocasiones. Aunque el nombre era similar, decidimos no recordarle a demasiada la gente la existencia de Haas Lola, pues no habría inspirado mucha confianza. Habría sido algo así como: «Eh, ¿sabíais que el último equipo estadounidense de Fórmula 1 que hubo antes que vosotros también se llamaba Haas? Eran una mierda».

LA CURVA DE APRENDIZAJE

Aunque nunca se deja de aprender en un trabajo como el que tuve en Haas, la curva de aprendizaje durante la primera temporada fue mucho más pronunciada que las siguientes, y recuerdo haberme sentido en apuros en varias ocasiones. Por lo general, tenía algo que ver con las discusiones entre los pilotos y los ingenieros durante las reuniones informativas después de una carrera.

La primera vez que tuve conocimiento de este tema fue después del Gran Premio de España en mayo. Las reuniones tenían lugar en lo alto de un camión, donde los ingenieros de datos de Ferrari estaban a un lado y los de Haas al otro. Separados por una pared, por supuesto. Había una gran mesa al final de nuestro lado del camión, y después de cada carrera todos nos reuníamos allí.

Durante las primeras carreras no asistí a estas reuniones (o al menos no a la primera parte), ya que tenía muchas otras cosas que hacer. Entonces, unos días después del Gran Premio de Rusia, que era la carrera anterior a la de España, se me acercó uno de los ingenieros de datos que había asistido a todas ellas. Según me dijo, el comportamiento de Romain durante las reuniones se había vuelto inaceptable.

—Entonces tienes que decírselo —le contesté.

—Pero no es mi trabajo empezar discusiones con los pilotos —respondió el ingeniero.

Al final, Dave O'Neill vino a hablar conmigo y me reiteró la cuestión.

—Se le está yendo de las manos —me dijo—. Y nadie se siente en posición de decir algo.

Para ser justos con Romain, lo que le sacaba de quicio eran problemas persistentes con los que nos habíamos estado peleando desde la prueba, como el agarre y el subviraje, y todo era fruto de la frustración. Por otra parte, si quieres resolver un problema, gritarles a quienes están intentado ayudarte no es la mejor manera de hacerlo.

Primero tenía que verlo por mí mismo, así que después del Gran Premio de España asistí a la reunión en el camión. En efecto, el comportamiento de Romain no era el adecuado, pero en lugar de intervenir enseguida, me senté y me limité a observar. Se había creado una situación de «nosotros contra ellos», que es lo último que se quiere en un equipo. Como único miembro de su parte (Esteban no quería saber nada de esto), Romain podía dar rienda suelta a sus frustraciones y opiniones sin tener que pensar en cómo afectarían a los demás. O al menos eso pensaba él. Lo que la situación necesitaba era un mediador. Alguien que volviera a unir al equipo. Como yo había contratado a todos los que estaban sentados a la mesa, era mi responsabilidad, lo cual me parecía bien.

—De acuerdo, Romain, ya basta —dije después de uno de sus arrebatos—. Eres parte de un equipo. Si no eres capaz de ser educado y cortés con los chicos que se han dejado la piel para ayudarte, quizá deberías callarte.

La reacción a mi respuesta tras el arrebato de Romain fue graciosísima. Parecía como si alguien se hubiera tirado un enorme pedo silencioso, pero nadie quisiera admitirlo. Sin embargo, funcionó, y al final de la reunión volvíamos a ser un equipo, a trabajar juntos y a ser civilizados los unos con los otros.

Lo ocurrido en esas reuniones no es ninguna ofensa a Romain, por cierto. Una cosa que aprendí muy rápido como director de equipo es que ser piloto de Fórmula 1 puede suponer una existencia muy solitaria, y este aislamiento lleva a los pilotos a guardarse sus sentimientos, lo que a veces puede tener un efecto perjudicial en su comportamiento. Lo único que tuve que hacer fue recordarle a Romain que no estaba solo y que la gente a la que gritaba solo quería ayudarlo.

¿Qué más puedo contaros sobre la temporada 2016? Además de que no quiero utilizar muchas citas de entrevistas posteriores a las carreras, tampoco quiero convertir el libro en una lista de crónicas de competiciones. Sería muy aburrido. Sin tener que buscar en los libros de historia o llamar a más personas que trabajaron para Haas y pedirles que intenten recordar cosas por mí, lo que me viene a la mente es la situación política que se produjo con respecto a nuestra relación con Ferrari. Que sumáramos puntos en tres de las cuatro primeras carreras no hizo más que echar leña al fuego en ese sentido, y después del Gran Premio de Rusia, en el que Romain terminó octavo, empezaron a volar los cuchillos.

Con diferencia, el más crítico con la relación entre Haas y Ferrari, al menos al principio, fue Ron Dennis, de McLaren. Primero oí algunos rumores sobre que Ron no estaba contento con la asociación, y luego, un día, lo vi de primera mano durante una reunión de la Comisión de Fórmula 1 (la oportunidad que tienen los directores de equipo de discutir cambios reglamentarios y cosas por el estilo con los peces gordos de la Fórmula 1 y la FIA). Ron se levantó e hizo un discurso sobre por qué pensaba que la relación era un error. No recuerdo lo que dijo con exactitud, pero no era nada que no se hubiera dicho ya varias veces. «Haas se está aprovechando de la situación, bla, bla, bla».

Pensé que ahí acabaría todo, pero luego Ron decidió dirigir sus quejas hacia mí personalmente. No sé si había recibido malas noticias ese día o qué, pero estaba cabreado. Al principio no supe cómo manejar la situación. Puede que no os lo creáis, pero me parece que nadie me había hablado así nunca. Al menos, no en el ámbito profesional.

—Lo que estamos haciendo no es ilegal, Ron —le dije—. No importa lo que pienses, es la pura verdad. Hemos podido hacerlo porque nos hemos leído detenidamente las normas. Si tú no lo has hecho, es tu problema, pero nosotros hemos actuado conforme a la ley . El reglamento está ahí, sobre el papel, y la mayoría de las normas las redactó Charlie Whiting. Si tienes algún problema, habla con él.

Ron seguía enfadado, pero no podía hacer mucho al respecto.

El gran error que cometieron los demás equipos cuando iniciamos la relación con Ferrari fue dar por hecho que fracasaríamos. Incluso después de que consiguiéramos la licencia, nadie dijo nada. Luego, cuando no nos fuimos a pique y empezamos a hacerlo bien, de repente se convirtió en un problema y todo el mundo empezó a mearse en los pantalones.

—Espera un momento —recuerdo que le dije a otro crítico al principio—. Llevamos dos años trabajando en esto, y en todo ese tiempo has sido libre de plantearle todas tus dudas sobre lo que estábamos haciendo a Charlie y a quien te diera la gana. ¿Por qué no lo has hecho? Entiendo tus preocupaciones, pero no podías haber elegido peor momento. Venga, lárgate.

Comprendo perfectamente por qué algunos miembros de la vieja guardia, como Ron en McLaren, se enfadaron.

Después de todo, nos habíamos gastado una fracción de lo que ellos habían invertido y ya estábamos compitiendo y ganando puntos. Sin embargo, tenían que hacerse una pregunta simple: si hubieran estado en nuestro lugar y se hubieran topado con una oportunidad así, ¿habrían hecho lo mismo? En mi opinión, cualquiera que diga que no, miente.

Del mismo modo, por cada dos críticas que recibíamos por lo que estábamos haciendo con Ferrari, había alguien que nos felicitaba (en secreto). Según recuerdo, se trataba sobre todo de gente que trabajaba para los de arriba, es decir, los Mercedes y los Red Bull de este mundo. Gente que estaba muy por encima de nosotros como para que les importara una mierda, básicamente.

Por suerte, los detractores no participaban ni podían influir de forma directa en el proyecto, así que no eran más que una voz a la que podíamos ignorar. O al menos intentarlo. Lo que importaba era la relación en sí.

Después de la la plantilla que habíamos reunido en Haas, nadie contribuyó más al progreso del equipo que la Scuderia, y no tengo palabras suficientes para elogiar a su gente. Su actitud desde el principio ayudó a crear y luego a fomentar un espíritu de cooperación que obviamente benefició a ambas partes. No recuerdo ejemplos concretos, pero solo durante el primer año hubo varios casos en los que descubrimos problemas con piezas que Ferrari aún no había detectado o en los que tuvimos la oportunidad de hacer sugerencias sobre cómo podrían mejorarse. Supongo que algunas se transmitirían a Ferrari, pero otras no. La diferencia es que, gracias a lo que habíamos creado, queríamos ayudarnos mutuamente.

Luego estaba la comida en Maranello. ¿Lo he mencionado ya?

PARADA EN BOXES

A medida que he ido escribiendo este libro, me he dado cuenta de que hay temas, opiniones e historias que me gustaría incluir, pero que no encajan fácilmente en la narración. Cualquier persona normal los omitiría, pero yo no soy muy normal. En lugar de eso, he decidido incluirlos aquí y allá como secciones independientes tituladas «Parada en boxes». Original, ¿eh? Vamos, es por pura diversión. ¿A quién le importa? Puedes leerlas sobre la marcha como una especie de recompensa o, si quieres seguir con la historia temporada a temporada, puedes volver a ellas más adelante. Algunos se quejarán por tener que leer esto, pero a mí me da igual.

En fin, empiezo con algo histórico. Algo que nos remonta a la segunda mitad del siglo pasado…

GUENTHER SOBRE RUEDAS

Existen dos rumores, o debería decir suposiciones, sobre cómo empecé en el mundo del automovilismo. Uno, que aparece en esas estúpidas páginas web que dicen saberlo todo, pero que en realidad están llenas de chorradas, es que era ingeniero y el otro, que creo que no es más que una suposición, es que una vez fui piloto de carreras.

A diferencia de mis estimados y riquísimos amigos y antiguos colegas, Christian Horner, Toto Wolff y Zack Brown, yo nunca he fracasado como piloto de carreras por la sencilla razón de que nunca lo he sido. Siempre he sido un Guenther. Sé conducir, eso sí, y lo he hecho con mayor o menor seguridad y éxito desde que tengo catorce años. Me crie en un valle del Tirol del Sur, al borde de los Dolomitas italianos, y los domingos por la mañana mis padres nos llevaban a mí y a mi hermana a visitar a nuestros abuelos.

—Guenther, ¿quieres llevarnos? —me dijo una vez mi padre, Joseph—. Te enseñaré sobre la marcha.

Bueno, ya os podéis imaginar lo que respondí:

—¡Dame las malditas llaves, *vater!*[*]

No me creía que me lo estuviera ofreciendo. Quiero decir, ¿le darías las llaves de tu precioso Fiat 124 verde (un coche que acabaría fabricando Lada bajo licencia, nada menos) a un torpe de catorce años que no ha conducido un coche en su vida? Por supuesto que no. ¿En qué estaba pensando mi padre?

Para ser justos, llevaba años preguntándole si podía probar a conducir el coche, y acabó siendo un profesor muy paciente. Conseguí dominarlo en un abrir y cerrar de ojos, y pronto se convirtió en algo habitual. Nunca olvidaré la primera vez que ocurrió. Sería el verano de 1979. Cuando mi padre me entregó las llaves de su querido coche, que era su orgullo y alegría, a mi madre casi le da un infarto.

—No, Joseph —se quejó—, no es lo bastante mayor. Guenther es solo un niño. —Lo que real-

___
[*] «Padre» en alemán. *(N. del T.)*

mente quería decir era: «Si le das a ese idiota las llaves de nuestro coche, ¡nos matará a todos!».

—Guenther lo hará bien —respondió mi padre, confiado—. Me ha visto conducir toda su vida. Vamos a darle una oportunidad.

Antes de que mi madre pudiera decir nada, le quité las llaves de la mano a mi padre, salté al asiento del conductor y arranqué el motor. ¡Qué sensación tan maravillosa! En un segundo pasé de ser un peatón adolescente, algo torpe y demasiado alto, que iba en bicicleta de vez en cuando, a ser un joven con nada menos que cincuenta y cinco caballos de potencia de frenado a su disposición. Fue como convertirme en un hombre de golpe.

Lo primero que hice fue calar el coche.

—Ya te he dicho que no está preparado —gritó mi madre, aterrorizada en el asiento trasero con mi hermana—. Intercambiaos el sitio, Joseph. ¡Intercambiaos!

—*Nein, mutter!*[*] —protesté, y lo volví a intentar. Mientras el motor de 1438 c. c. de once años empezaba a rugir bajo el capó, miré atrás a mi madre atemorizada, le dediqué una sonrisa triunfal, metí la marcha… y se me volvió a calar—. *Scheisse!*[†] —siseé.

—¿Lo ves, Joseph? —dijo mi madre, inclinándose hacia delante—. El chico todavía no ha empezado a conducir y ya está maldiciendo.

—Guenther, la próxima vez pisa un poco más el acelerador —me sugirió mi padre con tranquilidad—. Le pillarás el tranquillo enseguida.

[*] «¡No, madre!» en alemán. *(N. del T.)*
[†] «Mierda» en alemán. *(N. del T.)*

Por muy trascendental que fuera aquel momento, no recuerdo haberme puesto nervioso. Estaba muy emocionado. Todo me salió de forma muy natural y, después de varios viajes, hasta mi madre se sentía cómoda en el coche conmigo. En una ocasión incluso se sentó en el asiento del copiloto.

Esta fue probablemente la primera de una lista muy larga de cosas que he hecho en mi vida, pero que nunca deberían haberme permitido, como crear un equipo de Fórmula 1 y escribir dos puñeteros libros. A propósito, mi estilo de conducción ha sido descrito de muchas formas distintas a lo largo de los años. Algunas de las más populares son «peligroso e arriesgado», «imprudente y temerario» y, mi favorita, «totalmente ilegal». Sin embargo, nunca he sufrido un accidente. O, al menos, no uno grave. Puede que haya causado algunos, pero eso no cuenta. ¿Multas? Sí, más papeletas de las que venden en Silverstone, pero accidentes, ninguno.

La única vez que me pagaron por conducir un coche fue durante el servicio militar. Ya lo mencioné por encima en mi primer libro, y, en general, lo disfruté muchísimo. Entonces ni siquiera se me había ocurrido la posibilidad de dedicarme al automovilismo, pero mientras trabajaba de chófer para un general del ejército italiano, que es lo hice durante parte de mi servicio militar, empecé a albergar pequeños sueños en los que llegaba a ser piloto de carreras. A la larga, aunque me gustaba conducir, supe por instinto que no tenía lo que hay que tener. En realidad, esto no es cierto del todo. Estaba bastante seguro de que no valía para ello, pero de lo que estaba realmente seguro era de que no tenía ningunas ganas de dedicar mi vida a descubrirlo y arruinarme en el proceso. Lo que perduró, sin embargo, cuando el sueño de ser piloto de carreras empezó a desvanecerse poco a poco, fue el mencionado deseo de trabajar en el mundo del automovilismo. Cuarenta años después, ese deseo es más fuerte que nunca. En ese sentido, soy como Christian y Toto, pero sin el esfuerzo, el gasto, el fracaso y la vergüenza. Eso ya me llegaría más adelante.

Una vez más, como soy el jefe supremo del mundo del motor, algunos ilusos suponen que tengo mi propia flota de Ferraris de época guardados en algún almacén secreto. En realidad, el único coche que poseo es un Toyota Tundra, que es una camioneta *pick-up*. Es grande (o, al menos, demasiado grande para conducirla en Europa), cómoda, tiene asientos calefactados, algo fundamental para un hombre de mi avanzada edad, y se conduce de maravilla. La adoro.

Tuve un Porsche 911 cuando viví en Inglaterra, aunque creo que tuvo algo que ver con la crisis de los cuarenta. Por aquel entonces trabajaba para el equipo alemán, Opel DTM Team, que tenía su sede en Alemania, así que tenía que viajar mucho al país. Por tanto, para mi cuadragésimo cumpleaños decidí darme un capricho y comprarme un 911 nuevo de color negro. Al principio estaba que no cabía en mí de la ilusión y lo conducía como si fuera lord Milton Keynes. Sin embargo, pronto la emoción de la novedad empezó a disiparse y llegué a la conclusión que solo vale la pena comprarse un coche como este si tienes tiempo para disfrutarlo. Y yo no lo tenía. De hecho, como me pasaba el tiempo viajando, apenas tenía tiempo de ir al baño mientras trabajaba para Opel, menos aún para pasearme un domingo por la mañana con un deportivo como un idiota. Eso se lo dejo a todos los abogados y contables jubilados.

2017

LOS CAMBIOS

Otra cosa en la que he estado pensando mucho mientras escribía estos primeros capítulos es la diferencia entre lo que era la Fórmula 1 cuando empezamos a competir y lo que es ahora. Quienes se aficionaron en la época de *La emoción de un Grand Prix,* que se estima que es aproximadamente el cincuenta por ciento de la audiencia actual, tal vez no sean conscientes de esto, así que permitidme que os ponga en contexto. En mi opinión, la Fórmula 1 actual no tiene nada que ver con cuando Haas comenzó a competir hace más de ocho años.

En primer lugar, la Fórmula 1 era muy exclusivista por aquel entonces, y esto tenía mucho que ver con el célebre Grupo de Estrategia de la Fórmula 1, al que nadie echa de menos. ¿Has oído hablar de él? Si no lo has hecho, puede que no te creas lo que voy a contarte.

El Grupo de Estrategia estaba formado por representantes de la FIA y de la Fórmula 1, además de Red Bull, McLaren, Ferrari, Mercedes, Williams y el otro equipo mejor clasificado en el Campeonato de Constructores del año anterior, que en 2017 fue Force India. No tiene nada de raro, diréis. Bueno, si os digo que son los únicos que pueden sugerir cambios en el deporte, ¿qué opináis? Pues así es como funcionaba. Cada uno de esos equipos tenía un voto, y la FIA y la Fórmula 1 tenían los seis votos restantes. En aquel entonces, a los otros cinco equipos se nos permitía asistir a las reuniones, aunque servía de poco, pues solo podíamos votar a la hora de ratificar las sugerencias del grupo. De ello se encargaba la Comisión de la Fórmula 1, que estaba formada por los miembros del Grupo de Estrategia más el resto de los equipos y otras partes interesadas, como promotores de carreras, patrocinadores y representantes de los distintos circuitos. Dado que lo único que hacíamos era ratificar las sugerencias del Grupo de Estrategia, estas reuniones terminaban muy rápido. De hecho, recuerdo que una vez tuve que asistir a una reunión en París. Volé desde Charlotte y no estuve allí más de quince minutos. Dios, estaba muy enfadado. Fue ridículo.

Como podréis imaginar, la mera existencia del Grupo de Estrategia provocaba mucho malestar en el seno del deporte, pero era indicativo de la cultura que existía entonces. Todo giraba en torno al control, y mientras Bernie Ecclestone estuviera al mando, eso nunca iba a cambiar. Por suerte, aquello se acabó en nuestro segundo año en la parrilla, cuando Liberty Media asumió por fin el control total del deporte.

En cuanto a los cambios que se han introducido en la pista desde entonces con respecto a la tecnología, las normas y el reglamento, harían falta cien años o más para explicarlos en su totalidad. Además, no es nada nuevo en este mundo. Es, simplemente, la Fórmula 1 en estado puro. Resulta mucho más fácil de explicar lo que ha sucedido fuera de la pista.

A menudo se atribuye a *La emoción de un Grand Prix*, de Netflix, el cambio que se ha producido en la Fórmula 1 en términos de audiencia, pero eso no es cierto. El primer paso fue hacer este deporte más compatible con las redes sociales y los teléfonos inteligentes. Ahí empezó todo, y el motivo por el que estoy tan seguro de ello es porque me arrastró a mí también. Hasta ese momento, utilizaba el móvil solo para llamar, enviar mensajes de texto y correos electrónicos y, aunque no me entusiasmaban las redes sociales en aquel momento, noté un cambio en la participación que fue drástico. Según el director de comunicación de Haas, Stuart Morrison, que fue una de las primeras personas que contraté en el equipo y que sigue allí hoy en día, la posibilidad de subir contenido a las redes sociales cambió las reglas del juego. Hasta entonces, para proteger los derechos televisivos, no se nos había permitido publicar nada demasiado interesante aparte de fotos, pero durante las pruebas de 2017 esto cambió. De repente, y por primera vez en la historia, los aficionados a la Fórmula 1 pudieron ver los coches en movimiento en sus teléfonos, y a partir de ahí todo estalló.

La mayor diferencia para mí fue disponer de tantos datos e información en tiempo real con solo pulsar un botón, algo que Liberty Media también se encargó de fomentar. Esto despertó mi interés, no solo como participante, sino también como aficionado. En todo caso, *La emoción de un Grand Prix* surgió porque la Fórmula 1 había abierto sus puertas a un público nuevo y más joven, y todo el mundo lo aprovechó al máximo, incluidos nosotros.

Desde el punto de vista de los directores de equipo solamente, la distribución más equitativa del fondo de los premios fue otra iniciativa positiva de Liberty Media. A pesar de que la FIA regula el límite presupuestario, sin la corroboración del Formula One Group no se habrían producido estos cambios tan relevantes. Quien debe llevarse la gran parte del mérito es Chase Carey, nombrado CEO del grupo por Liberty Media a principios de 2017. Tras supervisar la adquisición, implementó los cambios antes mencionados y muchos más antes de dimitir y dejar paso a Stefano Domenicali en 2020, quien también ha realizado un trabajo increíble.

Cuando Liberty Media adquirió la Fórmula 1, todos se mostraron muy escépticos, sobre todo porque se trataba de una empresa estadounidense. «¿Qué sabrán los estadounidenses de Fórmula 1?», decía la gente. «Es un deporte europeo». Para entonces, yo ya llevaba casi diez años viviendo en Estados Unidos y conocía un poco la empresa y su historial, así que no me preocupaba en absoluto. Puede que me suscitara interés, pero no inquietud. Supuse que si esta gente estaba dispuesta a invertir más de cuatro mil millones de dólares en la compra de un gran deporte, probablemente intentarían llevarlo a otros países y globalizarlo de verdad, empezando, en este caso, por Estados Unidos. Como cofundador y director del único equipo estadounidense de la Fórmula 1 en aquel momento, era importante para mí, y pensé que las personas más indicadas para desarrollar el deporte en Estados Unidos debían ser ciudadanos del país, o al menos una empresa con sede allí.

Al cabo de seis u ocho meses, los chicos de Europa empezaron a ver y valorar que Liberty Media estaba llevando la Fórmula 1 en la dirección correcta, por lo que el escepticismo, que en su mayoría había sido totalmente comprensible, se fue convirtiendo poco a poco en entusiasmo. De hecho, Liberty Media ya estaba tomando medidas que a Bernie nunca se le habrían ocurrido o que no habría estado preparado para llevar a cabo. No es una crítica. Bernie tenía más de ochenta años cuando le pasó el testigo a Liberty Media y, a pesar de lo blancos que tuviera los dientes o de lo increíble que era su pelo, el deporte pedía a gritos una nueva visión, ideas y perspectivas. Por ejemplo, no haberse abierto a las redes sociales antes, a diferencia de lo que habían hecho otros deportes, había frenado a la Fórmula 1 y mermado su audiencia.

Mi teoría es que Bernie debía de estar contento con la situación del deporte en esos cinco o diez años previos a la adquisición, que es cuando se deberían haber llevado a cabo iniciativas como abrirse a las redes sociales. Le estaba haciendo ganar dinero a él y a sus socios financieros, así que ¿por qué cambiar y empezar a correr riesgos? No olvidemos, por cierto, que hace tiempo Bernie Ecclestone se había adelantado al resto del mundo al asegurarse de que los Grandes Premios del calendario de la Fórmula 1 se televisaran en todo el mundo. Si no lo hubiera hecho, el deporte podría haber desaparecido por completo, así que se merece una felicitación de la hostia por ello. Ahora, sin embargo, las tornas habían cambiado. El mundo estaba transformándose más rápido que nunca, y cuanto más lo hacía, más desfasada se quedaba la Fórmula 1. Una vez más, no pretendo menospreciar a Bernie, pues a menos que alguien en quien confíes o que maneje los hilos del dinero te pida que cambies las cosas cuando estás ganando cientos de millones de dólares al año, ¿por qué ibas a hacerlo? Por supuesto, no puedo probarlo, pero diría que la mayoría de la gente en esa situación habría hecho lo mismo que Bernie. Como dice el refrán, si no está roto, no lo arregles. Sin embargo, me provoca pavor pensar en qué habría pasado si Liberty Media no hubiera aparecido y convertido a Bernie en multimillonario.

En fin, ese ha sido mi discurso sobre el estado de la nación. ¿Qué hay del estado de Haas en 2017?

Al igual que el deporte en general, 2017 fue un año de cambios para el equipo, tanto en lo que respecta a los coches (de lo que hablaré en un momento) como a las personas que los conducirían. Os podéis imaginar que nunca dudamos de la posibilidad de retener a Romain Grosjean. Es cierto que habíamos tenido algunos problemas iniciales con él, pero, en general, sus carreras habían sido buenas. Siempre he defendido que, en su día, Romain fue uno de los mejores pilotos de Fórmula 1 del mundo, y no he cambiado de opinión. Lo único que le faltaba era constancia. Con Esteban Gutiérrez era diferente. La constancia nunca fue su problema. El problema era que terminaba constantemente en puestos que no otorgaban puntos.

En 2016, Esteban terminó en la undécima posición en no menos de cinco ocasiones, y si incluimos sus dos temporadas con Sauber, había monopolizado el mercado de quedarse a las puertas. Mientras que a Romain le faltaba consistencia, a Esteban le faltaba garra. A pesar de nuestra creciente decepción y frustración, a lo largo de 2016 nunca dimos una sola pista de que estábamos pensando en dejarlo ir (creo que ahora sería distinto), ya que trabajaba muy bien en equipo, pero al final de la temporada habíamos tomado una decisión.

Dar con un sustituto para Esteban resultó bastante fácil en comparación con lo difícil que había sido encontrarlo a él. Me acababan de informar de que Renault había decidido dejar marchar a Kevin Magnussen, así que concerté una reunión con él de inmediato. No le habíamos contratado el año anterior por su falta de experiencia, pero ahora, con una temporada completa con Renault a sus espaldas y habiendo conseguido puntuar dos veces con un coche de mierda, era el momento de volver a negociar.

Tras fichar a Kevin, algunos periodistas nos preguntaron por el hecho de que contáramos con dos pilotos que habían tenido, y cito textualmente, «un comienzo problemático en su carrera en la Fórmula 1: accidentes, salidas de pista, cambios de equipo, etcétera».

—¿Esperáis que hayan dejado todos esos problemas atrás? —me preguntó uno de los reporteros.

—Le respondí que, en mi opinión, las dificultades les hacían mejores personas y que los aceptábamos como individuos.

—Creo que encajan bastante bien en nuestro equipo —declaré—. Así que puede que nosotros también seamos algo problemáticos.

Hay un viejo dicho americano que dice «lo que te hace sufrir te hace más fuerte», y eso es lo que esperaba que les hubiera ocurrido a Kevin y Romain.

Además de ser de países diferentes, ambos pilotos tenían personalidades muy distintas. De hecho, no podían ser más opuestos. Mientras que Romain era muy extrovertido y mostraba abiertamente sus emociones, Kevin era reservado y procesaba las cosas en lugar de estallar. Al menos, al principio, porque acabaría ocurriendo. Lo que más me gustó de Kevin cuando lo conocí fue su hambre de competir y de seguir en la Fórmula 1. De hecho, eso sigue siendo lo que más admiro a día de hoy, porque no ha cambiado. Una vez me dijo que no le asustaba morir y que conducía sin ningún miedo, y me lo creo.

En cuanto a los puntos débiles, Kevin comparte su inconsistencia con Romain. La diferencia entre los dos, sin embargo, es que la de Kevin es más fácil de explicar. De hecho, todavía no tengo ni idea de por qué Romain era inconsistente y por qué hacía las cosas que hacía. Con Kevin, casi siempre se debía al coche que conducía. Si tenía un buen coche, era el más luchador, pero cuando el coche no era de su agrado, casi podías descartarlo de la carrera. Creo que está relacionado con su deseo de triunfar. Pensar que no tendrá éxito es lo que acaba con él.

Desde su llegada a la Fórmula 1, la confianza de Kevin había sufrido un duro golpe, aunque no tenía nada que ver con lo anterior. Tras un comienzo prometedor en su primera temporada con McLaren, dejaron de contar con él a finales de año y lo degradaron a piloto reserva. Después de pasar una temporada en el banquillo, pilotó para Renault, que tomó la misma decisión que McLaren y lo echó. Personalmente, nada de eso me importaba. Sabía que Kevin tenía talento y ganas de triunfar.

Pasemos a los coches.

Desde la introducción de los híbridos en 2014, había un problema en el deporte con la falta de carga aerodinámica y con el par motor que ralentizaba los coches. A mediados de 2015, dicho fallo se había rectificado en teoría, o eso esperaba la FIA, mediante un nuevo paquete aerodinámico que entraría en vigor en 2017. Esto nos obligó a desarrollar dos coches nuevos y bastante diferentes al mismo tiempo, lo que no era poca cosa. También implicó que dejáramos de trabajar en el coche de 2016 a los cuatro meses de la temporada anterior para concentrarnos de lleno en el nuevo coche, que era el futuro. Esta es una de las razones por las que la temporada fue cuesta abajo después de un tiempo. O, mejor dicho, se estabilizó.

Por cierto, fuimos capaces de desarrollar dos coches al mismo tiempo, a pesar de ser un equipo nuevo, gracias a la cantidad de piezas que conseguimos de Ferrari. De no haber sido así, nunca lo habríamos logrado y habríamos estado completamente jodidos.

Entonces, ¿qué cambió en 2017? Bueno, el ancho del coche, del alerón delantero y del fondo aumentaron de tamaño, y el alerón trasero se redujo de noventa y tres centímetros a setenta y ocho. Además, esta pieza también se desplazó unos centímetros hacia atrás, al igual que el difusor. Por otro lado, los neumáticos se agrandaron considerablemente, tanto en anchura como en diámetro, con lo que el peso del coche incrementó más de veinticinco kilos. Esto se compensaría con un aumento de la capacidad de combustible, y se esperaba que, en la práctica, los tiempos de vuelta disminuyeran en unos cinco segundos.

Como todo en la vida, la velocidad extra tendría un coste y, en este caso, se pensó en que sería la aparición de aire sucio que dificultaría a los pilotos mantener la estabilidad de los coches y adelantar a los rivales. Por otra parte, todo el mundo estaría en el mismo barco, por lo que no habría problema. O al menos para mí, que no conduciría.

Acabo de recordar algo. Cuando anunciamos que empezaríamos a competir en 2016, algunas personas nos preguntaron: «¿Por qué queréis entrar ahora, cuando las nuevas normas van a entrar en vigor en 2017? ¿Por qué no empezáis el año que viene?». Aunque comprendo su argumento, queríamos aprovechar la temporada 2016 como un periodo de adaptación para el equipo, de modo que cuando se hicieran efectivas las nuevas normas y llegaran los nuevos coches, estuviéramos preparados. Sin duda, empezar a correr en 2017 nos habría dado más tiempo y habría hecho las cosas menos estresantes, pero todo habría sido demasiado nuevo. Soy de los que piensan que si te sientas a esperar a que se alineen los astros para pasar a la acción, tendrás que ser muy paciente. A riesgo de ser extrañamente grosero por un segundo, o le echas huevos o no lo hagas.

LA TEMPORADA

Los dos primeros días de prueba en Barcelona fueron bien. Kevin estuvo en el *cockpit* los dos días y dio cincuenta y una vueltas el primer día, y ciento dieciocho el segundo, con lo cual completamos nuestro programa. Y lo que es más importante, todos los problemas que tuvimos ambos días fueron pequeños y les pusimos remedio en cuestión de horas o incluso minutos. Con Kevin a bordo, se avecinaba una nueva era para nosotros con respecto a la alineación de pilotos, y esperaba que diera sus frutos. El primer día estuvo un poco nervioso y los problemas que experimentó lo inquietaron, pero estaba contento de estar ahí fuera.

—El coche me da buenas sensaciones —me dijo—. Me gusta notar eso por fin después de tanta expectación.

Al final del segundo día, Kevin estaba sonriente y lleno de confianza, que es exactamente lo que yo esperaba ver. Había dado más vueltas que ningún otro piloto y estaba trabajando muy bien con el equipo.

Los días tres y cuatro con Romain fueron casi idénticos en lo que a vueltas completadas se refiere: cincuenta y seis el primer día, y ciento dieciocho el segundo. En su primer día, Romain experimentó algunos problemas de puesta a punto, pero eso fue todo. La prueba culminó con una sesión simulada sobre mojado que permitiría a Pirelli evaluar los nuevos neumáticos.

—Es una pasada conducir este coche —dijo Romain tras el último día—. Entra rápido en las curvas, frena tarde y mantiene la velocidad en las curvas. También me gustan los neumáticos porque ofrecen la posibilidad de dar tres vueltas seguidas.

La segunda prueba, que tuvo lugar del 7 al 10 de marzo, fue bien, salvo el último día, en el que tuvimos algunos problemas con la puesta a punto. Como consecuencia, no pudimos terminar la simulación de carrera y salimos un poco desanimados. Para ser sincero, creo que todos estábamos agotados, lo cual no era bueno porque la temporada ni siquiera había empezado. Mirando atrás, a pesar de que nos encontrábamos en la cúspide de nuestra segunda temporada en la Fórmula 1, todavía estábamos en ese periodo de adaptación. El equipo intentaba demostrar su valía al deporte y los miembros del mismo intentaban demostrársela unos a otros. En otras palabras, todo el mundo se dejaba la piel y no habían podido parar en casi dos años.

He olvidado el motivo exacto, pero en 2017 Haas hizo un cortometraje sobre la logística y el equipo que intervenían en un fin de semana de Gran Premio, y he pensado que sería interesante informaros sobre ello. Después de todo, las cosas no han cambiado demasiado desde entonces. Creo que lo que inició la conversación sobre el cortometraje fue que la carrera que seguía a la de Suzuka era la de Austin, que está a más de once mil kilómetros de distancia y Dios sabe a cuántos husos horarios. A pesar de que parecía una locura tener dos carreras consecutivas separadas por casi un tercio de la circunferencia del mundo, así eran las cosas y, como los demás equipos, tuvimos que ponernos manos a la obra.

En primer lugar, analicemos la logística y, en particular, el transporte marítimo. Para el Gran Premio de Estados Unidos, hubo que zarpar más de cincuenta días antes de que se celebrara el evento, y la carga constaba de quince toneladas de material embaladas en dos contenedores de doce metros. Se trataba sobre todo de material voluminoso, como el equipamiento para el garaje, los muebles del *motorhome* y el equipo de cocina. Además de ser más ecológico que el transporte aéreo, el marítimo es mucho más barato. Por otra parte, debido al tiempo que se tarda en llegar, hay que tener varios lotes de todo que, durante una temporada, irán desplazándose por todo el mundo.

Obviamente, el transporte aéreo tarda una fracción del tiempo que el marítimo (quince horas frente a cincuenta días, en este caso), y en 2017 lo utilizamos para enviar treinta y cuatro toneladas de material cargadas en once palés. No tengo a mano el inventario completo, pero según el cortometraje incluimos, entre otras muchas cosas, ciento cuarenta y cuatro neumáticos, dos coches completos, cuarenta cascos y trajes de boxes, piezas de repuesto suficientes para construir cuatro coches más, cuatro mil botellas de agua, doscientas radios, y noventa y cinco miembros del personal. Aunque estoy bastante seguro de que ellos no iban en las cajas.

Llegué a Melbourne el 22 de marzo, es decir, dos días antes de los entrenamientos libres y cuatro días antes de la carrera. En aquella época, todavía era un completo desconocido, así que podía deambular por los aeropuertos sin tener que firmar autógrafos ni sonreír ante una cámara de un móvil. No me estoy quejando, por cierto, solo estoy recordando. Ya me conocéis, las únicas veces que me negué a hacerme un selfi o a firmar un autógrafo durante mi época con Haas fue cuando o bien no podía llegar físicamente a la gente o cuando Gene estaba conmigo. «Oye, hombre que me paga el sueldo, ¿te importaría quedarte ahí mientras me hago unas fotos? Me llevará unos veinte minutos». Creo que si eso hubiera ocurrido, nos habríamos separado mucho antes. Sin embargo, hay que ser muy buscafama para no echar un poco de menos el anonimato, y yo lo extraño vez en cuando.

Tal vez sea una tontería, pero después de *La emoción de un Grand Prix* sentí que se había establecido un pacto silencioso entre los aficionados a la Fórmula 1 y yo. Por ejemplo, cuando entraba o salía del *paddock* la gente solía atosigarme un poco. No me importó durante un tiempo, pero, al fin y al cabo, yo estaba de camino al trabajo o yéndome a casa, y tenía que irme. Con el tiempo, empecé a moverme muy despacio mientras la gente seguía haciéndose fotos hasta que captaban el mensaje y se apartaban de forma respetuosa. Los aficionados casi siempre me dan las gracias cuando me hago un selfi, y eso es muy agradable.

He intentado recordar cuáles eran nuestras expectativas al empezar la temporada 2017. Lo que sé con certeza es que las mías eran ligeramente diferentes de las de Gene. Si eres el que firma los cheques, concilias esto con la esperanza de ver una recompensa por tu inversión, que en este caso se traduce en puntos o, como mínimo, en que seamos competitivos y peleemos por ellos. En mi caso, yo tenía las mismas ambiciones, pero no tenía las expectativas tan altas como Gene. La razón era que yo vivía y respiraba el deporte día a día y era muy consciente de las trampas que entraña y de lo cambiante e inestable que era. Creo que Gene también lo entendía hasta cierto punto, pero la inversión constante le otorgaba a su ambición una urgencia que la mía no tenía. En pocas palabras, él quería mejorar con respecto a 2016 mientras que yo quería consolidarme.

La campaña tuvo un comienzo preocupante cuando, durante los segundos entrenamientos libres, nos ordenaron retirar el T-wing que habíamos instalado como parte de las nuevas normas. Creo que se debió a que se doblaba demasiado. Conseguimos arreglar el problema a tiempo para los terceros entrenamientos libres, aunque en la clasificación Kevin no consiguió permanecer en la pista y quedó en el decimoséptimo puesto. Romain, por su parte, logró entrar en la Q3 y terminó en la tercera línea, en el sexto puesto. Esta era nuestra mejor clasificación hasta la fecha, la anterior había sido en Brasil el año pasado, donde Romain se clasificó séptimo en la parrilla de salida. Considerando que se colocó delante de un Red Bull, los dos Toro Rosso y los dos Force India, mi francés favorito hizo una vuelta increíble.

Los incidentes de Kevin no fueron culpa suya (presentaba problemas de equilibrio y no había tenido la oportunidad de probar el neumático ultrablando que se había usado en la calificación) y, aunque se sentía frustrado por estar en la parte trasera de la parrilla de salida, sabía que el coche era rápido, y eso lo ayudó a mantener cierta confianza.

No me extenderé con respecto a la carrera en sí, ya que fue una pesadilla para nosotros y ninguno de nuestros pilotos terminó la carrera. Romain se retiró con una fuga de agua en la vuelta catorce y Kevin, con un problema en la suspensión en la vuelta cuarenta y siete. Si soy sincero, no fue la carrera que queríamos o esperábamos. De todos modos, solo podíamos seguir adelante.

Por suerte, las cosas mejoraron bastante rápido, y cuando nos marchamos del Gran Premio de España, en Barcelona, habíamos conseguido puntuar en tres ocasiones. No obstante, también tuvimos cuatro retiradas, así que tampoco queríamos dejarnos llevar por la emoción. Entre Barcelona y Mónaco, las carreras quinta y sexta, mantuve una larga conversación con Gene, y esta vez nuestras ambiciones y expectativas coincidían.

—Ya va siendo hora de que puntuemos con los dos coches —le dije—. Y ¿sabes qué? No creo que estemos muy lejos.

Probablemente, fue una estupidez pronunciarlo en voz alta ante mi jefe superambicioso, sobre todo cuando hablábamos de una carrera tan impredecible como Mónaco. Por otra parte, en 2016 habíamos terminado en el undécimo y el decimotercer puesto, así que ¿por qué no?

El Gran Premio de Mónaco de 2017 resultó ser la septuagésima quinta edición de la carrera, por lo que había celebraciones por todas partes. Aunque yo no asistí a muchas. Procuraba no dejarme atrapar por todo aquello y prefería verlo de lejos. Por suerte, a partir de 2017, cuando Haas corría en Mónaco me alojaba en casa de mi amigo Andrea Gianetti, que vive a una distancia prudencial del jaleo. Hay una buena historia detrás de cómo surgió este acuerdo.

En 2016, el equipo se alojó en una especie de aparthotel que estaba muy lejos del *paddock*. A mí también me parecía un sitio un poco raro; tenía un ambiente muy extraño. Una noche salí a cenar con Andrea y me preguntó dónde nos hospedábamos.

—¿Dónde? —me preguntó otra vez cuando se lo dije. Parecía bastante alarmado—. ¿Por qué os alojáis allí? —Debió de suponer que estaríamos en el Beach Plaza o en algún lugar parecido.

—Tampoco es que en Mónaco abunden los hoteles —respondí—. Uno tiene que conformarse con lo que hay.

—Vale, pero ¿sabes que ese sitio lo frecuentan prostitutas? Es conocido por ello.

—Pues no lo sabía. Espero que sean de lujo.

—No tengo ni idea. Se quedan unos meses, ganan un montón de dinero y luego se van. Tiene mucha fama.

—¿Y ahora qué?

—No tengo ni idea. Supongo que las habrán trasladado por el Gran Premio. De todos modos, a partir de ahora, ¿por qué no te quedas en mi casa cuando estés en Mónaco?

—¿Quieres decir en lugar de alojarme con unas prostitutas de lujo? Déjame pensarlo.

Y así fue. Durante los siete años siguientes, cada vez que corríamos en Mónaco, me alojaba con Andrea en su precioso apartamento, y siempre se portó como un anfitrión fantástico. *Grazie, Andrea.*

No recuerdo exactamente por qué, pero presentamos unos nuevos colores en Mónaco, y un nuevo T-wing. La clasificación estuvo bien, en general. Romain pasó a la Q3, lo que fue genial, y Kevin también lo habría hecho de no haber sido por el tráfico. Terminó clasificándose en decimotercer lugar, pero luego pasó al undécimo después de que Jenson Button y Stoffel Vandoorne recibieran penalizaciones en parrilla. Romain se clasificó octavo, así que en general estábamos contentos.

Kevin hizo una de las mejores salidas que he visto en Mónaco, y en Santa Devota iba justo detrás de Romain. Luego, cuando Sergio Pérez entró en boxes para cambiar el alerón delantero en la vuelta dieciséis, subieron una posición y se colocaron séptimo y octavo respectivamente. Creo que hubo tres o cuatro coches de seguridad durante la carrera, así como ocho o nueve abandonos, y cuando por fin pudimos respirar tras la bandera a cuadros, Romain había terminado octavo y Kevin décimo.

En retrospectiva, que un equipo nuevo hiciera un doblete de puntos en Mónaco en su segunda temporada en la parrilla fue un logro extraordinario, pero en aquel momento creo que no nos dimos cuenta. No tanto. Todo el mundo estaba contento, por supuesto, y Gene y yo sentíamos que habíamos cumplido nuestro objetivo. A lo que me refiero con que no nos dimos cuenta de la enormidad del logro es a que no comprendimos lo difícil que era repetirlo. Cuando lo supimos, todo quedó claro.

En años posteriores, conseguir un doblete de puntos se convirtió en mi obsesión, o al menos en mi ambición. Yo era el director de un equipo con dos coches y mi objetivo final era que ambos lo hicieran bien con regularidad. Incluso cuando uno de nuestros coches acababa en una posición que puntuaba, si el otro tenía que retirarse o se estrellaba, eso empañaba el logro, al menos para mí. Todo el mundo en el equipo sentiría algo así en cierta medida (aparte del piloto que había puntuado, quizá), pero el director del equipo lo siente más.

Como equipo, ya nos habíamos hecho un hueco. Durante la primera temporada, todo lo que hacíamos parecía urgente, mientras que ahora podíamos tomárnoslo con más calma. Creo que la clave estaba en la eficacia. Fue una buena sensación, y nos permitió concentrarnos de lleno en ser competitivos y, lo que es igual de importante, fiables. No se puede tener una cosa sin la otra.

Cuando llegamos a Malasia, a finales de septiembre, ya habíamos puntuado en diez ocasiones, por no hablar de las cuatro veces que nos habíamos quedado a las puertas de la zona de puntos, en undécima o duodécima posición. Además, solo contábamos con siete abandonos. Solo Williams, Mercedes, Force India y Ferrari tenían menos que nosotros. De hecho, Force India y Mercedes solo habían sufrido un abandono.

Mi ambición a estas alturas de la temporada, además de conseguir uno o dos dobletes más, era terminar por delante de Toro Rosso, que probablemente eran nuestros principales rivales en aquel momento. Tendríamos que hacer un buen final, ya que ellos habían terminado más veces que nosotros entre los diez primeros y nos llevaban unos cuantos puntos de ventaja. Pero no era imposible.

Un incidente durante los segundos entrenamientos libres en Sepang resultó ser una de las cosas más extrañas que jamás he presenciado en la Fórmula 1, y dio comienzo a una campaña de un año de duración que llevamos a cabo tanto en nombre de Haas como del propio deporte. Romain estaba en la pista y todo iba bien hasta que de repente, en la curva catorce, hizo un trompo y se fue directo contra el muro de neumáticos. Ahora ya puedo admitirlo, pero mi respuesta inmediata cuando lo vi fue: «Oh, mierda, ¿qué cojones ha hecho ahora?». Lo más importante es que Romain estaba bien, pero antes de que pudiéramos preguntarle qué había pasado, dijo por radio que había perdido una de las ruedas traseras. La suposición inmediata fue que debía haber pinchado o algo así, y mientras lo llevaban a él y al coche de vuelta al garaje, empezamos a investigar. Resultó que los coches de Valtteri Bottas o Kimi Räikkönen habían desprendido sin darse cuenta la tapa de una alcantarilla en el vértice de la curva trece y cuando Romain pasó por encima de ella unos segundos más tarde, le rajó la rueda trasera. Esto provocó que el neumático explotara, por supuesto, lo que causó que acabara haciendo un trompo.

En el pasado, cuando ocurrían cosas así en un Gran Premio, los equipos siempre pagaban la cuenta. No estaba escrito en ningún reglamento ni nada por el estilo, simplemente se esperaba que así fuera y se había convertido en parte de la cultura. Como director de equipo, cuando un coche se sale de la pista, necesitas saber con exactitud de qué o quién ha sido la culpa, y el hecho de que no tuviera nada que ver ni con nosotros ni con otro piloto me enfureció.

—¿La pista está asegurada? —Recuerdo que le pregunté a Charlie Whiting.

—Claro que sí —respondió.

—¿Asegurada para casos como este?

—Sí —repitió.

—Entonces, voy a presentar una reclamación.

—Bien por ti —dijo Charlie.

No estoy seguro de si lo decía en serio o no. Después de todo, estaba a punto de hacer algo que alteraría el *statu quo*. Por otra parte, la época de Bernie había llegado a su fin y, en mi opinión, esta era una de las muchas cosas que debían cambiar.

Nos llevó casi un año, pero al final, el seguro pagó. Para ser justos, fue muy fácil tratar con la compañía de seguros y la razón por la que tardó tanto fue simplemente por el proceso que debía seguirse en aquel momento. No solo tuvimos que demostrar qué piezas del coche había que sustituir (había daños en el fondo, los alerones y la suspensión, y el chasis también se había visto afectado), sino que también tuvimos que demostrar cuánto valían en ese momento, que variaba en función de lo viejas y desgastadas que estuvieran. Fue un proceso complicado, pero las cifras que se manejaban hacían que mereciera la pena el esfuerzo. De memoria, creo que rondaba el medio millón de dólares.

La acción que emprendimos sentó un nuevo precedente en la Fórmula 1, por el cual se normalizó que los equipos presentaran una reclamación al seguro en tales circunstancias. El siguiente equipo en hacerlo fue Williams en 2019. Una vez más, fue una tapa de alcantarilla que se había desprendido la que causó los daños, esta vez en Bakú, y el desafortunado piloto fue George Russell. Según la prensa, la cifra rondó una vez más el medio millón de dólares, nada desdeñable. Al final, la ciudad de Bakú no solo zanjó el asunto enseguida con un reembolso íntegro a Williams, sino que también se disculpó públicamente. Al fin y al cabo, las pistas de carreras se inspeccionan y deben ser seguras. Esa es la cuestión más importante.

No estoy seguro de si el encuentro de Romain con la tapa de la alcantarilla fue un mal presagio para nosotros, pero la carrera de Malasia acabó siendo para olvidar. Por primera vez esa temporada, ninguno de los dos pilotos pasó de la Q1 y acabaron duodécimo y decimotercero, fuera de la zona de puntuación. La única bendición fue que los dos Toro Rosso terminaron más atrás, así que aún teníamos opciones de acabar séptimos en el Campeonato de Constructores.

La siguiente carrera del calendario era una semana más tarde, en Japón. Además de ser mi hogar espiritual (bueno, Tokio para ser exactos), es la carrera que más ilusión me hace cada año, y lo mismo les ocurre a muchos de los pilotos. De hecho, YouTube está lleno de entrevistas a pilotos que hablan de por qué les encanta Suzuka. Además de ser un gran desafío técnico, hay que tenerlos cuadrados para afrontarlo y salir victorioso. Aparte de terminar séptimos en la clasificación de Constructores, conseguir el doblete de puntos aquí sería la guinda del pastel en cuanto a nuestra temporada y daría a ambos pilotos un gran impulso.

Los entrenamientos libres fueron un puto desastre, pero, por fortuna, no solo para nosotros. En la primera sesión de libres, Kevin solo pudo dar una vuelta debido a una fuga de agua, y la segunda sesión se suspendió por un problema mucho mayor: una lluvia torrencial. (¿Lluvia torrencial en Suzuka? ¿Me estás tomando el pelo?). Un sobreviraje en la curva cinco impidió a Romain pasar a la Q2 durante la clasificación, y después de las penalizaciones en la parrilla de salida para Jolyon Palmer, Sainz y Alonso, Kevin salió duodécimo y Romain decimotercero.

A pesar de todos los comentarios acerca de que Suzuka es el circuito más desafiante del calendario, la carrera en sí fue bastante tranquila y lo único que recuerdo es estar sentado en el muro de boxes mientras veía a Kevin terminar octavo y a Romain noveno. Pero lo conseguimos. Llegamos a la meta con un doblete de puntos. Gene estaba contento, y los pilotos y el equipo estaban eufóricos. Yo también estaba bastante satisfecho (la sutileza del libro hasta ahora), pero llevaba casi un mes lejos de casa y estaba deseando volver. Por suerte, Austin era la siguiente carrera, lo que me daría algo de tiempo para volver a presentarme a mi familia.

Desgraciadamente, solo conseguimos puntuar una vez más en las cuatro últimas carreras de la temporada, la de Kevin en México, por lo que Toro Rosso nos superó en la séptima posición por solo seis puntos. Sin embargo, no fue una desgracia. Ni mucho menos. A diferencia de la temporada de 2016, en la que solo puntuamos en cinco carreras y no hicimos ningún doblete, en 2017 puntuamos en once de las veinte carreras, es decir, más de la mitad, y tuvimos a ambos pilotos en puestos de puntuación en dos ocasiones. No está nada mal, ¿eh? También ganamos a McLaren, lo que debió cabrear bastante a Ron Dennis. De hecho, ese año, Ron dejó McLaren para siempre, así que quizá nosotros fuimos la razón. O tal vez no.

El ambiente en el equipo al final de la temporada era extraordinario. Habíamos experimentado casi todas las emociones que la Fórmula 1 podía provocarnos durante el año. Frustración, irritación, ansiedad, euforia, orgullo, alivio… Creo que también tuvimos la sensación de validación, lo que nos hizo felices a todos y nos unió más como equipo. Lo más importante era que todos pensábamos que íbamos en la dirección correcta. Yo, por lo menos, no podía esperar a que empezara la temporada de 2018.

PARADA EN BOXES

BAJO PRESIÓN

Además de ser el título de una canción muy conocida de Queen y David Bowie, «Under Pressure», «bajo presión» también describe, con bastante exactitud, mi estado de ánimo constante desde aproximadamente 1986, o desde que empecé a trabajar en el mundo del automovilismo. Pero no nos engañemos. Estar bajo presión no significa tumbarse en la cama y sudar como un cerdo. De hecho, para mí, se ha convertido en una parte inamovible de mi vida, ya que si no experimentara presión de vez en cuando sentiría que me limito a existir. Aunque parezca mentira, ahora es tan importante para mí como cualquier otra emoción que experimente. Es lo que hace que me levante de la cama por las mañanas.

Hasta que empecé a trabajar en el mundo del motor, no estoy seguro de haber experimentado la presión en gran medida. Como ya he contado, a los catorce años, empecé a conducir para mi familia por los Dolomitas todos los fines de semana y, a pesar de que mi madre y mi hermana no dejaban de pedir auxilio desde el asiento trasero, salí bastante ileso. También me fue bien en los estudios, ya que conseguí realizar todo el trabajo que me pedían y aprobar los exámenes sin cagarme en los pantalones ni tener que exigirme demasiado.

—Guenther, parece que vas navegando por la vida —me dijo una vez mi madre. En aquel momento, no sabía a qué se refería, pero supongo que tenía razón. Estaba bastante relajado.

Incluso suspender un curso de ingeniería, que es lo que hice antes de empezar a trabajar en el automovilismo, apenas me importó. El curso estaba bien, supongo, pero a mitad de camino me apeteció hacer otra cosa, así que lo dejé. En ningún momento tuve la sensación de haber fracasado. En lo que a mí respecta, mi deseo de trabajar en el automovilismo había puesto de manifiesto que la ingeniería no era para mí, y lo vi como algo positivo.

En mi opinión, una de las mejores formas de manejar ese tipo de presión con eficacia es no dejarse cegar por las consecuencias de que las cosas no salgan como uno quiere. Olvídate de ellas. Hazlo lo mejor que puedas y, si no sale como esperas y eso tiene repercusiones, solo tienes que asumirlas. Preocuparte de antemano reduce tus posibilidades de éxito, lo cual, si lo piensas bien, es absurdo. Puede parecer un consejo muy simple, pero es lo único que suele convertir la presión sana, que es la que te impulsa a tener éxito y puede provocarte mariposas en el estómago, en presión enfermiza, que solo te hará sentir como una mierda. ¿Por qué? Porque preocuparte por lo que pasará si no lo consigues puede: (a) impedir que te centres en lo que tienes que hacer para conseguirlo, y (b) dificultarte disfrutar del viaje, así que, ¿qué sentido tiene? Es algo con lo que he vivido toda mi vida adulta, ¡y mírame! En serio, conozco a mucha gente —cientos de personas, de hecho—, que se ha obsesionado tanto con los «y si» que se ha perdido las cosas buenas que la vida depara. Relájate, hazlo lo mejor que puedas, mantén los ojos abiertos y disfruta del viaje.

Una pregunta que me hacían a menudo cuando trabajaba en Haas era cómo me sentía cuando tenía que llamar a Gene para darle malas noticias. Supongo que creían que debía de ser horrible.

—Debes sentir mucha presión —me dijo una vez un periodista— al llamar por teléfono al dueño del equipo que diriges para decirle que un piloto se ha estrellado y el otro ha terminado último.

—En absoluto —respondí. Claro que no me gustaba darle malas noticias a Gene. No me gusta tener que dárselas a nadie. Pero tampoco me estresaba por ello. Lo importante cuando hablaba con Gene era que jamás daba rodeos para contarle lo que había ocurrido y siempre era sincero.

Personalmente, a menudo son las pequeñas cosas las que me generan más presión, como tener que enviar correos electrónicos. Podéis imaginar la cantidad de correos electrónicos que recibía a lo largo de un día como director de equipo, y la mayoría había que responderlos enseguida. Además, en muchas ocasiones tenía que hablar con otras personas para conseguir la información que necesitaba, así que consumía una gran parte de mi tiempo. Por muy tentador que parezca, lo peor que se puede hacer en esta situación es dejar las cosas para más tarde. Lo he hecho unas cuantas veces en el pasado y, cada vez, me he acabado levantando de la cama en mitad de la noche para escribir correos. Terminar el día sabiendo que había abierto todos los correos pendientes me daba mucha satisfacción y me permitía relajarme. Algunos se toman una copa y escuchan música. Yo me pasaba horas contestando correos.

De hecho, tengo otro ejemplo. Cuando terminé de escribir *Sobrevivir a toda velocidad*, recibí una llamada de la editorial inglesa preguntándome si me gustaría grabar el audiolibro. Mi reacción inicial fue: «¡Por supuesto que no!». Al fin y al cabo, en contra de la creencia popular, no soy actor.

—Seguro que alguien con formación lo haría mucho mejor que yo —dije. Luego pensé: «Un momento. Este es mi proyecto y si la gente es tan tonta como para comprar el audiolibro, debería ser yo quien lo leyera. En parte, porque supongo que es lo que quieren, pero también porque no hay nadie en el mundo que suene como yo».

Después de hacer algunas averiguaciones, empecé a oír historias de gente que había ido a grabar la versión en audiolibro de su autobiografía y había abandonado porque era incapaz de hacerlo o se sentía demasiado intimidada.

—Es un trabajo muy duro —me dijo el editor—. Y puede llevar hasta una semana.

Esto me planteó un problema, ya que de ninguna manera podría dedicar una semana a este proyecto.

—Dos o tres días es lo máximo que puedo daros —le ofrecí—. Pero probemos y veamos cómo nos va.

La presión que sentía antes de llegar al estudio de grabación era la que he mencionado más arriba, en referencia al clásico miedo al fracaso. Dicho esto, también confiaba en mi capacidad (para leer, al menos) y sabía que, si no funcionaba por cualquier motivo, no sería el fin del mundo.

—¿A quién crees que deberíamos contratar si tú no pudieras hacerlo? —me preguntó el editor.

—Al puñetero Gordon Ramsay —contesté.

Las primeras horas de grabación fueron increíblemente difíciles. Cuando grabas un audiolibro, no lees el libro en voz alta de principio a fin. Lees una frase, luego la lees de nuevo, y luego otra vez, y después vuelves a una frase anterior que no está bien, y luego pasas a la siguiente. El proceso es muy fragmentado y repetitivo, y la verdad es que me dio un dolor de cabeza tremendo.

—¿Cómo voy? —le pregunté al director después de la primera sesión.

—Bien —respondió casi con indiferencia.

—¿Quieres decir que puedo hacerlo?

—Claro que puedes hacerlo —añadió—. No me habría sentado a grabarte durante cuatro horas si no pudieras. Te habría mandado a casa con el rabo entre las piernas.

A pesar del dolor de cabeza (que continuaba) y con al menos dos días y medio aún por delante, ese fue todo el ánimo que necesitaba para terminar el trabajo. Además, el miedo a fracasar había desaparecido por completo, así que tenía la esperanza de que incluso podría disfrutarlo. Al final, con eso me pasé un poco. De hecho, lo único que ocurrió, aparte del dolor de cabeza, fue que me harté tanto del sonido de mi propia voz que, después de la última sesión, no hablé con nadie en dos días. Me dediqué a pensar en muchas cosas, como «gracias a Dios que se ha acabado», y a enviar muchos correos electrónicos. Pero lo superé, que era lo principal, y sin duda tendré que volver a hacerlo cuando termine de escribir este libro. A menos que una de esas empresas de inteligencia artificial pueda ayudarme. ¿Han creado ya una IA Guenther? Como siempre, todo es cuestión de actitud. Aunque me resultó abrumadora, me enfrenté a la tarea de grabar el audiolibro de *Sobrevivir a toda velocidad* con una actitud abierta y positiva, y aun si no hubiera salido bien, me habría marchado sabiendo que había dado lo mejor de mí.

2018

LA CALMA ANTES DE LA TORMENTA

Cuando empecé a visitar nuestras instalaciones y a los equipos a principios de 2018, noté una gran diferencia en el ambiente gracias a la sensación de estabilidad. Como equipo nuevo, era algo que no habíamos experimentado antes y fue la base perfecta sobre la que prepararnos para la próxima temporada. Por supuesto, obtener buenos resultados es increíble, y es de lo que trata la Fórmula 1, pero si no hay una estabilidad en el equipo, pueden desvanecerse en cualquier momento. O, mejor dicho, es mucho más probable que se desvanezcan de repente.

Una de las razones por las que conseguimos esta estabilidad, aparte de que el equipo se había asentado y había experimentado algunos éxitos, fue porque se realizaron cambios mínimos en el reglamento de 2018. De hecho, el único que recuerdo es una reducción en la cantidad de aceite que los equipos podían quemar para aumentar su rendimiento. Estoy bastante seguro de que se redujo a la mitad.

El mayor cambio que se produjo en la Fórmula 1 de cara a la nueva temporada fue la introducción del halo que protege la cabina del piloto, desarrollado y testado en 2016 y aprobado por la FIA un año después. Mucha gente señala el trágico accidente de Jules Bianchi y su posterior muerte como el catalizador para el desarrollo del halo, pero, por lo que yo sé, las peticiones para introducir sistemas de cabina cerrada en las carreras de monoplazas comenzaron ya en 2009, después de la muerte igualmente trágica del hijo de John Surtees, Henry, durante una carrera de Fórmula 2.

Desde 2016 se había estado debatiendo en el seno del deporte si se debería introducir o no, y las opiniones cambiaban casi a diario. Como uno de los miembros más veteranos y quizá de mentalidad más tradicional dentro de la Fórmula 1, al principio me mostré escéptico con la idea del halo y estaba de acuerdo con muchas otras personas, como Toto Wolff, Lewis Hamilton y nuestro propio piloto, Romain Grosjean, en que era una forma de llevar el tema de la seguridad demasiado lejos. De hecho, creo recordar que Toto dijo públicamente que le gustaría destruir esta idea. Es bastante irónico, pues fue el equipo Mercedes F1 el que inventó el halo, o al menos ideó la primera versión. En cualquier caso, fue un tema bastante polémico, eso seguro.

Ahora que lo pienso, quizá no resulte sorprendente que experimentáramos un par de problemas con la aerodinámica y la distribución del peso cuando se introdujo el halo, pero no fue nada que los ingenieros y diseñadores no pudieran resolver. Por suerte, la idea original había sido introducir el halo en 2017, así que cuando empezamos a prepararnos para 2018, ya formaba parte del plan.

Hoy, equiparo no tener un halo en un monoplaza a no llevar un cinturón de seguridad en un coche, porque lo cierto es que salva vidas. Terminó jugando un papel crucial a la hora de salvar la vida de Romain en Baréin en 2020, tema del que hablaré en detalle más adelante. Además, aunque la reacción de Toto pudiera resultar irónica, el halo le salvó la vida a Lewis un año después en Monza. Baste decir que, ahora, hay poca gente en el mundo del motor que no esté agradecida de que el halo haya venido para quedarse.

No es gran cosa comparado con lo anterior, pero aprendí una lección muy importante de este episodio: ser menos crítico en el momento en que se realiza una sugerencia como esta y buscar los aspectos positivos. Fijémonos en el dispositivo HANS, el soporte para cabeza y cuello que ahora es obligatorio en casi todos los deportes de motor. Cuando se introdujo en la Fórmula 1 a principios de la década de los 2000, hubo casi tanto escepticismo como con el halo, y sin embargo hay que ver el número de vidas que ha salvado.

La mejor manera de poner todo esto en perspectiva es leer cómo eran las cosas en los años sesenta, cuando corrían leyendas como Graham Hill y Jim Clark. Menciono a Graham Hill porque la semana pasada leí un libro de Damon Hill y Johnny Herbert en el que Damon hablaba de la seguridad cuando su padre corría. La media de pilotos fallecidos era de dos por temporada. ¡Dos pilotos! Con veinticuatro pilotos en la parrilla, eso daba a cada uno de ellos una posibilidad entre doce de morir. Es increíble, y no en el buen sentido de la palabra. En ocasiones, la nostalgia nos hace pensar en el pasado de una forma distinta y a menudo contemplamos los tiempos anteriores a dispositivos como el halo desde una perspectiva distorsionada. La gente cree que entonces molaba más, pero morir no mola.

En fin, dejemos de hablar de la muerte, por favor, al menos hasta que llegue a la parte del libro en la que quiero matar a mis propios conductores. Creo que ocurre en la temporada siguiente.

Hablando de mis pilotos, otra de las cosas positivas de cara a 2018 fue que, por primera vez, teníamos una alineación fija. Es más, a pesar de tener personalidades tan distintas, parecían llevarse bien y ambos trabajaban en equipo. Otro aspecto favorable fue el hecho de que mis expectativas y las de Gene coincidían de cara a la nueva temporada, lo que probablemente hizo que la afrontáramos con mejor humor. En general, nuestra relación era buena, porque él me dejaba hacer y yo siempre era sincero. Aparte de construir un equipo de éxito, eso era todo lo que Gene quería de mí.

Fuimos el primer equipo en publicar imágenes de nuestro nuevo coche, el VF-18, y casi de inmediato empezaron a acusarnos de que nuestro coche era un «Ferrari blanco». Se quejaron los de siempre y, como de costumbre, todo el mundo hizo caso omiso de sus protestas, excepto algunos compañeros aburridos y un puñado de periodistas a los que no se les ocurría nada más interesante sobre lo que escribir. Aunque no me gustaba que la gente del mundillo hablara así de nosotros, esperaba hacerles rabiar todavía más con unos buenos resultados en la prueba y un buen inicio de temporada.

En cuanto a la prueba, mi deseo se cumplió, pues Romain realizó 314 vueltas en total y Kevin 381 sin apenas problemas. Romain también marcó un nuevo hito para el equipo al completar 181 vueltas el último día de la prueba, la cifra más alta de la jornada. Y lo que es igual de importante, el coche mantuvo una buena velocidad en todo momento y Romain marcó el quinto mejor tiempo en la general. Ahí lo tenéis, detractores. ¡Chupaos esa!

A pesar de los resultados alentadores de la prueba, estaba un poco nervioso por ir a Melbourne. No porque tuviera dudas o temores sobre el coche, sino porque era consciente de la mala suerte que habíamos tenido allí la temporada anterior. La única desventaja del éxito, o en este caso de la promesa de éxito, es la presión que ejerce sobre el equipo. Sin embargo, sigue siendo preferible a la presión que experimentas cuando te va mal. Creedme.

Hubo otra incorporación a la parrilla en 2018 que debo mencionar antes de continuar. Una que, al principio, causó mucha consternación y recelo entre los equipos, pero que ha contribuido a elevar el deporte a un nivel nunca visto. Hablo, por supuesto, de la serie de Netflix *La emoción de un Grand Prix.*

Recuerdo la primera vez que se nos planteó esta cuestión y cómo las opiniones estaban divididas en tres partes. Algunos pensaban que sería una buena idea, otros que sería una mierda y a otros les daba igual. McLaren, en particular, se opuso rotundamente al principio, ya que estaban en proceso de crear su propia serie documental, que se estrenaría al mismo tiempo que *La emoción de un Grand Prix,* en marzo de 2019. (Al igual que con este último, nunca he visto un episodio del documental de McLaren, pero me han dicho que es terrible). A pesar de que otros equipos también estaban en contra de la idea, no creo que a ninguno de ellos le importara lo suficiente como para querer vetar la serie, así que siguió adelante, solo que sin la cooperación de Mercedes y Ferrari. No tengo ni idea de por qué decidieron no participar, pero no tardaron mucho en cambiar de opinión. ¿Eh, chicos? No podían esperar a la maldita segunda temporada. Y muy bien por parte de McLaren, que aceptó participar en la primera. Sé que a veces me gusta burlarme de ellos, pero entiendo por qué se enfadaron. Aun así, tomaron la decisión correcta.

Me estoy adentrando en el terreno de la imaginación, pero si Bernie Ecclestone hubiera pedido permiso a las escuderías para que un equipo de rodaje nos siguiera durante toda una temporada y nos entrevistara, no habría conseguido convencer a nadie, por la sencilla razón de que todo el mundo habría asumido que, en última instancia, solo existiría un benefactor: Bernie. Como ya he explicado, desde el principio tuve fe en Liberty Media. Habían pagado a Bernie miles de millones de dólares para que les pasara el testigo de este deporte y solo recuperarían la inversión haciéndolo más popular en todo el mundo. En otras palabras, acceder a hablar con Netflix y luego plantearnos la idea a nosotros había sido una decisión informada, y yo la apoyé.

Una cosa en la que todo el mundo estaba (y sigue estando) de acuerdo cuando se empezó a rodar *La emoción de un Grand Prix* es que nadie tenía ni idea de lo popular que podría llegar a ser, y menos aún yo. Si existía la posibilidad de que la fama de la Fórmula 1 se extendiera a nivel mundial, como nos habían dicho, entonces genial, pero si no era así y todos desaparecían después de la primera temporada, tampoco había ningún problema.

Bueno, volvamos a Melbourne.

LA TORMENTA

Después de los primeros entrenamientos libres del viernes, donde Romain tuvo algo de suerte, pero Kevin no tanta, las cosas mejoraron después, en la segunda sesión, pues Romain terminó sexto en la clasificación y Kevin, noveno. Los terceros libres del sábado fueron un fracaso, por lo que nos centramos exclusivamente en la calificación.

—¿Qué espera de la clasificación? —me preguntó un periodista mientras intentaba ir al baño.

—Que ambos pilotos pasen a la Q3 —respondí a toda prisa empezando a correr—. Lo siento —me disculpé—, pero estoy a punto de mearme encima. Me tengo que ir.

En 2017 una declaración así se habría recibido con, no exactamente burla, pero sí con cierta ironía y quizá una sonrisa. Un año después era diferente. El periodista se limitó a asentir, y dijo algo así como: «No me sorprendería después de las pruebas», y luego nos deseó suerte.

Más o menos una hora y media después, mientras estaba sentado en el muro de boxes entre nuestro jefe de equipo, Pete Crolla (que había tomado el relevo de Dave O'Neill), y nuestro ingeniero jefe, Ayao Komatsu, me vino a la cabeza ese mismo periodista. Por primera vez desde el Gran Premio de Japón de 2016, ambos pilotos habían pasado a la Q3, tal y como yo había predicho. No creo en amuletos de la suerte ni en toda esa mierda de las supersticiones, pero por un segundo pensé en ir a buscar a ese periodista para decirle que creía que nos aseguraríamos la primera línea. Al final me quedé solo a dos líneas, ya que Kevin y Romain se clasificaron quinto y sexto respectivamente, lo que supuso nuestra mejor clasificación hasta la fecha.

Deberíais haber visto al equipo. Todo el mundo estaba agotado, y aun así saltaban como idiotas en un concierto de *rock*. Yo no. Ya tengo una edad, así que me quedé sentado en el muro de boxes y abracé a Pete y Ayao. Cuando Kevin y Romain volvieron a boxes, conseguí bajar de mi taburete con algo de ayuda y, después de darles un abrazo a los dos, fui a agradecer a todos los miembros del equipo. Es por momentos como este que nos metemos en esta mierda año tras año, y son momentos que tenemos que vivir juntos. Menudo día. Pero aún no habíamos ganado nada ni sumado ningún punto, así que teníamos que mantener la calma. ¡Ni en sueños!

—¿Lo has visto? —le pregunté a Gertie más tarde. Había venido a ver la carrera y me estaba esperando en el *motorhome*.

—¡Por supuesto que lo he visto! Ha sido impresionante, Guenther. Me alegro muchísimo por todos vosotros.

Siempre tengo ganas de hablar con Gertie después de una clasificación o una carrera, ya sea en persona o por teléfono. Tenía la costumbre de olvidarme de la diferencia horaria, lo que no le hacía mucha gracia. Ella siempre me perdonaba, al final. Gene también estaba bastante contento cuando hablé con él al terminar la sesión.

Apagué el teléfono pasada la medianoche y, al cerrar los ojos, mi mente se llenó de hipótesis sobre lo que podría pasar al día siguiente. Por suerte, estaba agotado y lo próximo que recuerdo es oír sonar el despertador a la mañana siguiente.

Otra razón por la que estaba de tan buen humor ese día mientras me dirigía al circuito era porque me encanta Melbourne y la gente australiana. Están locos en el buen sentido y siempre crean un ambiente increíble. No importa lo que tarde en llegar, el *jet lag* nunca dura mucho cuando estoy en Melbourne.

La carrera empezó con buen pie para los dos pilotos, que consiguieron mantener sus posiciones bastante bien durante el primer tercio de la carrera. Luego, en la vuelta veintidós, Kevin entró para cambiar los neumáticos, pero cuando se reincorporó a la carrera me di cuenta de que algo pasaba en el garaje detrás de nosotros.

—¿Qué pasa? —le pregunté a Pete Crolla.

—No estoy seguro —respondió—. Voy a averiguarlo.

Resultó que el mecánico que se ocupaba de la parte trasera izquierda no creía que la rueda estuviera lo bastante apretada. En efecto, hacia la cuarta curva le dijeron a Kevin que parara el coche de inmediato.

—Se acabó —dijo su ingeniero de carrera—. Lo siento, tío.

Cuando me enteré de que Kevin había tenido que retirarse, empecé a encontrarme mal. Esta sensación era muy distinta a la que tenía unas horas antes, y todo el equipo debía de estar exactamente igual. Esta es, por supuesto, la naturaleza misma de la Fórmula 1, aunque nunca había experimentado dos emociones tan diferentes tan rápido. Euforia y esperanza extremas seguidas de futilidad y desesperación. No voy a mentir, fue un asco.

—Vamos, Guenther —me animó Pete, otro de los que se unieron a Haas desde el principio y que todavía sigue en el equipo—. Romain todavía está en pista, así que aún tenemos una oportunidad de puntuar.

Pete tenía razón. Tal vez Kevin estuviera fuera de carrera, pero Romain no. Es más, estaba corriendo bien en cuarto lugar. La investigación inevitable y todas las recriminaciones y los lamentos tendrían que esperar hasta más tarde.

—¿Cuándo viene Romain? —le pregunté a Pete.

—En la siguiente vuelta —contestó.

La vigésimo cuarta, es decir, solo dos vueltas después de que Kevin se hubiera retirado. Cuando Romain abandonó la calle de boxes después de recibir un nuevo juego de neumáticos blandos se reincorporó a la carrera en novena posición. Una vez más, poco después de volver a entrar en la carrera, hubo una conmoción en el garaje, y en la segunda curva Romain tuvo que parar el coche. ¿Cuál era el problema? Una de las ruedas no estaba lo bastante apretada. Esta vez, la delantera izquierda. No estoy seguro de si eso había ocurrido antes en la Fórmula 1 —dos coches que se retiran a un par de vueltas el uno del otro por una rueda floja—, pero lo dudo.

Y bueno, eso fue todo. Fin de la partida.

A pesar de llevar dos años y pico al frente de un equipo de Fórmula 1 en activo, nunca había tenido que dirigir una investigación como esta durante un fin de semana de Gran Premio. Si las cosas iban mal, siempre había que llegar al fondo del asunto, pero esto parecía sacado de una novela de Agatha Christie. Lo primero que hice fue hablar con los dos mecánicos. Como imaginaréis, los dos estaban destrozados por lo ocurrido y no paraban de disculparse.

—¿Qué ha ido mal? —les pregunté.

—El cansancio —dijo uno de los chicos—. Y el hecho de que no hemos tenido tiempo suficiente para practicar las paradas en boxes. Pero no es excusa.

En realidad, a mis ojos, incluso por sí sola era una excusa más que válida, ya que sencillamente no disponíamos de los recursos necesarios para ensayar tanto como nos habría gustado. Pero había otra razón que, junto con la falta de práctica, exoneraba a ambos mecánicos. Al comienzo de la nueva temporada, Ferrari había cambiado el diseño de la tuerca de la rueda estándar que nos suministraba a nosotros y a su propio equipo. Resultó que estas nuevas tuercas eran muy fáciles de enroscar, y lo irónico es que este cambio de diseño se había llevado a cabo para que los neumáticos fueran más fáciles de desmontar, lo que se traducía en paradas en boxes más rápidas. Las ruedas sí que eran más fáciles de quitar. ¡En las curvas dos y cuatro!

Con independencia de lo que hayáis visto en *La emoción de un Grand Prix* o hayáis leído en internet o en los periódicos, los dos mecánicos en cuestión, uno de los cuales ha vuelto a trabajar recientemente para Haas, no tuvieron ninguna culpa de lo que ocurrió en Australia ese fin de semana. Fue uno de esos momentos. Además, las únicas personas que estaban tan destrozadas como ellos eran Kevin y Romain. Sin embargo, ambos se compadecieron de los chicos y les hicieron saber que no los culpaban. De ese fin de semana nos llevamos algo que, unos días más tarde, superó la decepción que sentíamos. La certeza de que teníamos un muy buen equipo esta temporada. Ya llegaría nuestro momento.

LA MEJOR HASTA AHORA

Para que el equipo volviera a sonreír, lo que más necesitábamos después de Australia era una buena carrera en Baréin, sin percances, y nuestro deseo casi se hace realidad. En la Q1, después de cometer un error al principio, Romain marcó un tiempo idéntico al de Alonso, pero como el del español se registró primero, pasó a la Q2 en el decimoquinto puesto. *Scheisse!* La tarde de Kevin fue un poco mejor, ya que tras pasar de nuevo a la Q3 y clasificarse séptimo, Hamilton recibió una penalización en la parrilla que hizo que el danés subiera al sexto lugar.

Romain estaba decepcionado, obviamente, pero la clasificación de Kevin en el sexto puesto recordó al equipo de lo que éramos capaces, en lugar de decírselo yo. Además, si cualquiera de los dos pilotos puntuaba, nos situaríamos con casi toda seguridad séptimos en el campeonato, o incluso sextos si Toro Rosso tenía un mal día.

Al final, Kevin cruzó la línea de meta en quinta posición, con lo que igualó el mejor resultado de Haas en una competición y le valió el quinto puesto más alto de su carrera hasta la fecha. Romain, que se esforzó al máximo, pero cuya suerte no llegó a cambiar, cruzó la meta decimoquinto, pero más tarde pasó al decimotercer puesto gracias a un par de penalizaciones. En general, fue un buen fin de semana y todo el mundo salió de Baréin con una sonrisa, a pesar de que nos enfrentábamos a la perspectiva de tener que volar directamente a China, y algunos de nosotros ya llevábamos casi tres semanas fuera de casa.

En las seis carreras siguientes, de China a Francia en junio, Kevin mantuvo el rendimiento. Puntuó en tres de las carreras y en las otras tres acabó justo a las puertas. Romain, por su parte, no se recuperó de lo sucedido en Australia y su rendimiento cayó en picado, hasta el punto de convertirse en un lastre. Me vienen a la cabeza dos ejemplos, uno que probablemente se debió a un descuido y otro que resulta increíble y que no sé a qué se debió. Los explicaré en orden cronológico, es decir, que el último va primero.

La carrera en cuestión era el Gran Premio de Bakú. A pesar de haber tenido que empezar desde el fondo de la parrilla, Romain iba en sexta posición. «Lo tenemos», pensé. «Las cosas empiezan a cambiar». Hacia el final de la carrera, el coche de seguridad salió durante unas vueltas, lo que fue una buena noticia para nosotros, ya que casi podíamos oler los puntos. Entonces, mientras calentaba los neumáticos en la bajada de la curva quince, Romain se fue inexplicablemente contra las barreras. Sí, has leído bien: se estrelló mientras el coche de seguridad seguía en la pista. Sé que me gusta maldecir de vez en cuando, pero una vez que las cámaras de televisión desaparecieron, me volví loco. No delante de Romain ni de nadie. No habría servido de nada. Solo necesitaba desahogarme.

El escenario más realista de lo que podría haber sucedido ese día es que habríamos terminado quintos o sextos, porque Romain estaba en plena batalla con Sergio Pérez en el momento del accidente, una batalla que podría haber ganado. Al final, el mexicano acabó en el podio. Fue un golpe duro.

Después vino el Gran Premio de España, en el que ambos pilotos volvieron a pasar a la Q3 (a pesar de que Romain hizo un trompo en la grava durante la segunda y tercera sesión de libres). Kevin se clasificó séptimo y Romain décimo. Una vez más, recuerdo que me senté en el muro de boxes y recé para que este fuera el comienzo de la temporada de Romain. De hecho, tenía un buen presentimiento y algo me decía que el francés lo iba a hacer bien. Desgraciadamente, mis plegarias no fueron escuchadas y mi intuición me engañó, pues en la curva tres de la primera vuelta Romain hizo un trompo en medio de la pista y provocó una cortina de humo que se llevó por delante a Pierre Gasly y Nico Hülkenberg, lo que obligó a sacar el coche de seguridad durante seis vueltas.

—Bueno, al menos no puede ir a peor —me dijo Gertie cuando la llamé aquella noche.

—No te adelantes —le contesté—. Ahora viene la de Mónaco.

Puede que sonara frívolo, pero lo decía en serio. Romain estaba tan desesperado por arreglar las cosas que empezó a correr más riesgos de lo normal. Con esa actitud, en Mónaco, cualquier cosa puede pasar.

Lo primero que recuerdo del fin de semana del Gran Premio de Mónaco de 2018 es que el incidente en España volvió para darle una patada en el culo a Romain. Después de clasificarse decimoquinto en la Q1, que normalmente le habría dado el pase a la Q2, recibió una penalización de tres puestos por el accidente de Barcelona, lo cual lo dejó en decimoctavo lugar y, por tanto, lejos de la clasificación.

La carrera en sí fue horrible. No dimos con el ritmo adecuado y, a pesar de que no sufrimos ningún incidente, lo que supongo que fue un logro, Romain terminó decimoquinto y Kevin decimotercero. El único resquicio de esperanza que se me ocurrió en ese momento con respecto a Romain fue que faltaba un mes para el Gran Premio de Francia. Es sorprendente, pero, aunque ya llevaba casi una década compitiendo en la Fórmula 1, el Gran Premio de Francia no se había disputado durante ese periodo de tiempo, así que este sería su debut.

—Si algo puede hacerle volver al buen camino —le dije a Ayao— es esto.

—Esperemos que sí.

¿Alguno de nosotros pensaba que ocurriría? Probablemente, no. Creo que me encontraba en una posición similar a la de Romain, en el sentido de que estaba tan desesperado por que las cosas cambiaran que mi juicio se había visto afectado.

Al final, lo único que hizo Francia fue exponer la brecha que se había creado entre Kevin y Romain, tanto en términos de puntos como de pilotaje. Kevin era valiente y rezumaba confianza, mientras que Romain carecía de ella y se quejaba a todas horas. En lugar de asumir pequeños riesgos, había empezado a culpar a otros pilotos. Aunque era una alternativa más barata que estrellarse, no era menos frustrante.

Mientras Romain implosionaba, Kevin iba viento en popa, y cuando nos fuimos de Francia a Austria ocupaba una impresionante octava posición en la clasificación global de la temporada, la más alta que había alcanzado nunca. Haas estaba ahora sexto en el Mundial de Constructores, pero luchaba contra un equipo diferente. En realidad, nos enfrentábamos a dos. La temporada de Toro Rosso parecía haberse estancado y los dos equipos que estaban justo por encima de nosotros, en cuarta y quinta posición, eran Renault y McLaren. No sería difícil vencer al equipo británico, ya que después de un buen inicio de temporada, empezaba a mostrar flaquezas, pero Renault era el auténtico rival. Cuando la parafernalia de la Fórmula 1 empezó a llegar a Austria, ya habían conseguido nada menos que cinco dobletes en puntuación, lo cual era impresionante. A pesar de ello, confiaba en que, si conseguíamos que Romain se pusiera en marcha, tendríamos la oportunidad de igualarlos al menos. Luego, si se les acababa la suerte, ¿quién sabe?

Por cierto, aunque había pasado mucho tiempo quejándose por la radio, Romain había terminado undécimo en Francia, su mejor resultado de la temporada. Todavía no estaba donde quería estar, por supuesto, o donde nosotros queríamos que estuviera, pero parecía haberlo animado.

Después de todo esto, supongo que estaréis esperando que os cuente que en Austria pasó algo increíble. Pues así fue, porque inmediatamente después de los segundos entrenamientos libres, nos impusieron una multa de cinco mil euros por haber dejado salir a Kevin de su box con, aunque parezca mentira, ¡una rueda suelta! Vaya mierda.

—¿Hay alguna forma de cambiar los neumáticos y no las ruedas? —le pregunté a Pete Crolla.

—Claro —respondió—. Si te parece bien hacer paradas de quince minutos.

Las cosas se animaron rápidamente cuando unas horas más tarde ambos pilotos pasaron a la Q3. Incluso con Kevin pilotando como lo estaba haciendo, sabía que este iba a ser el fin de semana de Romain. Se clasificó en una impresionante sexta posición (Kevin en la octava), pero luego subió a la quinta cuando se penalizó a Vettel. Con tantos pilotos fuertes en las líneas de detrás, no tenía ni idea de cómo iban a salir las cosas. Todo estaba en manos de los dioses. Llegar hasta aquí había sido un logro en sí mismo, pero, como siempre, no significaría nada si no se traducía en puntos.

Por suerte, los dioses nos sonrieron ese día, ya que gracias en parte a la retirada de los dos Mercedes que se habían asegurado la primera línea en la clasificación y a un par de coches de seguridad muy oportunos, por no mencionar la increíble gestión de los neumáticos por parte de ambos pilotos, Romain cruzó la meta en cuarta posición y Kevin en quinta. Por cierto, este era el quincuagésimo Gran Premio de Haas, así que el momento no podía haber sido mejor.

—¿Cómo estás, Romain? —le pregunté cuando llegó al garaje.

—Bastante aliviado —dijo—. Empezaba a preguntarme si aún era capaz.

—¿De qué, de estrellarte? Mira, Romain, todo el mundo en el equipo sabe lo bueno que eres en todos los sentidos, por eso queremos ver al viejo Romain de vuelta. Sabemos que puedes hacerlo.

Echando la vista atrás, todo este episodio me hizo darme cuenta una vez más de lo solitaria que puede ser la vida de un piloto de carreras. Cuando las cosas van como quieres y todo te sale bien, estoy seguro de que es increíble, pero cuando no es así y estás en la mierda debe ser eso, una mierda. De todos modos, fue agradable ver a Romain saliendo del pozo.

El resultado en Austria hizo que Haas ascendiera hasta el quinto puesto en la clasificación de Constructores, lo que para un equipo que solo llevaba dos temporadas y media en la parrilla era bastante impresionante. Como cabía esperar, el resultado también dio pie a que algunos de nuestros críticos volvieran a sacar el tema del Ferrari blanco, pero no creo que a nadie le interesara realmente. Era como si estuvieran quejando dentro de una habitación insonorizada.

Supuse que mientras tuviéramos una asociación con Ferrari, las acusaciones reaparecerían cada vez que nos fuera bien, así que esperaba más de lo mismo. Por lo general, no me gusta escuchar a la gente que se queja demasiado —de hecho, no lo soporto—, pero esto se estaba convirtiendo en pura poesía.

LAS ALUBIAS

Se puede decir que, en especial durante la última parte de nuestra relación, Gene y yo tuvimos uno o dos encontronazos sobre en qué debía gastarse el dinero. Ya hablaré de asuntos más serios en otra parte del libro, pero en 2018, después del Gran Premio de Austria, tuvimos un desacuerdo sobre algo que no habría desentonado en una *sitcom* mala.

Por aquel entonces, Gene acababa de comprar un *jet* corporativo 7X. Tenía capacidad para dieciséis personas y una autonomía de más de 9500 kilómetros, por lo que podía ir de Londres a Los Ángeles sin problema. Tras el Gran Premio de Austria, yo tenía que viajar con Gene de Austria a Banbury para asistir a unas reuniones y, al día siguiente, él volaría de vuelta a Estados Unidos.

—Madre mía, es una maravilla —comenté al llegar al aeropuerto. No le pregunté cuánto le había costado, pero me aseguré de buscarlo en Google más tarde. Entre dieciocho y treinta y dos millones de dólares, ponía.

Utilizamos un aeropuerto privado situado cerca del circuito y teníamos que volar a Luton, que está a unos cien kilómetros de Banbury. Mientras estábamos sentados en la zona de salidas del aeropuerto, le comenté a Gene de pasada que tenía hambre.

—Con todo este jaleo, se me ha olvidado comer en el circuito —le dije—. De hecho, no he comido nada desde el desayuno. ¿Qué vamos a tomar en el avión?

—No he reservado ningún *catering* —contestó con indiferencia.

—¿Qué, nada? ¿Ni siquiera una copa? Son tres horas de vuelo. Necesito comida, Gene.

Mi petición fue recibida con un silencio sepulcral. No lo entendía. ¿Por qué diablos iba a gastarse millones en un avión y no pondría comida ni bebida? Para mí no tenía sentido.

—Vale, ¿te importa si intento organizar algo rápido? —le propuse.

—¿Por qué?

—¡Porque me muero de hambre!

Me di cuenta de que Gene no estaba contento, pero la alternativa era pasar tres horas con un italiano hambriento a casi diez mil metros de altura, un destino que no le desearía ni a mi peor enemigo.

—Vale, adelante —cedió de mala gana.

Por suerte, aún quedaba más de una hora para el despegue, así que llamé por teléfono a los responsables del *catering* de Haas, que seguían en el circuito.

—Déjamelo a mí —dijo John, el encargado—. Llevaré algo personalmente.

—Gracias, John —le agradecí—. ¡Acabas de evitar una catástrofe!

Unos diez minutos después de subir al avión, vi a John aparecer por la zona de salidas con una gran bandeja de *catering* plateada.

—Mira eso —le dije a Elizabeth, que entonces era mi ayudante y viajaba con nosotros—. Debe de haber comida para veinte personas. Dios, qué hambre tengo.

Ni siquiera pregunté lo que contenía, y cuando John se bajó del avión tras dejar la bandeja en la cocina, la miré con deseo. En cuanto estuviéramos en el aire, sería toda mía. Bueno, al menos la mitad. Gene y su amigo, que también viajaba con nosotros, no tenían hambre.

Unos cinco minutos después del despegue, sonó la señal del cinturón de seguridad.

—¿Quieres que te traiga algo? —le dije a Liz.

—No, estoy bien, he comido en el circuito.

—¡Qué suerte!

Fuera lo que fuera, todavía estaba caliente, y cuando fui a levantar la tapa me puse literalmente a salivar.

—¿Qué coño? Tiene que ser una broma.

—¿Qué pasa? —dijo Liz, que corrió a la cocina y miró la bandeja—. Ya veo. Oh, vaya. No es muy apetecible, ¿eh?

En lugar de traer lo que quedaba de una buena lasaña o un guiso, John había pillado una bandeja de alubias cocidas.

—Odio las putas alubias —protesté, y miré triste la bandeja—. Y aunque no las odiara, no estoy seguro de que comerme una bandeja entera en un espacio reducido sea una buena idea. ¿Recuerdas la película *Sillas de montar calientes?*

Liz asintió.

—Sí, no habría escapatoria, ¿verdad? Debía de ser lo único que les quedaba. Tendrás que esperar hasta que lleguemos a Banbury.

—¿Qué, en tres horas? Me comería una cabra costrosa ahora mismo.

—Pero ¿no unas judías?

—Vete a la mierda.

Cuando aterrizamos en Luton, Gene fue el primero en levantarse de su asiento. Durante el vuelo se había levantado para inspeccionar la comida, pero, al igual que Liz y yo, había decidido no consumir nada.

—Guenther, ¿podrías sacar la bandeja de alubias al salir del avión, por favor? Me gustaría llevarlas a la fábrica.

—Pero ¿por qué?

—No quiero que se echen a perder. Los chicos del taller se las quedarán.

—¿Se las quedarán los chicos del taller? Entonces, ¿quieres que me lleve esta bandeja de alubias a mi habitación del hotel, las deje allí toda la noche y mañana las lleve conmigo a la fábrica y se las dé a los chicos del taller?

Miré a Elizabeth y ella a mí. Ninguno de los dos podíamos creérnoslo.

—Pero Gene —continué—, han apestado el avión durante las últimas tres horas. ¿Y cómo vamos a llevarlas a Banbury?

—La tapa está bien cerrada —comentó—. Podrás con ellas.

El festival de las alubias había comenzado oficialmente.

Después de bajar del avión, caminamos por la zona de llegadas —muy despacio, por supuesto, ya que yo llevaba una enorme bandeja de alubias—, y nos dirigimos al coche. Como no me gusta nada este plato, su olor me había provocado un poco de náuseas en el avión, pero no era nada comparado con cómo me sentí en la parte de atrás del coche.

—¿Quieres que las lleve yo? —preguntó Liz, que vio que corría el riesgo de vomitar.

—Estoy bien —dije con valentía—, pero abre una ventana.

Cuando Liz bajó la ventanilla, miré a Gene. Desde que salimos del circuito, no había dejado de contestar correos electrónicos en su teléfono y, aunque había sido idea suya, parecía ajeno a lo ridículo de la situación.

En cuanto llegamos al hotel, Gene se fue a hacer una llamada telefónica mientras, Elizabeth, el amigo de Gene y yo caminábamos hacia la recepción. Bueno, ellos. Yo empecé a desviarme hacia el restaurante, donde pretendía encontrar la cocina y a alguien dispuesto a deshacerse de las alubias de Gene.

—Espero que no quieras deshacerte de la bandeja —dijo el leal y molesto amigo de Gene cuando me alejaba—. Se enfadará mucho si lo haces. —Su amigo se marchó, y nos dejó a Elizabeth y a mí allí.

—Elizabeth, creo que deberías quedártelas —le propuse, tratando de darle las alubias.

Si las miradas mataran, yo habría explotado en mil pedazos allí mismo.

—De acuerdo. —Las aceptó.

¡No me lo podía creer! ¡Me había librado de las alubias de Gene!

—Gracias, Elizabeth —dije—. No lo olvidaré.

La razón por la que mi ayudante tomó las alubias fue porque se le había ocurrido una forma de quitárselas de encima, que consistía en dejarlas en una mesa cerca de la recepción y olvidarse de ellas convenientemente. Y funcionó. Bueno, casi.

—¿Señorita? Disculpe, señorita —gritó una de las recepcionistas mientras nos dirigíamos a los ascensores—. ¡Se ha olvidado la comida!

Eso no le hizo gracia a Elizabeth.

—Oh, mierda —susurró—. Es todo culpa tuya.

—¡No es cierto! —la contradije—. ¡Las alubias son de Gene, no mías!

Por divertido que parezca, la situación se estaba volviendo irritante, así que decidí ponerle fin al festival de las alubias de una vez por todas.

—Dámelas —dije, y le quité la bandeja—. Las llevaré arriba, esperaré veinte minutos y luego las bajaré y las tiraré en alguna parte.

—¿Estás seguro? —preguntó Elizabeth.

—Sí, y si Gene me pilla o pregunta por ellas por la mañana, que me eche.

No hizo ninguna de las dos cosas, por cierto.

—¿No vas a comer nada? —insistió Liz mientras caminábamos hacia los ascensores.

—No, creo que no volveré a comer en mi vida —respondí—. Gracias a las alubias de Gene.

LA DESCALIFICACIÓN

—¿La FIA ha descalificado a Romain? Me estás tomando el pelo, ¿verdad?

—No, me temo que no.

—¿Y quién ha presentado la queja?

—¿Quién crees que ha sido? Se han quejado de que el fondo era ilegal porque se doblaba en exceso.

—Esto es una gilipollez. Voy a hablar con la FIA.

—Solo empeorarás las cosas. Mucho. Podemos apelar oficialmente, por supuesto, pero llamar a la puerta y gritarles todo lo que piensas no nos ayudará.

—Entonces apelaremos, joder.

En los cuatro grandes premios posteriores al de Austria (el británico, el alemán, el húngaro y el belga) conseguimos acabar entre los diez primeros en seis ocasiones, dos de ellas con ambos pilotos, el doble que Renault. Seguíamos por detrás de ellos en la clasificación de Constructores, pero solo por un par de puntos, y si los rendimientos de los equipos se mantenían en las últimas cuatro carreras, tendríamos el cuarto puesto en el bolsillo. De memoria, la diferencia en premios entre el cuarto y el quinto puesto en 2018 era de solo unos tres millones de dólares, pero había mucho más en juego. Lanzaría un gran mensaje a toda la Fórmula 1 y provocaría que los miembros de la brigada del

Ferrari blanco echaran humo y montaran un buen numerito. No es que quisiera molestar a esta gente o causarles problemas, por supuesto. Nunca haría algo así. Jamás.

Detrás de la carrera de Spa venía la de Monza. Kevin, que había puntuado en ocho de las trece carreras disputadas hasta el momento, tuvo mala suerte y terminó fuera de la zona de puntos, en la decimosexta posición. Por otro lado, Romain, que había ascendido hasta el decimoquinto puesto a lo largo de la temporada tras haber ocupado el decimonoveno desde casi el inicio, hizo un buen trabajo y terminó sexto. Los dos pilotos de Renault acabaron decimotercero y octavo en la carrera, lo que fue suficiente para colocarnos cuartos en el Campeonato de Constructores.

Lo único que me impidió celebrarlo después de la carrera fue la persistente sensación de que la FIA llamaría a nuestra puerta muy pronto, y por desgracia tenía razón. Entre Silverstone y Hockenheim, la FIA había pedido a los equipos que hicieran cambios en el fondo de los coches a tiempo para el Gran Premio de Italia, como parte de una nueva directriz técnica. En aquel momento, teníamos problemas con nuestros proveedores y, con las vacaciones de verano a punto de empezar (el reglamento deportivo de la FIA establece que todos los equipos deben respetar un periodo de catorce días naturales consecutivos durante los meses de julio o agosto en los que cesan sus actividades, en parte para reducir costes, pero también para permitir que los miembros del equipo se recuperen), y pedimos a la FIA un periodo de gracia y les aseguramos que tendríamos los cambios a tiempo para Singapur, a mediados de septiembre. Aunque la FIA dijo que comprendía nuestra situación, no cedió y afirmó que correr con un fondo sin modificar podría dar lugar a una reclamación por parte de un equipo rival. Supongo que ya sabéis lo que viene ahora.

Arriba: La presentación de ocho páginas que creé para vender un nuevo equipo de Fórmula 1, llamado entonces NART.

Arriba: Con el gran Niki Lauda, cuando trabajamos juntos por primera vez en Fórmula 1. Niki fue un gran defensor de mi sueño de crear un nuevo equipo.

Izquierda: Un viaje al pasado. Con Christian Horner en nuestros inicios.

Abajo: Guenther, el hombre de negocios. Entrenando para mis muchas llamadas a Gene.

Arriba: Cuando me sumé a las filas del equipo en 2016. Estaba más emocionado de lo que parece.

Izquierda: El momento de la verdad.
En Barcelona, el primer día de pruebas en 2016, al inicio de nuestra primera temporada.

Derecha: Hora de correr. Celebrando con el equipo nuestros primeros puntos.

Arriba: Me acostumbré pronto a la familiar sensación de la derrota o a que todo saliera horriblemente mal.

Derecha: El equipo me regaló un bastón antes de la carrera de Shanghai en 2017, por mi 152º cumpleaños. ¡Desde luego, lo parecía!

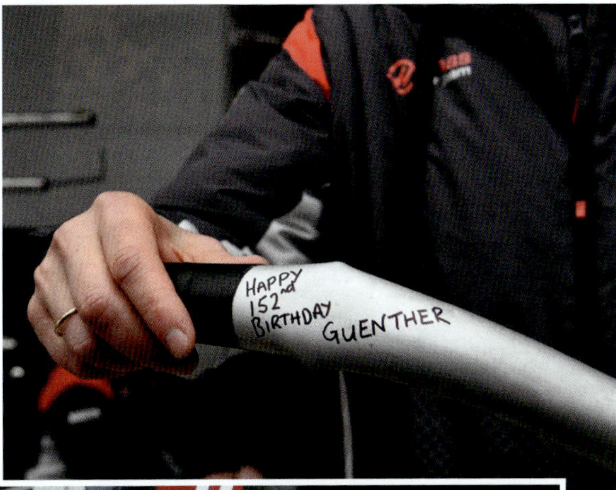

Abajo: Solucionar problemas con Ayao Komatsu y Arron Melvin, jefe de nuestro departamento de aerodinámica, se convirtió en una actividad habitual.

Con Toto, en Austria en 2018, tras conseguir doble puntuación.

Hablando con la prensa. «Bueno, Guenther, ¿cuánto te queda para un ataque al corazón?».

Romain sale de la bola de fuego en Baréin. Sentí uno de los alivios más grandes de mi vida.

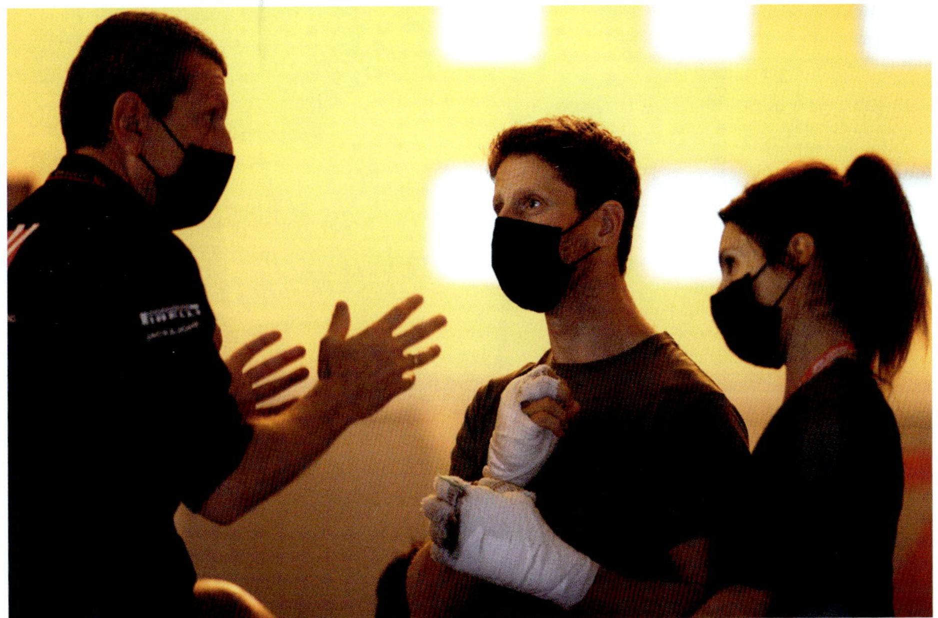

Arriba: Por suerte, las quemaduras en las manos fueron la peor herida que sufrió.

Derecha: El covid-19 llega a la Fórmula 1 y al mundo. Al menos, todavía podía expresarme con los ojos.

Izquierda: Con el muy humilde Eddie Irvine, en 2022.

Derecha: *La emoción de un Grand Prix* arrasa. Al menos, los fans australianos fueron amables con mi edad.

Izquierda: Perfeccionando el selfi Steiner. Siempre es una experiencia extraña, pero me ha encantado conocer a tanta gente por el mundo.

Izquierda: Guenther, el autor. Mi primera obra de literatura de calidad.

Arriba: «Guenther, ¿podrías venir conmigo?».
Con Mohammed Ben Sulayem, presidente de la FIA. Siempre tuve una relación tensa con la entidad reguladora del deporte.

Derecha: Avanzando en el mundo. Nos invitaron a Downing Street en 2023. Creo que el Gobierno inglés vio cómo Haas había lidiado con su bajo rendimiento y pensaron que podrían aprender alguna que otra cosa.

Izquierda: De vuelta en Melbourne en 2023. A pesar de todos los altibajos en Haas, nunca me olvidé de lo afortunados que éramos de trabajar en el deporte que amábamos.

Derecha: Un momento de contemplación en Suzuka, hacia el final de la temporada de 2023. Puede que presintiese lo que estaba por venir.

Abajo: Con mi mujer, Gertie. Apoyó mi sueño desde el principio y me acompañó en cada paso del camino.

En efecto, unos diez minutos después de que terminara la carrera, me informaron de que Renault había presentado una queja por haber participado con un fondo no reglamentario. Era de esperar, pero obviamente no fue bien recibida, y cuando la queja llegó estallé en cólera. ¿Por qué? No lo sé. Puede que tuviera algo que ver que fuéramos cuartos y que, de repente, nos lo arrebataran. Fue una píldora difícil de tragar en ese momento y quería sangre. Sangre con sabor a Renault y a FIA, por supuesto. Mi favorita entonces.

—No estamos de acuerdo con la decisión de los comisarios de penalizar a nuestro equipo —dije en un comunicado esa misma noche—, y creemos firmemente que se debería mantener nuestro sexto puesto en el Gran Premio de Italia. Vamos a apelar su decisión.

Unos días más tarde, la FIA nos informó de que la apelación tendría lugar en su sede de París casi dos meses después de la carrera en cuestión, el 1 de noviembre. Mientras tanto, quedaban seis carreras más, lo que significaba que para cuando llegara la vista del recurso de apelación, nuestra lucha por el cuarto puesto podría haber terminado. Pero también podría no ser así. El coste de interponer un recurso iba a ser de un cuarto de millón de dólares, que se destinaría principalmente a los honorarios de los abogados, pero en aquel momento Gene y yo pensamos que, dado lo que estaba en juego, teníamos que intentarlo.

El 1 de noviembre, la FIA rechazó el recurso y, para entonces, Renault nos sacaba una ventaja de cuarenta puntos. Que yo sepa, en la mayoría de los países occidentales, cuando alguien recurre una sentencia dictada en un tribunal penal, el que tramita la apelación es un juez distinto del que dictó la sentencia. Si no, ¿cómo puede ser imparcial? En la Fórmula 1 no funciona de esa forma, así que si la FIA dicta una sentencia y decides presentar un recurso, son ellos los que escucharán la apelación y tomarán una decisión final. Creo que ocurre lo mismo en bastantes deportes, lo que dificulta en gran medida que haya una verdadera imparcialidad.

A pesar de lo que pienso sobre el proceso de apelación de la FIA, en retrospectiva no deberíamos haber recurrido su decisión de descalificarnos en Monza. Lo que tendríamos que haber hecho es mover cielo y tierra para cambiar el fondo a tiempo para la carrera, como nos pidieron. Sigo sin estar seguro de que hubiéramos podido conseguirlo en el plazo previsto, pero creo que podríamos haber hecho más para aumentar las posibilidades. En nuestra defensa diré que nos faltaba experiencia en aquellos días, pero acabó siendo una lección valiosa para nosotros.

Lo más importante tras haber perdido la apelación era terminar la temporada en lo más alto, y lo conseguimos con dos dobles puntuaciones: un octavo y noveno puestos en Brasil, y un noveno y décimo en Abu Dabi. Renault solo consiguió un punto en esas carreras y dos abandonos. Pero, aun así, terminaron cuartos en la clasificación de Constructores y por un margen de veintinueve puntos, así que aunque hubiéramos ganado la apelación no habría cambiado nada. Desde el primer día, además de fiable, nuestro coche había sido el cuarto más rápido de la parrilla en 2018. Por desgracia, la falta general de experiencia, por no mencionar algunos errores costosos tanto por parte del equipo como de los pilotos, nos habían impedido explotar ese hecho tanto como hubiéramos debido. Es lo que hay. Cosas que pasan.

Bien, ahora vamos a algo más positivo. Estoy bastante seguro de que ya he utilizado esta frase, pero si alguien me hubiera dicho al obtener nuestra licencia que después de tres años compitiendo tendríamos el cuarto coche más rápido de la parrilla y acabaríamos quinto en el Mundial de Constructores, habría llamado a la enfermera Ratched para pedirle que me administrara algunos medicamentos. Creo que Gene y yo habíamos hablado de elaborar un plan quinquenal al principio del proyecto, pero lo descartamos casi de inmediato. Sabíamos dónde nos gustaría estar dentro de cinco años, pero con todos los cambios de reglamento que se llevaron a cabo cuando empezamos era casi imposible mirar más allá de la primera temporada, al menos con total claridad.

Otra cosa que te impide pensar a largo plazo en la Fórmula 1 es que no tienes ni idea de lo que están haciendo los demás. Ojalá lo supiéramos, pero es imposible. Desde el punto de vista de un director de equipo, es una mierda, pero desde el punto de vista de un espectador es exactamente lo que quieres. En el fútbol, cada equipo sabe lo fuerte que pueden llegar a ser los demás al principio de la temporada en función de los jugadores que fichan o que ya tienen. No es una ciencia exacta, pero todo está a la vista y, salvo por alguna irregularidad, uno se puede hacer una idea de lo que va a pasar. En la Fórmula 1 también existe una cierta jerarquía prevista en función de quién ya está *in situ,* pero desde el punto de vista técnico todo es muy secreto y puede haber sorpresas. Es una de las cosas que la gente adora de la Fórmula 1, y a medida que el deporte evoluciona en el aspecto técnico, también lo hacen el misterio y la expectación. Todo lo que falta ahora es clonar a Adrian Newey y dar a cada equipo uno nuevecito. Entonces las cosas se pondrían realmente interesantes.

Una última cosa que recuerdo del final de la temporada 2018 es la cantidad de tiempo que se perdió debido a los equipos de cámara de *La emoción de un Grand Prix,* cuyo estreno estaba previsto para el siguiente mes de marzo. Algunos se quejaban de la cantidad de tiempo que habían dedicado a hacer entrevistas, y otros de que los equipos de grabación habían sido demasiado intrusivos. Desde mi punto de vista, y creo que también del resto del equipo, después de las dos primeras carreras llegamos a conocer bastante bien a los chicos del documental, y eran muy divertidos. Tampoco recuerdo que se entrometieran mucho, y si necesitaba que se largaran un rato, cosa que ocurría a veces cuando trataba algún tema confidencial con Gene, por ejemplo, hacían lo que les pedía y me dejaban en paz. Por último, como persona a la que siempre le han gustado las experiencias nuevas y que nunca había participado en nada igual, me pareció interesante y, a veces, bastante emocionante.

Lo que todo el mundo esperaba ahora, por supuesto, era cómo la audiencia recibiría la serie, lo que obviamente determinaría si el equipo de rodaje y la horrible cantidad de interrupciones, intrusiones, caos e infierno que trajeron consigo volverían la próxima temporada. En cualquier caso, recuerdo haberle comentado a nuestro director de comunicación, Stuart Morrison, que como la Fórmula 1 seguía siendo un deporte de nicho, la audiencia sería limitada.

—Exacto —dijo—. No os vais a convertir en celebridades.

—No me jodas —solté—. ¿Te lo imaginas? El mundo no necesita eso ahora mismo.

PARADA EN BOXES

LOS EGOS HAN LLEGADO

Si alguien te dice alguna vez que no tiene ego, créeme, está mintiendo. A la gente le gusta que le hagan la pelota de vez en cuando, y hablo de todo el mundo. Te incluye a ti y me incluye a mí. También se trata de una herramienta esencial para avanzar en la vida. De no haber sido por mi ego, no habría tenido la confianza necesaria para dejar a medias mi carrera de ingeniería y dedicarme al automovilismo, ¡lo que significa que tiene que rendir muchas cuentas! En mi opinión, identificar tu ego, mejorarlo y utilizarlo en tu beneficio es una habilidad que merece la pena aprender, pero debes tener mucho cuidado de no dejarlo crecer demasiado. En otras palabras, no te conviertas en un capullo egocéntrico. De hecho, antes de continuar, permitidme daros tres consejos sobre cómo mantener vuestro ego bajo control y sacarle partido.

Lo primero que ocurre cuando te conviertes en un capullo egocéntrico es que pierdes el contacto con la realidad. Por ejemplo, si yo fuera un capullo egocéntrico, me reiría de todas las críticas que me hicieran o perdería los papeles y trataría con desprecio a los responsables de estas. Por suerte, era lo bastante mayor para saber que algunas de las críticas que recibí en mi papel de director de equipo estaban justificadas, y mi ego me permitió aceptarlas e incluso aprender de ellas. También me sirvió para admitir mis errores, lo que a su vez me dio la oportunidad de corregirlos. A veces tardaba en darme cuenta de que había cometido un error, pero al final lo conseguía.

En la Fórmula 1, los egos son probablemente un poco más grandes que la media, aunque es de esperar. Después de todo, si tuvieras un trabajo que fuera la envidia de mucha gente en todo el mundo y tuvieras hordas de admiradores besándote el culo y diciéndote lo fantástico que eres por redes sociales todo el tiempo, es normal que te afectara. El truco para no convertirse en un capullo es no dejar que se te suba a la cabeza y no olvidar que, al final del día, no eres más que un ser humano. Algunas personas lo logran más que otras.

Entonces, ¿cómo se trata con aquellos que se creen a pies juntillas que son unos ángeles caídos del cielo? Bueno, ¿por qué no probar el método de Guenther Steiner? Durante mi época en Haas tuve que lidiar con bastantes ególatras, y lo que me funcionó fue tratarlos exactamente igual que a los demás y no hacer concesiones. Me importa una mierda que alguien se crea increíble y mejor que los demás. Si creo que eres increíble te lo diré, pero también te haré saber si pienso que eres un imbécil.

Tuve esta conversación con uno de los ingenieros de Haas hace unos años y me sugirió que no satisfacer los caprichos de personas ególatras, o al menos hacerles un poco la pelota, podría ser malo para el negocio.

—Qué putada —le dije—. Hay cosas en las que no cederé, sean cuales sean las circunstancias, y esta es una de ellas.

—Pero si un piloto al que quisieras fichar tuviera un ego enorme, ¿no te comportarías diferente?

—Bajo ningún concepto.

Creo que pensó que estaba loco. Pero no lo decía pensando solo en mí, sino también en el equipo. La gente con el ego inflado hace que los demás se sientan incómodos, y yo no quería eso. Con independencia de lo famoso o talentoso que sea un piloto, forma parte de un equipo, y en Haas eso siempre fue innegociable. Prefiero no tener ningún éxito a tenerlo con un piloto al que la gente que lo ha ayudado a conseguirlo no respeta. No es necesario que sean todos mejores amigos, pero tiene que haber un entendimiento y un respeto mutuos, de lo contrario no es sano.

Además, al consentir a estas personas, en realidad solo estás perjudicándolas, ya que te estás sumando al mito que se están creando ellas mismas. Les haces un favor al no mimarlas. Así es como yo lo veo. Antes de Haas, viví momentos en los que me vi obligado a tratar con gente egoísta en el entorno laboral y siempre era incómodo. Primero para ellos, porque no les gustaba que no les besara el culo, y luego para mí, ya que me harté de intentar evitarlos todo el tiempo.

Cuando les dije a los editores que quería escribir un capítulo sobre el ego, se asustaron y empezaron a llamar a los abogados.

—No vas a dar nombres, ¿verdad? —dijeron.

—Todo depende —contesté.

—¿De qué?

—De mi estado de ánimo a la hora de escribir el capítulo.

—¿En serio?

—No, claro que no. Si nombrara a todos los ególatras que he conocido en la Fórmula 1, me demandarían y me declararía en bancarrota en menos de un mes.

—Gracias a Dios —añadieron. Esta gente es un poco dramática a veces.

Por mi experiencia, quienes suelen tener los egos más grandes son aquellos que más tienen que demostrar, y esto se debe a que no están donde les gustaría. Son inseguros, básicamente. Los que han triunfado suelen sentirse más cómodos y, como resultado, saben mantener su ego bajo control. Una vez más, no es una ciencia exacta. De hecho, es solo una observación. Una objetiva. Lo siento, era mi ego el que hablaba.

Tal vez una observación más interesante sea el hecho de que algunas personas se salen del molde al aparentar que no tienen ningún tipo de ego, pero cuando las metes en un circuito de carreras se convierten en bestias. Creo que hay muchas personas así en la parrilla actual. Mira a Zhou Guanyu. No lo conozco, pero es bastante modesto y si te lo encontraras en una fiesta y tuvieras que adivinar a qué se dedica, probablemente no dirías que es piloto de Fórmula 1. Hay otros pilotos que son tranquilos, como Kevin y Valtteri Bottas, pero que tienen algo especial. Debo ser sincero. Cuando empecé a escribir este capítulo, tuve que pensarlo mucho porque, ante todo, veo a estos chicos como pilotos. Por ejemplo, Daniel Ricciardo. Es sin duda uno de los personajes más populares de este deporte, pero cuando oigo su nombre o lo veo en el *paddock* no es eso lo que me viene a la mente. Primero veo al piloto. Al tipo que ha ganado ocho grandes premios y ha subido al podio treinta y dos veces. ¿Por qué? Porque el *paddock* es un lugar de trabajo y estamos ahí para desempeñar una función.

He conocido a muchas personas que se encuentran en lo más alto de su profesión, ya sea un piloto de carreras o una estrella del *rock,* y la mayoría suelen ser algo arrogantes, lo que significa que confían en sus habilidades. «Aquí estoy», dicen, «y soy el más grande de todos los tiempos». Una versión extrema, aunque ligeramente alternativa, de esto sería la celebridad irlandesa de las artes marciales mixtas Conor McGregor, a quien conocí en Mónaco en 2022. Digo extrema porque cuando entró en el garaje me sentí como si fuera a conocer a la persona más exitosa del mundo, y algo alternativa porque tiene un ego tiene el tamaño del sistema solar. La diferencia es que, en su caso, ser un ególatra es una parte esencial de su profesión, y puede justificarlo.

Hablando de justificar, mirad a Fernando Alonso. Cuando se retiró en 2018, recuerdo leer un montón de artículos sobre la posibilidad de que su ego le hubiera impedido convertirse en uno de los pilotos de Fórmula 1 más condecorados de la historia. «A medida que pasaban los años», escribió un periodista, «la tarea de Fernando no era ampliar su legado, sino repararlo». Por supuesto, todas las historias tienen dos caras, y estoy seguro de que cuando la autobiografía de Fernando salga a la luz, después de que se vuelva a retirar en 2055, conoceremos su versión. Lo que sé con certeza es que su regreso ha sido uno de los mayores éxitos de los últimos tiempos y que casi todo el mundo ha tenido que dar un paso atrás y reevaluar la situación.

Es solo mi opinión, pero además de ganar el Campeonato Mundial de Resistencia mientras estuvo fuera de la Fórmula 1 y convertirse en bicampeón de Le Mans, Fernando aprendió a sacarle partido a su ego, algo que quizá no había hecho tan bien en los años anteriores. Y míralo ahora. Es tranquilo, seguro de sí mismo y tiene un comportamiento intachable, lo que significa que puede emplear todos sus recursos emocionales y físicos en ser brillante en el circuito. En eso se parece mucho a Lewis Hamilton. Hace poco leí una entrevista a Christian Danner, expiloto de Fórmula 1, en la que decía que había que transportar el ego de Lewis en un avión. A mí nunca me lo ha parecido. Lewis vestirá ropa cara y tendrá amigos famosos, pero su comportamiento es siempre ejemplar. Es un tipo sofisticado y con clase.

Hace unas semanas leí un artículo de la periodista de Fórmula 1 Rebecca Clancy (¡estoy leyendo mucho últimamente!) donde decía que, después de que Lewis le preguntara cómo era ser mujer en la Fórmula y de que ella le dijera que en el hotel habilitado para los medios de comunicación en Arabia Saudí no se permitía que las mujeres utilizaran la piscina o el gimnasio, tuvo unas palabras con quien estuviera al mando y se aseguró de que pudieran utilizar las instalaciones. Hay una diferencia entre ser unególatra y utilizar tu influencia para hacer algo bueno.

Hablando de tíos sofisticados y con clase. Hace unos años hice sin querer un comentario sobre el ego en cierto programa de Netflix sobre Fórmula 1, ¡y después la gente empezó a ponerlo en puñeteras camisetas! Pensaba que la gente solo estaba interesada en mi comentario de que Kevin no se cargara mi puta puerta, pero al parecer no era así.

—No adivinarás lo que ha pasado —me dijo un día Stuart Morrison. Fue poco después del estreno de la nueva serie de *La emoción de un Grand Prix* y, por alguna razón, me temí lo peor.

—No me lo digas —contesté—. Me van a demandar todas las personas que han visto la nueva serie hasta ahora.

—No exactamente —respondió Stuart—. Aunque tiene que ver con algo que dijiste un día y que decidieron poner en uno de los episodios.

—¿Podría hacer que me despidieran? —le dije.

—Lo dudo —añadió Stuart.

—De acuerdo. ¿Podría hacerme ganar dinero?

—Es probable que no, aunque tal vez debería.

Ahora sí que estaba confuso.

—Termina de una vez con mi sufrimiento —le pedí.

Stuart comenzó a describirme la escena en cuestión, y cuando lo hizo casi me muero. Creo que estábamos en Arabia Saudí y, mientras el sol pegaba fuerte, la cámara nos seguía a Stuart y a mí hasta el *paddock*.

—¿Quieres una sombrilla? —me ofrece.

—Que te den —le contesto—. Estar ahí de pie con alguien sosteniendo una sombrilla por encima de mi cabeza, eso dañaría mi ego. —Entonces añado con voz infantil—: Oh, hace un poco de sol y necesito una sombrilla. —Dando a entender que solo los idiotas con un gran ego pedirían eso. En cuanto termino la frase, se ve a Otmar Szafnauer, de Alpine, con alguien sujetándole una sombrilla.

—Dios mío —le dije a Stuart—. Alguien vendrá a por mí algún día, lo sabes. Quizá debería contratar a un guardaespaldas.

En ese momento, Stuart entró en Google, tecleó algo y dijo:

—Toma, mira esto.

—Dios mío —le dije—. ¿Qué narices es eso?

—Camisetas. Están por todo internet.

Alguien había diseñado una camiseta en la que aparecía mi cabeza con una sombrilla asomando por la parte superior y las palabras «UMBRELLAS HURT MY EGO»[*] escritas debajo. Luego me enseñó otra en la que aparecía con gafas de sol y el mismo eslogan.

—¿Es que esta gente no tiene nada mejor que hacer? —le pregunté.

—¿Quieres decir algo mejor que hacer que explotar tu imagen y ganar mucho dinero? Probablemente, no.

---

* «Las sombrillas me dañan el ego». (N. del T.)

2019

EL PATROCINADOR PRINCIPAL

El año 2019 fue una temporada de nivelación, no solo para el equipo, sino también para mí como director. En cuanto a mis responsabilidades, se estaban ampliando, ya que en 2018 también me había involucrado en el patrocinio. Cuando fundamos el equipo, Gene dijo que él se encargaría de ese asunto, y me pareció bien. Yo sabía muy poco sobre patrocinio, aunque por supuesto reconocía su importancia. Lo que me pareció un poco extraño fue que en 2018 todavía no tuviéramos un patrocinador principal en Haas, pero como no estaba dentro de mis competencias, simplemente asumí que Gene estaba conforme con que no tuviéramos uno. Resultó que en realidad había contratado a alguien en Estados Unidos para que encontrara algunos patrocinadores para el equipo, pero no había funcionado. Entonces, en otoño de 2018, una agencia de patrocinio se puso en contacto con nosotros en el Reino Unido para decirnos que una empresa de bebidas energéticas llamada Rich Energy estaba interesada en convertirse en nuestro patrocinador principal.

—De acuerdo —dijo Gene—. Habla con ellos y mira a ver qué puedes hacer.

La razón por la que creo que esto puede ser de interés para los aficionados a la Fórmula 1, aparte del enorme revuelo que causó, es que la gente probablemente asumirá que los equipos tienen departamentos enteros para ocuparse de temas como el patrocinio. Hoy en día eso es cierto, aunque no hay que remontarse muy atrás para encontrar algo más parecido a lo que se vería en un equipo de fútbol de segunda división. Haas es un ejemplo de ello. Sin embargo, como elemento de nuestro equipo, el patrocinio había permanecido prácticamente inactivo durante los tres primeros años de su existencia, así que teníamos que ponernos al día. Con todo, disfruté bastante ayudando a conseguir patrocinadores, primero porque implicaba trabajar con gente y luego porque ayudar a conseguir un acuerdo beneficiaba al equipo. La verdad es que fue genial. O al menos una parte.

El CEO de Rich Energy era un hombre llamado William Storey, y en octubre de 2018 vino a visitarnos al Gran Premio de Estados Unidos. Aunque ninguno de nosotros había oído hablar antes de Rich Energy, el tipo era bastante convincente, así que pasamos a la siguiente fase. Teniendo en cuenta la cantidad de dinero que pedíamos, quince millones de libras al año, lo que deberíamos haber hecho a continuación era contratar a alguien que investigara en profundidad a Storey y a la empresa, pero en ese momento todavía estábamos metidos hasta las rodillas en el recurso de descalificación. Sin embargo, contratamos a alguien para que hiciera algunas diligencias y, por lo que sé, todo salió bien.

A finales de 2018, firmamos un acuerdo plurianual con Rich Energy por valor de quince millones de libras, y en enero de 2019 anunciamos la asociación al mundo en la presentación del nuevo coche. Esto tuvo lugar en el club RAC de Londres y no me importa admitir que me sentí un poco fuera de lugar allí. Es un sitio jodidamente pretencioso. También me perdí varias veces, así que una vez encontré el coche y a los conductores no me alejé mucho.

La primera vez que sospeché de Rich Energy fue cuando no pude dar con nadie que hubiera probado la bebida antes. Acabamos tomándola en el *motorhome* durante algunos fines de semana de carrera, pero, que yo sepa, no estaba disponible en ningún supermercado. De hecho, según me dijeron más tarde, antes de que empezara la temporada circulaban rumores de que la bebida no existía. Lo que lo hace aún más extraño es que, en el acto de presentación, Storey declaró a la prensa que pretendía que Rich Energy se convirtiera en el líder del mercado y venciera a Red Bull «dentro y fuera de la pista». ¿Qué, con una bebida invisible? A eso se le llama ambición.

Un tiempo después me contaron que en el momento en que empezó a hablar con nosotros, Storey ya había llegado a un principio de acuerdo con Williams para convertirse en su patrocinador principal y se suponía que se había reunido con Claire Williams en Austin. Había quedado con ella y sus representantes en un restaurante de la ciudad, pero no se presentó porque estaba hablando con nosotros. En su lugar, Williams consiguió a Rokit como patrocinador principal, lo que creo que funcionó bien, así que definitivamente esquivaron una bala. La historia se pone aún mejor, ya que antes de acercarse a Williams, Rich Energy afirmó haber hecho una oferta para salvar al equipo Force India, que acababa de entrar en concurso de acreedores. Según ESPN, no se consideraba a Storey un propietario viable para el equipo a largo plazo, por lo que la oferta de Rich Energy se desestimó, lo que dio lugar a que Force India entrara en suspensión de pagos. Lance Stroll acudió entonces a su rescate, reinventó el equipo bajo el nombre de Racing Point, lo convirtió en Aston Martin, y todo ha ido cuesta abajo desde entonces.

Antes del Gran Premio de Canadá, Rich Energy nos pidió que elimináramos parte de su logotipo de toda la publicidad. Más tarde me enteré de que se debía a que una empresa llamada Whyte Bikes había llevado a Rich Energy a los tribunales alegando que les habían robado el logotipo, que era una cornamenta de ciervo. Examiné los dos y eran sorprendentemente parecidos. Además de condenar a Rich Energy a retirar el logotipo infractor de toda su publicidad y a pagar a Whyte Bikes más de treinta mil libras, el juez también declaró que Storey había sido un testigo poco fiable. Si en aquel momento me hubieran informado de las circunstancias por las que tuvimos que retirar los cuernos de otra marca de nuestra librea, habrían saltado las alarmas y yo habría hecho algo al respecto. Pero no fue así y accedimos a su petición.

Por cierto, toda la debacle de Rich Energy se convirtió en el tema de un episodio de *La emoción de un Grand Prix,* y después de Stuart Morrison me lo contara todo, debo decir que algunas de las cosas que se cuentan en ese episodio son patrañas, empezando por una afirmación de Storey al principio de nuestra relación de que nos había avalado personalmente con treinta y cinco millones de libras. Con lo que sé ahora, no estoy seguro ni de que tuviera treinta y cinco libras, menos aún treinta y cinco millones.

Se puede decir que el comienzo de la temporada 2019 no fue bien para nosotros, y en la novena carrera, que fue la de Austria, solo habíamos puntuado en cuatro ocasiones. Los motivos fueron varios, a los que me referiré en un momento, pero el miércoles antes de la décima carrera, en Silverstone, Rich Energy publicó un tuit afirmando que habían rescindido su acuerdo con nosotros con efecto inmediato debido a «un rendimiento deficiente en las carreras», así como algo sobre que la Fórmula 1 era demasiado políticamente correcta.

—Supongo que no han rescindido el contrato —me dijo Stuart Morrison al ver el tuit.

—Por supuesto que no. Si lo hubieran hecho, te habría avisado y habríamos preparado un comunicado.

—Tendremos que hacerlo de todos modos, ya que la prensa querrá saber qué está pasando.

Como no podía ser de otro modo, la prensa se nos echó encima de inmediato y les dijimos que, en lo que a nosotros respectaba, Rich Energy seguía siendo el patrocinador principal de Haas F1. Habían pagado la primera mitad de la temporada por adelantado y aún disponían de fondos, aunque pocos.

Al día siguiente, los periódicos se hicieron eco de la noticia y algunas de las declaraciones de Storey fueron, como mínimo, extrañas. En el *Sun* comparó nuestro coche con un carro de leche y luego alguien —no sabemos quién, quizá fuera él— tuiteó lo mismo durante el Gran Premio, e incluyó una fotografía de un camión de leche con Storey como conductor.

—Qué bicho raro —comenté cuando Stuart me lo enseñó—. Este tío debería estar internado. Necesita ayuda.

Las cosas se aclararon un poco justo después del Gran Premio de Gran Bretaña, cuando un miembro de la junta directiva de Rich Energy nos informó de que se estaba produciendo una lucha interna y, como tal, pidieron disculpas por lo ocurrido. La junta directiva estaba dispuesta a continuar la asociación y nos pidió que publicáramos la siguiente declaración en su nombre:

Confiamos de todo corazón en el equipo Haas F1, en su rendimiento y en la organización en su conjunto, y estamos plenamente comprometidos con el actual acuerdo de patrocinio. También confiamos en la Fórmula 1 y en la visibilidad que ofrece a nuestra marca.

Es evidente que las acciones deshonestas de un individuo han causado una gran vergüenza. Estamos en proceso de destituir por vía legal al individuo de todas sus responsabilidades ejecutivas. Puede hablar por sí mismo, pero su opinión no es la de la empresa. Deseamos confirmar nuestro compromiso con Haas F1 Team y la Fórmula 1, y agradecer a Haas su apoyo y paciencia mientras este asunto se resuelve internamente.

Poco después me cansé de toda esa mierda, y para resumir un poco la historia, y a pesar de lo que Storey dijo en *La emoción de un Grand Prix,* que de nuevo es una patraña, terminamos por rescindir el acuerdo y en septiembre quitamos su marca de los coches, los camiones y el *motorhome* y tratamos de olvidarnos de ellos. En mi opinión, todo el asunto no era más que un proyecto de vanidad para un estafador y, por desgracia, nos engañaron.

En cuanto a las molestias que nos ocasionó, trabajar con Rich Energy fue una lección que nos salió bastante cara, pero lo que aprendimos nos sirvió para seguir adelante. Además, conseguimos 7,5 millones de libras, que no estuvo nada mal.

A pesar del fiasco con Rich Energy, la idea de tener más patrocinadores externos en Haas y de que yo fuera en parte responsable de negociar con ellos resultó ser un arma de doble filo, pues parecía que cuanto más dinero ingresábamos, menos había para gastar. Por desgracia, las cosas estaban a punto de empeorar.

LA TEMPORADA

Ya he aludido al hecho de que la temporada resultó bastante complicada, pero supongo que será mejor que me extienda. Para ser sincero, me gustaría no tener que hacerlo.

Las pruebas de 2019 fueron bien, a pesar de que no habíamos avanzado tanto en el túnel de viento como nos habría gustado. También tuvimos algunos problemas de fiabilidad que nos preocuparon, pero al final de la segunda prueba ya se habían solucionado. A no ser que el coche presente algún problema grave, los pilotos suelen mostrarse positivos después de las pruebas, y esta no fue una excepción. Kevin, en particular, parecía contento y dijo que la nueva normativa, que incluía un alerón delantero más ancho y un alerón trasero más grande, le facilitaría seguir y adelantar a otros coches.

Llegué a Melbourne el martes anterior a la carrera, y el miércoles, mientras estaba en el circuito, recibí la terrible noticia de que Charlie Whiting había fallecido. Empezó como un rumor de que no se encontraba muy bien, pero al cabo de un rato se confirmó que había muerto. Recuerdo que se me cayó el alma a los pies cuando oí la noticia. ¿Sabéis esa sensación cuando de repente os sentís muy pesados? Charlie tenía una forma única de imponerse sin tener que gritar ni insultar, al menos que yo sepa. Lo hacía a través del respeto, y a pesar de nuestros desacuerdos nadie respetaba a Charlie más que yo. Mucha gente afirmará lo mismo que yo, y creo que todos tendríamos razón, pues todo el mundo en la Fórmula 1 sentía un profundo respeto por él.

Perdí la cuenta del número de veces que lo llamé durante la solicitud de la licencia y siempre respondió a todas mis preguntas. Además, lejos de limitarse a decirme siempre lo que quería oír, si tenía algún problema con lo que intentaba hacer, me lo comunicaba. Puede que Bernie fuera el cerebro de este deporte en la época anterior a Liberty Media, al menos en términos de negocio, pero Charlie era el corazón, como demostró la reacción de todo el mundo en la Fórmula 1 cuando falleció. Dios bendiga a Charlie Whiting. Era sin duda uno de los buenos.

Tanto la primera como la segunda sesión de entrenamientos libres en Melbourne fueron bien, pero en la tercera, Romain fue el cuarto más rápido y Kevin el quinto. Las cosas mejoraron aún más durante la calificación cuando, por tercera vez en varios años en Melbourne, ambos pilotos pasaron a la Q3. Romain terminó clasificándose sexto, a solo cuatro décimas de Leclerc con Ferrari, y Kevin se clasificó séptimo por delante de Lando Norris y Kimi Räikkönen. Lo único negativo de la sesión fue una multa de cinco mil euros por una salida de boxes insegura. Si no hubiera sido una multa, habría sido una penalización en la parrilla, así que lo asumimos.

Todo iba en orden durante la carrera hasta la vuelta treinta, cuando Romain tuvo que retirarse porque la rueda delantera izquierda estaba suelta. Sí, me temo que has leído bien. En la vuelta quince había entrado para cambiar los neumáticos y el mecánico responsable de la rueda delantera izquierda había tenido problemas para fijarla. Una vez más, esto se debió a la tuerca de la rueda y no a un error humano. De nuevo, era un problema que creíamos solucionado y no nos hizo ninguna gracia. Kevin arrojó un poco de luz en la oscuridad cuando acabó sexto, por lo que logramos puntuar, pero el fin de semana se vio eclipsado por el hecho de que Charlie había fallecido.

Cuando salimos de Baréin dos semanas después, ya se había hecho evidente el primero de una serie de problemas que nos asolarían en 2019. Este tenía que ver con la gestión de los neumáticos y nos provocó dolores de cabeza durante casi toda la temporada. Los neumáticos traseros se sobrecalentaban con mucha facilidad y empezaban a derrapar, lo que obviamente afectaba al ritmo de carrera. La cuestión es que, como nos clasificamos en una buena posición, nos resistíamos a admitir que podía ser un problema aerodinámico, que lo era, y en su lugar intentamos influir en el neumático desde fuera.

Cuando llegamos a Barcelona las cosas habían ido de mal en peor, pero teníamos la esperanza de que una actualización del coche de Romain revirtiera la situación o, como mínimo, nos encaminara en la dirección correcta. Después de la carrera, el resultado no fue concluyente en cuanto a lo bien que había funcionado la mejora, pero un doblete de puntos ayudó a motivar a todo el mundo.

Ocho días después, el lunes 20 de mayo, recibimos más malas noticias. Mi amigo desde hacía casi veinte años y mentor en la Fórmula 1, Niki Lauda, había fallecido en un hospital de Zúrich. Sabía que iba a ocurrir, ya que llevaba tiempo enfermo, pero aun así fue una gran conmoción. La última vez que hablé con Niki fue el día antes de su cumpleaños, en febrero. Siempre lo llamaba el día de su cumpleaños, pero como era el septuagésimo, decidí adelantarme un día y evitar las prisas. Aunque parecía enfermo, seguía siendo el de siempre y me hizo muchas preguntas sobre los preparativos para la nueva temporada. Supongo que parecerá un tópico, pero a Niki Lauda le corría la Fórmula

1 por las venas y todavía no he conocido a nadie con tanta pasión por este deporte como él.

Niki no solo fue la primera persona que me contrató en la Fórmula 1, sino que mientras trabajaba para él me presentó a un montón de gente, y eso marcó la diferencia. También fue mi mayor apoyo cuando intentaba formar lo que finalmente se convirtió en Haas e hizo todo lo que estuvo en su mano para ayudarme a conseguirlo. ¿Recordáis aquella vez que vino a revisar lo que habíamos hecho al principio de nuestra primera temporada? Hice un poco de broma sobre eso antes en el libro y, aunque Niki se reía (todos nos reíamos), fue una especie de inspección porque quería asegurarse de que todo estaba en orden y de que teníamos las mejores posibilidades de hacerlo bien. No porque tuviera intereses en el equipo, porque no era así, sino porque quería que su amigo y los miembros del equipo que había formado tuvieran éxito. Todavía lo echo de menos.

En Mónaco, a finales de mayo, conseguimos los últimos puntos hasta Alemania, en julio, pero mientras tanto se produjo un pequeño drama. Ese soy yo siendo sarcástico, por cierto. Volvemos al territorio de la ópera italiana, pero con muchos más gritos y algo menos de maquillaje.

Cuando llegamos a Silverstone, las mejoras aún no habían dado los resultados que esperábamos, así que para recopilar más datos decidimos revertir la configuración del coche de Romain a la de la carrera de Melbourne y luego comparar los dos. Seguíamos intentando averiguar por qué los pilotos habían tenido problemas con la temperatura de los neumáticos durante la carrera, lo que había sido la causa principal de su ritmo, o, mejor dicho, de la falta de él. Cuando los neumáticos están demasiado fríos, patinan y la temperatura de la superficie se dispara, lo que reduce su rendimiento aún más. Desde Baréin, habíamos probado diferentes configuraciones, jugando con la suspensión, pero nada había funcionado. Además, los problemas que teníamos en una carrera eran distintos en la siguiente, así que decidimos comparar la actualización con la especificación aerodinámica y la configuración que habíamos utilizado en Melbourne.

Desgraciadamente, lo que se suponía que iba a ser un valioso ejercicio de recopilación de datos, con la posibilidad incluso de sumar algunos puntos al final, resultó ser un desastre. Durante la primera vuelta de la carrera, al salir del Arena, Romain y Kevin chocaron ruedas y ambos pincharon. Al pasar por Brooklands los adelantó el resto del pelotón.

—¿Qué coño están haciendo esos idiotas? —le pregunté a Ayao Komatsu en el muro de boxes. Él tenía la cabeza entre las manos.

Tras arrastrarse hasta el garaje para cambiar los neumáticos, Romain se reincorporó a la carrera a cuarenta y siete segundos de Robert Kubica que, gracias a él y a Kevin, iba ahora decimonoveno en lugar de vigésimo. Sin embargo, estaba a punto de subir otro puesto, ya que unos segundos más tarde Kevin entró en boxes y se reincorporó a la carrera veinte segundos por detrás de Romain. Qué desastre.

Esperad, que la situación solo empeora.

En la tercera vuelta, a Kevin lo había doblado todo el pelotón y en la sexta se retiró. No recuerdo por qué. ¿Vergüenza, quizá? Romain se le unió tres vueltas después, lo que puso fin a lo que había sido un fin de semana agradable y productivo. ¡Ah, no!

Por desgracia, no era la primera vez que nuestros dos pilotos chocaban en una carrera esta temporada, y a mí ya me había tocado hablar con ellos. También se habían escuchado muchas quejas por radio durante los fines de semana de carrera sobre el rendimiento del coche y yo estaba harto de ello. Todos sabíamos que el coche no cumplía con los requisitos que buscábamos y no necesitábamos que nos lo recordaran a todas horas, joder. Lo ocurrido en Silverstone fue la gota que colmó el vaso y, tras retirar los dos coches, Ayao y yo fuimos a mi despacho y les pedimos a Romain y Kevin que se unieran a nosotros.

Una vez sentados, exploté. Lo solté todo. Les acusé de habernos defraudado a mí y al equipo, cosa que habían hecho al eliminarse el uno al otro, y básicamente les dije que, si no les gustaba, podían irse a la mierda. Romain se lo tomó bastante bien, pero Kevin no tanto, y cuando salió de la oficina dio un portazo tan fuerte que rompió la puerta. Me di cuenta cuando ya se había ido y me enfadé más. Fui a buscarlo de inmediato, pero no estaba por ninguna parte. Necesitaba gritarle a alguien y cuando di con su mánager, Jesper Carlsen, lo pagué con él. Esto, por supuesto, me llevó a decir esas palabras que, gracias a los omnipresentes micrófonos de Netflix, se convirtieron en una especie de eslogan para mí. Más que nada, creo que demuestra mi singular dominio de la lengua inglesa.

En retrospectiva, ahora comprendo mejor que entonces por qué los pilotos se comportaron de aquella manera, aunque nunca se lo he dicho. La razón principal fue la frustración, por supuesto, que había estado presente desde el principio de la temporada y que se agravó cuando la nueva configuración no dio resultado. Fue una época desalentadora para todos, no solo para ellos. Es probable que la rivalidad entre los dos, que nunca había sido demasiado evidente, surgiera debido a que los ánimos en el equipo estaban por los suelos y acabaron descargando sus frustraciones el uno con el otro. Es solo una teoría. En cualquier caso, nada de eso fue muy saludable.

Para resumir la locura que fue para Haas la temporada 2019, en la carrera que siguió a la de Silverstone, el Gran

Premio de Alemania, acabamos con nuestro segundo (y desgraciadamente último) doblete de puntos de la temporada. Lo sé, qué puta locura, ¿verdad? El fin de semana empezó mal cuando Kevin tuvo que ser remolcado de vuelta al garaje durante la primera sesión de entrenamientos libres por un fallo en un sensor. Todavía conmocionado por lo ocurrido en Silverstone, recuerdo que me sentí bastante abatido. Los problemas no nos daban un respiro. Al final de la clasificación, mi estado de ánimo mejoró un poco, ya que Romain consiguió pasar a la Q3 y clasificarse sexto. Kevin, que se clasificó duodécimo, se quedó fuera de la Q3 por menos de tres centésimas de segundo. La carrera se vio afectada por fuertes lluvias y se produjeron seis abandonos, además de que salieron al menos cuatro coches de seguridad. Nuestros chicos terminaron en la novena y la décima posición, con lo que estábamos más que contentos, pero cuando Antonio Giovinazzi y Kimi Räikkönen recibieron una penalización de treinta segundos cada uno, ascendieron a la séptima y a la octava.

Aparte de que Kevin acabó noveno en Rusia, no conseguimos más puntos y terminamos novenos en el Campeonato de Constructores, por delante de Williams. Después de Alemania, estábamos igualados con Alfa Romeo, pero en Hockenheim sumaron cinco puntos frente a uno nuestro, por lo que acabaron con cincuenta y siete puntos y nosotros con veintiocho.

Además de ser un nivelador para el equipo, 2019 vio el comienzo de un cambio en mi relación con Gene. Cuanto más fallábamos en igualar la temporada anterior, más disgustado estaba él, y cuanto más disgustado estaba, más despectivo se mostraba con el equipo. Después de un tiempo, esto comenzó a molestarme, y en algún momento durante el fin de semana de México a finales de octubre todo alcanzó un punto crítico.

Gene había convocado una reunión y, como era de esperar, en lugar de decir algo constructivo empezó a quejarse de los resultados y a arremeter contra el equipo. Según él, todo el mundo estaba haciendo un trabajo terrible, incluido yo. Si soy sincero, por la forma en que lo planteó, era como si ambos coches no hubieran hecho más que abandonar desde el primer día.

—Pero esta es la naturaleza de las carreras —le dije—. Por el amor de Dios, Gene, deberías saberlo. Estás haciendo que me sienta mal y no necesito ninguna ayuda en ese sentido ahora mismo. —Y esto es lo que no entiendo. Gene había competido en la NASCAR desde 2002 y su equipo había tardado años en triunfar. Nosotros, en cambio, habíamos saboreado el éxito en la primera carrera. ¿Es que nuestro caso era diferente para él o era así como trataba a todo el mundo? No tenía ni idea.

Una vez más, con el beneficio de la retrospectiva, lo que quizá debería haber hecho durante la temporada 2019 fue darme la vuelta y decirle a Gene: «Vale, es tu equipo, si crees que somos tan malos, puedes venir y dirigirlo tú mismo». Por desgracia, yo no soy así. Si surge un problema, sobre todo si estoy al mando, intento encontrar una solución. Eso no quiere decir que no acepte ayuda, por supuesto, siempre que me la ofrezcan. Lo que no voy a hacer, sin embargo, es empezar a arrastrarme por ella.

Con independencia de lo que Gene dijera o quisiera creer, yo debía intentar verlo con perspectiva, que es más fácil de decir que de hacer cuando el dueño del equipo te está diciendo que no vales. Aun así, lo cierto es que, en nuestros primeros cuatro años en la parrilla, Haas había tenido dos temporadas muy prometedoras y una extremadamente buena, y como ya he dicho más de una vez durante esta parte, 2019 fue un año nivelador.

2020

LA PANDEMIA

No recuerdo cuando oí hablar por primera vez del covid-19, o coronavirus, como creo que se llamaba al principio. Puede que lo viera en las noticias o algo así. Por otra parte, suelo evitar ver las noticias porque siempre son deprimentes. Ahora que lo pienso, estoy bastante seguro de que fue Gertie quien me lo contó. Suele informarme de todo lo que necesito saber que no sea sobre Fórmula 1. Sin embargo, no recuerdo haberme preocupado demasiado, al menos al principio. No suelo preocuparme por nada por lo que no pueda hacer algo al respecto, y lidiar con una posible pandemia mundial no entraba dentro de mis habilidades. Lo que sí recuerdo es la creciente sensación de inquietud que parecía estar invadiendo el mundo, pero, como la mayoría de la gente, agaché la cabeza y seguí adelante.

Lo primero que hicimos al acabar la temporada 2019 fue decidir los colores del equipo para 2020, así como todo lo demás. La idea original era volver a usar rojo, negro y gris, que habían sido los colores del equipo antes de 2019, pero alguien sugirió cambiar el gris por el blanco, y así lo hicimos. Vaya si sentó bien. Aunque solo era estético, no tener un coche negro con letras doradas ayudó a exorcizar algunos demonios desagradables relacionados con ciertos incidentes y personas. Para ser sincero, a mí tampoco me gustaba tener un coche gris, así que cuando alguien me enseñó la librea del VF-20 me alegré mucho. Quedaba de puta madre.

Durante el invierno desarrollamos el coche en el túnel de viento y Ferrari nos proporcionó una caja de cambios y una suspensión nuevas, como de costumbre. Teníamos que mantener el mismo concepto, así que dedicamos gran parte del tiempo de desarrollo en el túnel de viento a resolver el problema de los neumáticos, que ahora ya sabíamos que era aerodinámico. En general, los diseñadores estaban contentos con los progresos realizados y, cuando llegó el momento de las pruebas, nos permitimos sonreír e incluso alentarnos entre nosotros.

Llegar al *off-season* después de una mala temporada es un alivio porque te da tiempo para reagruparte y mejorar las cosas. Es diferente después de una buena temporada, por supuesto, porque no quieres que se acabe nunca. La peor situación es cuando se produce una mejora hacia el final de la temporada, ya que quieres ver cuánto tiempo puede durar. A pesar de lo decepcionante que fue 2019, también hubo muchos aspectos positivos en el coche que no valoramos debido al problema de los neumáticos. Así que, si los chicos de diseño conseguían resolver el problema, podríamos tener un buen coche entre manos. Eso es lo que todos esperábamos.

Como de costumbre, fuimos el primer equipo en anunciar los nuevos colores, y la respuesta del público fue tan abrumadoramente positiva como la del equipo, hasta hubo quien dijo que era la mejor combinación que habíamos creado hasta el momento. A pesar de que solo se trata de una cuestión estética, recibir una respuesta así de positiva tan pronto siempre es bueno, sobre todo cuando las cosas han sido difíciles. En cuanto al patrocinador, aún no habíamos encontrado un sustituto. Había varias agencias trabajando en ello, pero después de lo sucedido el año anterior, íbamos a tener que ser muy cautelosos.

Cuando aterricé en Barcelona para los entrenamientos de la pretemporada el 17 de febrero, el asunto del coronavirus había cobrado mucha importancia y, no importaba dónde estuvieras o con quién, era el principal tema de conversación. Aquello me pareció muy extraño, ya que era una distracción evidente de nuestro cometido allí. Pero ¿cómo ignoras una pandemia mundial inminente? Se estaban introduciendo varias medidas de prevención en países de todo el mundo para intentar detener la propagación de la enfermedad, aunque en España no se había implantado nada todavía. Sin embargo, recuerdo que el ambiente en la prueba era diferente. Aunque algunos seguían adormilados porque acababan de salir de la hibernación, los bichos raros como yo, que nunca paramos, nos pasamos meses muriéndonos por volver a una pista, así que suele haber emoción en el aire. Ese año se notó menos, y con razón.

Las pruebas fueron bien, aunque como siempre habríamos agradecido tener unos días más. Ya sabéis, diez o veinte quizá. La primera prueba en Barcelona resultó un poco dura y tuvimos mucha mala suerte. Fugas de agua, pinchazos… No fue nada bien. De los tres días que duró la primera prueba, probablemente solo pudimos correr un día y medio, así que tuvimos que esperar a que llegara la segunda. Esta fue un poco mejor y recogimos muchos datos gracias a que tuvimos menos problemas.

Los diez días que transcurrieron entre nuestra salida de Barcelona tras las pruebas y nuestro aterrizaje en Melbourne para el Gran Premio de Australia fueron como vivir en una dimensión desconocida. Por aquel entonces nadie hablaba de otra cosa que no fuera este nuevo virus y la rumorología de la Fórmula 1 estaba en pleno rendimiento. Recuerdo que, justo después de aterrizar en Melbourne, alguien me dijo que un partido de fútbol de la Premier League se había aplazado como medida de precaución y que varios jugadores se habían visto obligados a aislarse.

El caso es que recuerdo haber leído unas declaraciones del gobierno británico un día o dos antes en Banbury en las que decían que, en su opinión, no había motivo para cancelar nada. Aunque detesto el término, ya que suele ser señal de que la gente no sabe de lo que habla, se trataba de una «situación incierta», pues las cosas cambiaban casi a cada hora. De hecho, no hay mejor demostración de ello que la decisión de seguir adelante y trasladar toda la parafernalia de la Fórmula 1, que comprende miles de toneladas de equipo, al otro lado del mundo, a Australia, para organizar un Gran Premio. Por supuesto, se decidió así porque los que mandaban pensaban que sería posible, aunque en retrospectiva no había forma de que se llevara a cabo. Así de rápido iban las cosas en ese momento.

El 11 de marzo, es decir, cuatro días antes de la carrera, cuatro miembros del equipo Haas empezaron a mostrar síntomas de covid-19 y se pusieron en aislamiento de inmediato. Más tarde se les hicieron las pruebas y, por suerte, dieron negativo, pero como en Melbourne había una única instalación capaz de realizar las pruebas del virus y solo podía tratar quinientos casos a la vez, los resultados tardaron una eternidad en llegar. Y no solo nosotros estábamos interesados en saber si habían dado positivo. Todo el deporte estaba en vilo.

Casi al mismo tiempo, un miembro del equipo McLaren empezó a mostrar síntomas y, tras aislarse y someterse a la prueba, finalmente dio positivo. Por lo que sabíamos, esta persona era el primer miembro de la Fórmula 1 en dar positivo en covid-19, y como consecuencia de ello McLaren decidió retirarse de la carrera.

Todo esto se produjo después de que los dos pilotos más condecorados y respetados de la parrilla, Lewis Hamilton y Sebastian Vettel, criticaran con dureza al organismo rector. Ambos estaban furiosos porque, mientras el resto del mundo había empezado a tomar precauciones contra la propagación del covid-19, como practicar el distanciamiento social y evitar las reuniones masivas, la Fórmula 1 seguía hablando de reunir a varios cientos de miles de personas en una pista de carreras durante todo un fin de semana.

—Estoy muy muy sorprendido de que estemos aquí —declaró Lewis en una rueda de prensa—. Creo que es realmente sorprendente que estemos todos sentados en esta sala. Hay muchos aficionados aquí hoy; parece que el resto del mundo está reaccionando, aunque un poco tarde y, sin embargo, la Fórmula 1 sigue adelante. —Más tarde, cuando le preguntaron por qué pensaba que el Gran Premio continuaba en marcha, Lewis se limitó a contestar—: El dinero manda. No puedo añadir mucho más. No siento que deba rehuir mi opinión.

Sebastian fue un paso más allá al insistir en que si se producía alguna muerte relacionada con la Fórmula 1, los pilotos actuarían como colectivo y se negarían a competir.

—Esperamos que no llegue tan lejos —dijo Seb—. Nosotros [los pilotos] compartimos una opinión común sobre las grandes decisiones, y esa sería una muy importante. En última instancia, como he dicho antes, uno tiene que mirar por sí mismo y creo que somos lo bastante maduros para cuidar de nosotros y echar el freno de mano si fuera necesario.

Un día después, el jueves 12 de marzo, la FIA, la Fórmula 1, los promotores y las autoridades sanitarias de

Melbourne convocaron una rueda de prensa en Albert Park para anunciar al mundo que la carrera quedaba cancelada. Nos lo habían comunicado unas horas antes en una reunión entre los directores de los equipos y la FIA, así que nos lo esperábamos. Como había dicho Lewis, lo sorprendente era que se hubiera tardado tanto en tomar esa decisión. Al despertar esa mañana, uno de los miembros del equipo en Banbury me envió un mensaje para decirme que, al parecer, el gobierno británico estaba a punto de prohibir todos los desplazamientos en el Reino Unido, excepto los imprescindibles, y pedir a la gente que trabajara desde casa. En Estados Unidos también estaban introduciendo todo tipo de medidas, y sin embargo aquí seguíamos todos.

Una vez cancelado el Gran Premio, todos en el campamento de la Fórmula 1 estábamos deseando salir de Australia lo antes posible y volver a casa con nuestras familias. También reinaba el miedo, ya que no teníamos ni idea de si los aeropuertos a los que esperábamos volar seguirían abiertos, por no hablar del espacio aéreo de los países a los que viajábamos y sobre los que volábamos. Además, los participantes de la Fórmula 1 se cuentan por miles, así que la logística iba a ser una pesadilla. No sé cómo se las ingeniaron, pero por suerte todos pudimos salir de Australia con bastante rapidez, y unas cuarenta horas después de hacerlo yo estaba a salvo en casa, en Carolina del Norte, con Gertie y Greta.

EL RESULTADO

En cuanto todos tuvimos tiempo de recuperar el aliento, abrimos las líneas de comunicación y empezamos a hablar de lo que podría o no suceder a continuación. Las reuniones de la Comisión de la Fórmula 1 se celebraron con regularidad en línea, pero durante los días y semanas posteriores a Melbourne apenas dejó de sonarme el móvil. La realidad de que la Fórmula 1 no podría organizar algunas o quizá ninguna de las próximas carreras en 2020 ya había empezado a calar hondo, al igual que la posibilidad de que algunos de los equipos se fueran a pique como consecuencia de ello.

El Gran Premio de China se había cancelado incluso antes de que llegáramos a Melbourne, así que cuando salimos de Australia ya llevábamos dos carreras perdidas. A medida que pasaban los días, se iban anulando cada vez más competiciones. Poco después de Australia, se canceló la inauguración del Gran Premio de Vietnam, que llevaban planeando varios años. Luego se canceló Baréin, y después los Grandes Premios de Holanda y España.

No sé si os acordaréis, pero hubo muchos falsos albores durante las primeras semanas del covid-19 y apenas pasaba un día sin que me llegara un rumor o un artículo de internet (escrito por Mickey Mouse) que decía que cierto

Gran Premio sería el primero en celebrarse. Supongo que era comprensible, ya que todos necesitábamos esperanza, pero la mayoría de estas historias eran mentira, sobre todo la que leí unos días después de Australia, en la que se sugería que Mónaco podría ser la primera carrera de la temporada 2020 en celebrarse. ¿Mónaco? Sería más fácil practicar la distancia social en una puñetera cabina telefónica, con o sin el gran público allí. Casi escupo mi expreso cuando lo leí. Mónaco se canceló al día siguiente y ese fue el momento en que muchos aficionados se dieron cuenta de la enormidad de lo que estaba ocurriendo. ¿No hay Gran Premio de Mónaco? Qué raro.

En las dos semanas siguientes, Canadá, Azerbaiyán y Francia anunciaron que sus carreras no se celebrarían en 2020, lo que anuló todo el calendario hasta finales de junio. Sobre el papel, esto parecía un desastre sin paliativos. Ya se habían perdido cientos de millones de dólares en ingresos, no solo para el deporte y los equipos, sino también para las innumerables empresas que abastecían a toda la Fórmula 1 y los miembros externos del personal que se contrataban cuando un Gran Premio llegaba a la ciudad. Por fortuna, en lugar de tirar la toalla y ceder, la Fórmula 1 y la FIA decidieron seguir luchando y, en vez de echar el telón y esperar a que todo pasara, lo que desde un punto de vista financiero debió de ser tentador, ya que podrían haber reducido fácilmente algunas de las pérdidas, siguieron invirtiendo, planificando e incluso innovando.

Fue una gran apuesta, pero la postura de la Fórmula 1 y de la FIA era que, cuando al fin se permitiera a la sociedad volver a salir a la calle, la Fórmula 1 tenía que estar preparada para ofrecer un espectáculo en cualquier parte del mundo (o donde se le permitiera), empezar a entretener de nuevo a su público y recuperar parte de las pérdidas que el deporte ya había sufrido. Por suerte, la Fórmula 1 es una industria que siempre ha sabido enfrentarse a problemas complejos y a retos logísticos y organizativos, así que cuando todos nos pusimos a buscar una solución, empezamos a ver la luz.

En Haas, las cosas se pusieron feas muy pronto, y de no haber sido por el plan de pagos del Reino Unido, que cubría el ochenta por ciento del sueldo de los ciudadanos, nos habríamos ido a pique casi de inmediato, junto con miles de empresas de todo el país. En Italia las cosas no fueron tan sencillas y, por desgracia, nos vimos obligados a despedir a algunas personas. También tuvimos que renegociar todos nuestros contratos con los proveedores, tanto en el Reino Unido como en Italia, para ahorrar dinero y seguir funcionando.

En mi calidad de jefe de equipo, fue un momento bastante difícil. Estaba acostumbrado a que los miembros del equipo se enfadaran porque habíamos tenido un fin de semana horrible o algo así, pero no por el hecho de que quizá no tuvieran un trabajo al que volver, o incluso un deporte. Lo que tenía que recordarme a mí mismo, y al equipo, era que, en comparación con millones de personas de todo el mundo, estábamos bien. Por muy precaria que fuera la situación, seguíamos teniendo trabajo, seguíamos cobrando y seguíamos contando los unos con los otros. También nos quedaba la esperanza, que entonces se valoraba mucho.

Como participé en muchas de las reuniones sobre el resurgimiento de la Fórmula 1, y tenía fe en Chase Carey y Ross Brawn, del Formula One Group, y en Jean Todt, de la FIA, no tenía ninguna duda de que el deporte se recuperaría una vez se eliminaron las restricciones. Transmitir eso al equipo fue fácil, aunque hacer que se lo creyeran, o más bien que lo hicieran de verdad, no lo fue tanto. Dadas las circunstancias, era probablemente lo mejor que podía esperar.

En mayo, la Fórmula 1 y la FIA tomaron una de las medidas más drásticas con respecto a la supervivencia de los equipos. Anunciaron al mundo una reducción del límite presupuestario para 2021 de 175 millones de dólares por equipo a 145 millones. La otra gran decisión que salió de esa reunión en particular fue una nueva regla de escala móvil para el desarrollo aerodinámico, que también entraría en vigor en 2021, lo que significaba que cuanto más bajo acabase un equipo en el Campeonato de Constructores, más tiempo podría pasar su coche en el túnel de viento al año siguiente.

Las personas que más presionaron para que se llevara a cabo lo anterior fueron Zak Brown, de McLaren, Fred Vasseur, que entonces estaba en Alfa Romeo, y yo. Nuestro principal argumento era que, si no reducían el límite presupuestario y realizaban otros cambios, nuestros equipos no sobrevivirían. Y no era una patraña, sino la pura realidad. Pero no fue un camino de rosas. Al no ser una mayoría, teníamos que hacer propuestas que sirvieran para todos, no solo para los equipos pequeños.

Una de las cosas más positivas de estos esfuerzos por mantener a flote el deporte que todos amamos y tenerlo listo para volver al ruedo en cualquier momento fue la forma en que todos nos unimos y trabajamos como uno solo. Durante todo el tiempo que fue necesario, dejamos a un lado todas las rencillas y la política habituales y nos convertimos en un equipo cohesionado, decidido y muy capaz. La verdad es que fue impresionante, y me siento orgulloso de haber formado parte de ello. Ya sea en medio de una pandemia o no, el deporte de la Fórmula 1 es más grande que la suma de sus partes, y un recordatorio de eso, y de lo que éramos capaces, no nos vino nada mal.

El resultado fue que, cuando por fin comenzaron a levantarse las restricciones en junio, estábamos listos para arrancar y la Fórmula 1 ya tenía un calendario actualizado con diecisiete carreras programadas, empezando por una doble cita en Austria. Teniendo en cuenta la logística implicada frente a los retos que aún teníamos por delante, fue un logro increíble. El único compromiso, aparte de que los fines de semana de carreras tenían que acortarse a tres días, era que todo tenía que desarrollarse a puerta cerrada, lo que significaba que no había aficionados. Por lo menos podían ver las carreras desde casa. No era lo ideal, pero era mejor que nada.

La mayor emoción que creo que debió de sentir todo el mundo cuando se conoció la noticia de la reanudación fue de alivio. No podía importarnos menos el hecho de tener que llevar mascarillas en los circuitos, someternos a pruebas diez veces al día y vivir en burbujas. Volvíamos a hacer lo que más nos gustaba. Es más, gracias a los esfuerzos que ya he mencionado, la Fórmula 1 fue el primer gran deporte del mundo en resurgir de la pandemia de covid-19 y empezar a competir de nuevo una vez levantadas las restricciones, lo que es, una vez más, un testimonio de su capacidad.

Forza Formula 1!

LA REESTRUCTURACIÓN

Por mucho que el equipo y yo estuviéramos deseando volver a competir tras el confinamiento, había un asunto que llevaba tiempo sofocando mi entusiasmo e ilusión. Aunque obviamente los equipos habían tenido que hacer recortes al principio de la pandemia, debido a su intención de volver lo antes posible con más ganas que nunca, la mayoría de ellos siguieron invirtiendo dinero y desarrollando sus coches. Bueno, todos los equipos menos uno. En Haas no solo despedimos a gente en Italia, sino que también cerramos el túnel de viento, así que además de no modificar en absoluto el coche actual, no hicimos ningún trabajo de desarrollo, ni para esta temporada ni para la siguiente.

Por desgracia, a diferencia de los demás propietarios, Gene decidió no apoyar ni al deporte ni a su equipo durante este periodo y no quiso gastar nada de dinero mientras la pandemia estaba todavía en su apogeo. Una vez más, como propietario del equipo, estaba en su derecho, pero para mí fue devastador, no solo porque sabía que no seríamos competitivos cuando volviéramos a correr, sino porque también era consciente de lo que eso supondría para el equipo. Las conclusiones precipitadas son malas para el deporte, pero saber con certeza que vas a acabar el último es bastante difícil de asimilar.

Como de costumbre, era algo de lo que no podía hablar públicamente, ya que, de haberlo hecho, es posible que me hubiera metido en problemas. Además, cuanto más tiempo pasaba, menos confianza y entusiasmo sentía Gene por este deporte (a pesar de que cada vez estábamos más cerca de volver a competir), y lo último que quería era contrariarlo. Después de todo, había cerrado el túnel de viento. ¿Y si lo siguiente era el equipo?

Hace poco hablé de esto con dos amigos. Ambos me miraron y dijeron algo así como: «Bueno, ¿no podría haber vendido el equipo y ya está?». ¿Qué, durante una pandemia? No era como ahora, que los equipos de Fórmula 1 valen una fortuna. Así las cosas, además de formar parte de los esfuerzos por tener la Fórmula 1 lista para resucitar cómo y cuándo fuera, pasé gran parte de la primera mitad de 2020 intentando persuadir a Gene de que no cerrara el equipo. Fue una carga que no me importa admitir que me pesó mucho y es una de las pocas ocasiones en las que el trabajo de jefe de equipo me quitó el sueño.

El momento más angustioso de este periodo fue, con diferencia, la firma del nuevo Acuerdo de la Concordia, el contrato entre la Fórmula 1, la FIA y los equipos, que entraría en vigor en 2021. Debido a la precaria situación del deporte, Gene nos hizo saber que no estaba dispuesto a invertir más dinero en el equipo ni a comprometerse a firmar el acuerdo, que, al fin y al cabo, pretendía asegurar el futuro del deporte. Si no firmaba, sabía que estaríamos acabados, porque él querría irse, pero si lo hacía… Bueno, al menos el equipo seguiría en pie.

Una cosa de la que estaba seguro en ese momento era que, aunque Gene decidiera firmar el acuerdo, con la ausencia de cualquier inversión o desarrollo no estaríamos en condiciones de competir a ningún nivel durante al menos las dos próximas temporadas, y en 2021 estaríamos casi con toda seguridad al final de la parrilla. ¿Imagináis lo desmoralizador que es una perspectiva así para el director de un equipo? Iba en contra de todo por lo que había trabajado en el automovilismo.

Al final, Gene accedió, y se firmó el Acuerdo de la Concordia en agosto de 2020. Necesitaba encontrar suficiente dinero de patrocinio y hacer recortes para asegurarme de que Gene no tuviera que invertir nada en 2021; de lo contrario, no funcionaría comercialmente. Después de todo lo que había vivido hasta el momento con los patrocinadores, no me entusiasmaba el reto, pero ¿qué otra opción tenía? Además, no iba a ser fácil hacer más recortes cuando ya contábamos con pocos fondos.

El único ahorro sustancial evidente que podíamos aplicar para la siguiente temporada era cambiar de pilotos. Tanto el contrato de Kevin como el de Romain se renovaban a finales de 2020, así que, tras hablarlo con Gene, acordamos hacer un cambio, no solo porque ahorraría dinero al equipo, sino porque estaba bastante seguro de que ni Kevin ni Romain querrían conducir un coche poco competitivo durante dos temporadas, mucho menos una. Obviamente, no sabía con certeza lo poco competitivo que iba a ser el coche en 2020, pero lo de 2021 lo tenía claro. A pesar de esto, y de que era lógico dejar que ambos siguieran adelante, no me apetecía tener la conversación. Pero había que hacerlo.

Los dos pilotos se tomaron la noticia tan bien como cabía esperar y no discutieron ni levantaron la voz. Comprendían lo desmoralizador que sería conducir un coche poco competitivo y lo perjudicial que podría ser para sus carreras. No les daría muy buena imagen.

Debo señalar que a los pilotos y al equipo podía contarles lo justo sobre lo que ocurría desde el punto de vista financiero. Como mi jefe y propietario del equipo, seguía siendo leal a Gene. Además, toda historia tiene dos caras, y Gene tendría sus razones para hacer lo que hizo. Por suerte, al menos en lo referente a esta situación, casi todos los equipos estaban teniendo algún tipo de problema financiero, lo que evitó que la gente hiciera demasiadas preguntas.

Desde el punto de vista del equipo, la oportunidad económica que suponía dejar marchar a Romain y Kevin era mucho mayor que el simple ahorro de los dos salarios más altos. Ferrari tenía un piloto de la academia llamado Mick Schumacher (hijo de Michael, por supuesto) que, cuando las carreras se reanudaran, si lo hacían, correría en el Campeonato de Fórmula 2 de 2020. Ferrari estaba deseando que compitiera en la Fórmula 1 la próxima temporada, aunque no en uno de sus coches, al menos por ahora. Si aceptábamos contratar a Mick, la Scuderia estaba dispuesta a pagarnos una cantidad de dinero que serviría para cubrir su sueldo.

La segunda oportunidad surgió tras hablar con Chase Carey. Tras el ultimátum de Gene, fue una de las primeras personas a las que consulté y, al explicarle mi situación, me puso en contacto con varias empresas que sabía que querían entrar en la Fórmula 1, entre ellas una gran compañía rusa de fertilizantes llamada Uralkali. Para resumir, el propietario de Uralkali, Dmitry Mazepin, tenía un hijo llamado Nikita que competiría contra Mick en el Campeonato de Fórmula 2 y tenía exactamente las mismas ambiciones para Nikita que Ferrari para Mick. Es más, la cantidad de dinero que Dmitry estaba dispuesto a invertir en el equipo nos permitiría seguir funcionando. Y no menos importante, podríamos empezar a desarrollar un coche nuevo y, con suerte, competitivo para 2022. Era la solución perfecta a una situación de mierda.

Tener que decirles a Romain y Kevin que no necesitaríamos sus servicios para 2021 antes incluso de que la temporada 2020 hubiera empezado fue terrible. Sabía más que nadie lo mucho que disfrutaban formando parte del equipo y no poder mantenerlos y proporcionarles un coche que hiciera justicia a su talento me dolió mucho. Una vez más, esto iba en contra de todo por lo que había trabajado en la industria, y la única razón por la que lo hacía, aparte de mi deseo de mantener al equipo unido, era porque la situación en sí era inaudita. No tenía ni idea de lo que iba a pasar a largo plazo, nadie la tenía, pero algo dentro de mí quería quedarse y averiguarlo.

EL REINICIO

No hay muchas cosas en la vida más satisfactorias que dar buenas noticias a la gente que quieres, y poder decir al equipo, y luego a Gertie y Greta, que por fin empezaríamos a competir en julio no tiene comparación. De hecho, la única que puede rivalizar con esa fue cuando llamé a Gene y después a Gertie para decirles que habíamos puntuado en nuestra primera carrera.

Cuando se conoció la noticia, todo el mundo estaba encantado. Recuerdo que me sentí muy aliviado, pero al mismo tiempo emocionado. Algo en lo que ni siquiera pensé en aquel momento fue en lo competitivos o no que podríamos ser. Por la forma en que los otros equipos habían seguido desarrollando e invirtiendo en sus coches, sabía cuál sería la respuesta. Sin embargo, el equipo volvía a estar unido, por los pelos, la Fórmula 1 estaba muy activa y nosotros íbamos a volver a competir por primera vez en ocho meses. La vida era bastante buena.

Como habíamos previsto, llegar a Spielberg para la doble cita austriaca sin ningún aficionado esperando fue un poco raro. Pero no podíamos hacer nada y, como ya sabéis, no pierdo el tiempo preocupándome por cosas que se escapan a mi control. Hubo cosas positivas, por ejemplo, poder movernos con más libertad por el circuito, pero como siempre digo, soy una persona sociable, así que prefiero a los aficionados antes que la libertad. Lo que también me pareció un poco inquietante al principio fue la falta de ruido en el circuito, y ni siquiera pude deshacerme de esa sensación con los coches en la pista. Además de ser uno de los circuitos con mayor capacidad de público en el calendario, con aforo para unos cien mil espectadores, el Red Bull Ring es un circuito ondulado y los seguidores en las gradas forman parte del paisaje. Como tal, echamos mucho de menos tenerlos allí.

La realidad de lo bueno que era el coche y de dónde podíamos estar en comparación con los demás equipos se hizo evidente casi de inmediato, cuando en la clasificación Kevin y Romain se colocaron decimosexto y decimoséptimo respectivamente. Luego, durante la carrera, mientras ambos corrían justo por detrás del décimo puesto, sufrieron problemas de frenos y se vieron obligados a retirarse. Lo único positivo de la carrera fue que los dos pilotos dijeron que, a pesar del problema con los frenos, el coche tenía potencial para competir. Si hubiéramos podido seguir desarrollándolo, habría sido una buena noticia, pero estábamos atados de pies y manos.

En la segunda carrera de la doble jornada, denominada Gran Premio de Estiria (por el nombre del estado en el que se encuentra el circuito), los resultados fueron mejores. Ambos coches consiguieron terminar, gracias a Dios, y quedamos justo por debajo de los diez primeros, con Kevin duodécimo y Romain decimotercero. Aunque esto era prometedor, tuvimos que controlar nuestras expectativas. A nuestro favor teníamos un equipo muy motivado, consciente de nuestra situación y dispuesto a hacer todo lo posible para compensar la falta de desarrollo. En la práctica, probablemente tendríamos que confiar en la suerte o en la estrategia para conseguir algún logro, pero ya nos parecía bien.

En la tercera carrera, en Hungría, esto dio sus frutos gracias a una decisión muy valiente que se tomó durante la vuelta de formación. El clima húmedo previo al inicio de la carrera hizo que la parrilla se alineara con intermedios, excepto Kevin, que empezó con neumáticos de lluvia, aunque al final de la vuelta de formación, nuestros dos coches entraron en boxes y cambiaron a medios. Aunque esto significó que Kevin y Romain empezaron la carrera desde la calle de boxes, en pocas vueltas Kevin estaba en la tercera posición y Romain en la cuarta. Por supuesto, las cosas cambiaron una vez que los otros coches entraron en boxes, pero gracias a una buena gestión de los neumáticos, Kevin terminó la carrera noveno, mientras que Romain llegó decimoquinto, pero condujo bien. Por desgracia, Kevin recibió una penalización de diez segundos después de la carrera (si no recuerdo mal, fue algo relacionado con las comunicaciones durante la vuelta de formación), pero aun así consiguió la décima posición, lo que significaba un punto.

A pesar de los esfuerzos de todos por mantener el deporte completamente libre de covid-19, dado el número de personas que componen la comunidad de la Fórmula 1 era inevitable que, en algún momento, alguien diera positivo. Salimos de Austria sin un solo caso, lo cual fue asombroso, pero durante el fin de semana del Gran Premio de Hungría dos personas dieron positivo. No habían asistido a Austria y las pusieron en aislamiento enseguida, pero nos hizo darnos cuenta de lo susceptible que es este deporte. Por otra parte, dos positivos después de tres grandes premios en dos países diferentes no era un mal resultado.

En lugar de seguir subiendo posiciones desde Hungría y afianzarnos en la zona media de la clasificación, que era lo que esperábamos antes del covid-19, empezamos a terminar las carreras en las últimas posiciones, junto a

Alfa Romeo y Williams. Nos gustara o no, ahí era donde nos tocaba estar por el momento y no teníamos otra opción que agachar la cabeza, continuar luchando y esperar oportunidades como la que se materializó en Hungría. A medida que los demás equipos seguían desarrollando e introduciendo mejoras en sus coches, la diferencia se hacía cada vez mayor y, con muy poca suerte y casi ninguna oportunidad estratégica a la vista, cuando, a mediados de noviembre, llegamos a Turquía, la decimocuarta carrera, solo contábamos con tres puntos.

La siguiente carrera fue Baréin, que a lo largo de los años había sido un escenario bastante propicio para nosotros. Por otra parte, todos estábamos un poco cansados. No solo físicamente, sino también hartos de que nuestra definición de éxito hubiera pasado de ser un doblete de puntos o una clasificación en tercera línea de la parrilla a que uno de nuestros pilotos entrara en la Q2 y el otro no se retirara. No podía permitir bajo ningún concepto que esto quedara en evidencia, ni ante los medios de comunicación ni ante el equipo. Todos eran conscientes de lo que estaba pasando, pero yo tenía que seguir recordándoles que había luz al final del túnel. Ojalá no hubiera estado tan lejos.

Nuestros resultados en las clasificaciones después de Hungría habían sido tan poco alentadores como en las carreras, y en Baréin seguimos por el mismo camino cuando salimos en la decimoctava y decimonovena posición. El único coche potencialmente peor que el nuestro en 2020 era el de Williams. Por otra parte, sin querer faltarle el respeto a Nicholas Latifi, si el equipo hubiera tenido a alguien del calibre de George Russell conduciendo sus dos coches, podrían habernos hecho la competencia. Así de mal se habían puesto las cosas.

El inicio de la carrera transcurrió sin incidentes, y en la segunda curva Romain había conseguido ganar dos puestos y Kevin uno. El ángulo de la cámara en este punto era una toma aérea, que hace más difícil identificar los coches, y unos segundos más tarde, mientras pasaban por la curva tres, uno de los coches de la zona media se desvió de repente y se fue directo contra el guardarraíl antes de estallar en llamas. En todos mis años en el automovilismo nunca había visto nada parecido. Era un infierno. No sabía quién era el conductor, pero mi pensamiento inmediato fue que debía haber muerto en el acto.

La siguiente toma en la pantalla frente a mí mostraba el coche completamente partido completamente en dos. La mitad delantera, que incluía la cabina, había traspasado el guardarraíl y estaba detrás de un muro de llamas, mientras que la mitad trasera estaba a la vista, a la izquierda del fuego. A pesar de la escena que tenía delante, solo podía fijarme en una sola cosa. El color de lo que quedaba del coche era blanco, y sobre él había unas letras rojas. Era uno de los nuestros.

En un esfuerzo por ganar otra posición, Romain había golpeado el Alfa Tauri de Daniil Kvyat, lo que le había hecho rebotar contra el guardarraíl. En el momento del impacto iba a unos 233 kilómetros por hora y llevaba unos cien kilos de combustible, de ahí la bola de fuego.

—¿Quién es? —le pregunté a Ayao.

—Romain.

En ese momento, el director de televisión estaba pasando de una cámara situada en un helicóptero que sobrevolaba el lugar del accidente a otra que se encontraba al otro lado de la pista, frente al lugar del accidente. Miré atentamente la pantalla, rezando por ver alguna señal de vida, pero no había nada. Solo distinguía la mitad trasera de un coche, un guardarraíl mutilado y muchas llamas. La toma aérea resultaba, con diferencia, la más angustiosa, ya que ni siquiera se veía la parte delantera del coche. Algunos comisarios llegaron al lugar con extintores, pero las llamas eran demasiado grandes para que pudieran hacer nada. Llevaba el tiempo suficiente en el automovilismo como para saber que si Romain no salía en breves, mis temores iniciales se confirmarían. No me cabía en la cabeza que alguien pudiera sobrevivir a algo así.

El inquietante silencio del que hablaba antes, al no haber aficionados en el circuito, no era nada comparado con esto. Los coches seguían moviéndose a paso de tortuga y se dirigían a boxes. Nadie en la calle de boxes dijo una palabra. Todo el mundo se limitaba a mirar las pantallas y rezar por recibir buenas noticias.

Mientras miraba la pantalla, mi cerebro reaccionó y enseguida pedí silencio por la radio del equipo. Cualquier cosa que dijéramos ahora se transmitiría a todo el mundo, y por el bien de los espectadores, y en particular de la familia de Romain, era mejor que no contáramos nada.

Después de lo que por lo visto no fue más de medio minuto, pero que me pareció más bien una hora, empecé a ver movimiento al otro lado del guardarraíl. El infierno seguía ardiendo, pero después de unos segundos distinguí a Romain.

—¡Es él, ha salido! —exclamó Ayao.

Romain había salido del coche, pero no del incendio, y seguía detrás del guardarraíl. Por suerte, mientras las llamas aún lo envolvían, uno de los miembros del equipo médico roció un extintor directamente sobre él a la vez que otro lo ayudaba a saltar la barrera. Fue un acto de valentía increíble. Esos tipos son héroes.

No estaba seguro, pero Romain parecía estar bien, así que mis pensamientos se volvieron hacia su familia. No tenía ni idea de si habían estado viendo la carrera o no, pero teníamos que hacerles saber lo antes posible que estaba fuera del coche. Después de avisarles, informamos a

Jean Todt, que es un buen amigo de Romain, y luego al resto del mundo.

En cuanto tuve la certeza de que la noticia se estaba difundiendo, empecé a preguntar sobre el estado real de Romain. Según uno de los funcionarios médicos, había insistido en caminar hasta la ambulancia para que la gente supiera que estaba bien, y luego lo habían llevado al hospital más cercano. Sus heridas tampoco ponían en peligro su vida. De hecho, solo se quejaba de que se había quemado las manos.

La única vez que viví algo parecido al accidente de Romain fue en mis tiempos de *rallies,* cuando en octubre del 2000, durante la novena etapa del Tour de Corse, Colin McRae se salió por el interior de una curva rápida a la izquierda y se precipitó unos quince metros en un río hasta aterrizar boca abajo. Mientras su copiloto, Nicky Grist, consiguió ponerse a salvo, Colin se quedó inconsciente y atrapado en el coche. Aunque no vi el accidente (nadie lo hizo), simplemente por la velocidad a la que viajaban me temí lo peor, y cuando los comisarios encontraron a Colin, lo dieron por muerto. Por suerte no fue así (había sufrido una fractura de pómulo y una contusión pulmonar), aunque los bomberos tardaron casi media hora en liberarlo. Pensar que alguien puede haber muerto en un accidente es muy distinto a verlo en el lugar de los hechos y creer que así ha sido. Ese también fue un día bastante traumático.

Por la tarde, fui a visitar a Romain al hospital. En lugar de llevarle flores y uvas y llorar a los pies de su cama, me quedé allí sentado tomándole el pelo y llamándolo idiota. ¿Qué otra cosa cabía esperar? A pesar de todo, estaba de muy buen humor, incluso cuando yo me encontraba allí. No correría en mucho tiempo, pero las quemaduras de las manos no eran graves.

Hay dos cosas que le salvaron la vida ese día: el halo, que lo protegió en el impacto y cuando la mitad delantera del coche atravesó el guardarraíl, y la ropa ignífuga, que obviamente lo protegió del incendio. Esta indumentaria acababa de introducirse y aumentaba la protección contra el fuego en un veinte por ciento. Pero fue el halo lo que le salvó la vida, sin él habría muerto en el acto. Como otros tantos y yo, Romain también se había mostrado en contra cuando se introdujo el halo por primera vez. Esta fue una prueba concluyente de que todos nos habíamos equivocado y de que Jean Todt y la FIA habían tomado la decisión correcta.

La siguiente carrera era la segunda de una doble cita en Baréin, el Gran Premio de Sajir. Como Romain seguía languideciendo en una cama de hospital mientras fingía estar enfermo, trajimos a nuestro piloto reserva, Pietro Fittipaldi, quien aún forma parte del equipo y es nieto de Emerson Fittipaldi. Lo habíamos contratado a principios de año y había trabajado duro y encajado bien. Además de correr aquí en la penúltima carrera de la temporada, también sustituiría a Romain en Abu Dabi.

Por cierto, el Gran Premio de Baréin se reanudó y lo ganó Lewis, que hacía tiempo que tenía el Campeonato asegurado. Kevin solo consiguió la decimoséptima posición, y en las dos últimas carreras tanto él como Pietro obtuvieron resultados similares. La decepción y la frustración son emociones habituales en el automovilismo y a veces pueden resultar difíciles de manejar, en especial cuando se prolongan en el tiempo. Sin embargo, no son nada comparadas con la angustia y la desesperación que se siente cuando un piloto se estrella y se teme que resulte herido o muerto. De repente, todo se relativiza. Lo primero tiene que ver con el deporte y la competición y, en última instancia, es la razón por la que estamos aquí, pero en lo segundo entra en juego una vida humana. En mi opinión, no hay comparación.

Además de ver cómo un francés desquiciado partía un coche carísimo por la mitad y fracasaba en su intento de ganar puntos en Oriente Medio, el último trimestre del año lo dedicamos a dar los últimos retoques al acuerdo con Uralkali. Contrariamente a lo que quizá se creía, el trato con la empresa rusa fue bueno al principio y las negociaciones se desarrollaron sin problemas. Dmitry Mazepin fue directo, sincero y justo. De hecho, no podíamos pedir más a un patrocinador. Desde entonces he oído docenas de historias terroríficas sobre el trato con empresas rusas, pero yo solo puedo basarme en mi propia experiencia. En aquella época me habían llegado historias sobre patrocinadores que invertían solo para que su hijo corriera y luego se sentían con algún tipo de poder sobre las decisiones del equipo. Nuestro acuerdo tenía ciertas similitudes con estas historias, por supuesto, y yo solo rezaba para que Dmitry y Nikita fueran una excepción.

Nikita Mazepin y Mick Schumacher fueron nombrados sustitutos de Kevin y Romain a principios de diciembre de 2020. Aproximadamente una semana después, Nikita publicó un vídeo de sí mismo en su perfil de Instagram manoseando a una joven en la parte trasera de un coche. En un momento teníamos una nueva alineación de pilotos formada por dos prometedores excompetidores de Fórmula 2, y al siguiente teníamos a un prometedor excompetidor de Fórmula 2 y a un pervertido sexual ruso. Como si el año no pudiera ir peor.

«Haas F1 Team no aprueba el comportamiento de Nikita Mazepin en el vídeo que se ha publicado recientemente en sus redes sociales», declaramos en un comunicado. «Además, el mero hecho de que el vídeo se haya hecho público también nos resulta despreciable. Se está tratando el asunto internamente y no se harán más comentarios por el momento».

No tengo palabras para expresar lo cabreado que estaba. No solo porque fuera un acto estúpido e incorrecto, sino porque acabábamos de anunciar su entrada en categoría más alta de las carreras internacionales de monoplazas. Si hubiera sido un piloto de Fórmula 1 ya en activo, lo habría tirado por un acantilado.

Tras muchas deliberaciones entre nosotros y con el padre de Nikita, que también estaba muy enfadado con él, decidimos darle otra oportunidad y lo anunciamos lo antes posible esperando que para cuando empezara la temporada 2021, todo hubiera quedado atrás. Era su primera infracción, pero para mí y para el equipo ya estaba sobre aviso. Además, Nikita ya había acumulado once puntos de penalización en su licencia por diversas infracciones, por lo que solo le quedaba uno para que lo sancionaran de forma automática.

¿Todo esto era un presagio de lo que vendría la próxima temporada?

¿Qué creéis?

PARADA EN BOXES

LA PARTE POSITIVA DE LA PANDEMIA

La inagotable fuente de fondos de Liberty Media y sus esfuerzos en internet llevaron la Fórmula 1 al siglo XXI, pero hubo otros dos factores que también ayudaron: el covid-19 y *La emoción de un Grand Prix*. Comprendo que el covid-19 fue una tragedia para millones de personas, pero como en la mayoría de las cosas que ocurren en el mundo, siempre se puede encontrar un lado positivo.

Cuando empezaron con los confinamientos a principios de 2020, la serie se había estrenado hacía un año. Entonces, cuando llegó la pandemia y medio mundo se vio obligado a quedarse en casa, la gente empezó a buscar cosas que ver en la tele y, según me han contado, muchos empezaron a ver *La emoción de un Gran Prix*.

Algo que ayudó a mantener y consolidar el impulso que el documental de Netflix había generado fue el hecho de que la Fórmula 1 se convirtiera en uno de los primeros deportes en reanudarse una vez levantadas las restricciones, lo que significó que los antiguos seguidores pudieron volver a disfrutar de ella y los que acababan de aficionarse gracias a la serie tuvieron la oportunidad de ver de qué se trataba en directo. Las personas al mando tomaron una gran decisión con respecto a lo de reanudarla tan pronto, y esto a su vez ayudó a que los nuevos aficionados siguieran interesados en el programa. No tengo ni idea de lo que habría pasado si el covid-19 no hubiera hecho acto de presencia, pero el cambio demográfico en la audiencia de la Fórmula 1 cuando todo se normalizó de nuevo fue increíble.

Antes de *La emoción de un Grand Prix* y el covid-19, en las pocas ocasiones en las que los admiradores me paraban en un circuito durante un Gran Premio (nunca ocurría en otras ocasiones), casi siempre eran hombres de mediana edad. Tras la pandemia, se convirtió en una muestra representativa de la sociedad, o al menos eso parecía. Sé que algunos puristas afirman que el público creado por el programa de Netflix es un grupo de aficionados de pacotilla que desaparecerán en cualquier momento, pero eso es una tontería. Pueden tener un tipo de interés totalmente distinto al de esta gente en el sentido de que se emocionan por aspectos diferentes, pero eso no los hace menos dignos o importantes. He asistido todos los días de cada fin de semana de Gran Premio durante los últimos ocho años, así que creedme cuando digo que a esta nueva oleada de fans les apasiona este deporte, y no digamos ya las personas que se dedican a él, como a cualquiera de los que he conocido antes

En mi caso, el día que me percaté de que algo podría estar cambiado debido a *La emoción de un Grand Prix* fue un par de días después de la emisión del primer episodio en marzo de 2019. Tuve que asistir a una reunión de la Comisión de la Fórmula 1 antes del inicio de la temporada, y tenía muchas ganas porque siempre son increíblemente emocionantes e interesantes. En cuanto entré en la sala, todos los asistentes (los otros jefes de equipo, el director ejecutivo de la Fórmula 1 y el presidente de la FIA) me miraron, dejaron lo que estaban diciendo y empezaron a hablar del programa.

—¿Qué narices le pasa a todo el mundo? —le pregunté a Chase Carey.

—¿No lo has visto? —me contestó.

—¿El qué? *¿La emoción de un Grand Prix?* No, tengo una vida, por si no lo sabías.

—Creo que deberías —añadió—. Puede que te guste. Está chulo.

Mientras todos hablaban, no dejaban de mirarme, y fue entonces cuando decidí que no debía verla. No importaba lo que pensaran, no quería saberlo. Cuando salí de la reunión, intenté olvidarme del programa, y durante unos días lo conseguí. Estaba ocupadísimo con los preparativos para la nueva temporada, así que no prestaba mucha atención al mundo exterior. Entonces, el martes 12 de marzo, embarqué en un vuelo de Los Ángeles a Melbourne con motivo de la primera carrera de la temporada, y fue en ese momento cuando me percaté de que había gente en el mundo a la que nunca había visto y que parecía conocerme, o al menos saber quién era. El avión estaba lleno de personas que viajaban al Gran Premio y durante el vuelo, que duró unas dieciséis horas, debí de mantener al menos veinte conversaciones con completos desconocidos sobre la temporada anterior. Fue una locura. Interesante, pero una locura.

La constatación más evidente del cambio en la afición que se había producido desde la pandemia y el estreno del programa ocurrió cuando me presenté a un acto de firmas de ejemplares el día en que se publicó *Sobrevivir a toda velocidad,* en abril de 2023. El evento tuvo lugar en la librería Waterstones de Piccadilly, en el centro de Londres, a las seis de la tarde, y ese mismo día recibí una llamada telefónica de Henry Vines, el editor, para decirme que se habían vendido todas las entradas. «Por Dios», me dije. «Hay mucha gente enferma en Londres estos días». En el fondo, me sentí bastante aliviado, ya que había imaginado que llegaría a la librería y tendría que pedirle a Gertie que comprara un ejemplar y me lo hiciera firmar. Probablemente, se habría negado.

Pasé el día concediendo todo tipo de entrevistas a emisoras de radio y revistas mientras intentaba, por encima de todo, parecer y sonar inteligente. Al fin y al cabo, ahora era escritor y tenía que comportarme como tal. Luego nos dirigimos a la librería, que estaba a unos quince minutos.

—Mira a todas esas adolescentes haciendo cola fuera —señaló Gertie cuando nos acercamos—. Deben de estar esperando a una estrella del pop o algo así.

La Waterstones de Piccadilly es muy grande, así que supuse lo mismo.

—¿Cuántas sesiones de firmas de libros hay aquí esta noche? —le pregunté a Henry—. No quiero mezclarme con un montón de adolescentes.

—Solo la tuya —dijo con una sonrisa.

—¿Cómo? —soltó Gertie, a punto de escupir un trago de agua—. Eso es absurdo. Guenther es un anciano. Tiene casi sesenta años.

—¡Tengo cincuenta y siete!

En un intento de demostrar lo absurdo que le parecía a Gertie, se echó a reír y luego me miró con lástima, del mismo modo que se mira a un perro viejo al que están a punto de sacrificar.

—No es una broma —aclaró Henry—. Todas las personas de esa cola están aquí para conocer a Guenther.

—¡Ajá! —exclamé triunfante, pero en un leve estado de *shock*.

—No me estarás tomando el pelo, ¿verdad, Henry? ¿De verdad que toda esta gente ha venido a conocerme a mí?

—Sí, te lo prometo. Pero no todas son chicas.

—La mayoría lo son —comentó Gertie enseguida—. Algunas hasta han venido con sus madres. Mira, Guenther.

Señaló a dos adolescentes en la cola que iban acompañadas por dos mujeres.

—Joder, tienes razón.

Lo que me extrañó fue que nuestra hija Greta tenía más o menos la misma edad en aquel momento, y cuando había tenido que acompañarla a a algún acto solía tratarse de una competición de natación o algo similar, no de una firma de libros protagonizada por el hijo de un carnicero venido de las montañas, allí donde falta el aire.

—¿Qué crees que pensaría Greta de todo esto? —le dije a Gertie.

—Creo que lo encontraría divertidísimo. Raro, pero gracioso.

Al verlo más de cerca, diría que alrededor del cincuenta por ciento de las personas en la cola eran mujeres, y había tantos jóvenes como adultos, tal vez aficionados a las carreras más tradicionales. Es más, cuando me vieron salir del coche y caminar hacia la puerta principal de la librería, empezaron a gritar y a agitar las manos en el aire. No me importa admitir que al principio me dio un poco de vergüenza, sobre todo porque me acompañaba Gertie, que seguía negando con la cabeza a mi lado y diciendo lo ridículo que era todo aquello. Pero también me hizo sentir humilde. La mayoría de mis experiencias anteriores con el público se habían producido, como acabo de decir, durante un fin de semana de Gran Premio, así que por muy entusiastas y amables que fueran los espectadores (y lo han sido siempre desde que todo esto empezó), no estaban allí para verme solo a mí. Sin embargo, esta gente sí, y eso me hizo sentir inquieto.

Después de la firma, que transcurrió muy bien y concluyó con la venta de trescientos libros, con sus trescientas dedicatorias y firmas, lo que al final me resultó increíblemente doloroso, y unas cuatro mil fotos, volví a la habitación del hotel con Gertie.

—Sigo sin entender por qué había tantas adolescentes —comentó ella.

—Debe de ser por mi personalidad —contesté al mismo tiempo que me echaba en la cama.

—Probablemente —afirmó ella—. Bueno, reconozcámoslo, desde luego no es por tu físico.

2021

LA RECONSTRUCCIÓN

Qué ganas tenía de llegar a la temporada 2021… Ah, no. Creo que lo único positivo de este año fue que empezamos la temporada convencidos de que nuestros resultados serían desastrosos, y vaya si lo fueron. Ojalá hubiera ocurrido lo mismo en cuanto al drama y los dolores de cabeza. Por otra parte, si no hubiera habido dramas ni dolores de cabeza en mi vida, estaríais leyendo la *Guía para alcanzar la serenidad de Guenther Steiner,* o algo así.

En fin, vamos a intentarlo y a ver si puedo hablar de ello sin echarme a llorar.

Una de las tareas más difíciles de cara a la temporada 2021 para mí fue regenerar el equipo en su conjunto y convertirlo de nuevo en una entidad operativa. Además de tener que despedir a gente en Italia, durante la pandemia algunos de nuestros empleados en el Reino Unido y en Estados Unidos habían decidido marcharse por diversas razones, de modo que, aparte de haber estado parado durante varios meses, el equipo estaba incompleto.

Otro proyecto de reconstrucción con el que tuve que lidiar antes del inicio de la temporada fue nuestra relación con los proveedores. Muchos de ellos también habían paralizado su actividad en 2020 y fue duro intentar reavivar las relaciones (o encontrar nuevos proveedores) y al mismo tiempo renegociar las condiciones. Algunos de ellos respondieron, pero otros no, lo cual resultó complicado.

Aun así, el efecto que ello tuvo en el equipo facilitó tanto esta tarea como la campaña de contratación. Para ellos, la llegada de nuevos empleados y de proveedores antiguos y nuevos a nuestras instalaciones significaba progreso, y así fue. El nombramiento más importante, con diferencia, y el que más efecto tuvo, fue el de nuestro nuevo director técnico, Simone Resta. Simone dirigía el departamento de chasis de Ferrari cuando nos pusimos en contacto con él. Además de pasar una breve temporada trabajando para mi amigo Fred Vasseur en Alfa Romeo, entre 2014 y 2018 Simone había sido diseñador jefe de Ferrari.

Como nuestra operación técnica en Italia también se había interrumpido en 2020, Simone resucitaría todo el departamento. Por suerte para nosotros, cuando se impuso el límite presupuestario, en Ferrari se dieron cuenta de que tendrían que despedir a algunas personas y, cuando esto ocurrió, las contratamos nosotros. Por supuesto, esta es una versión reducida de lo que ocurrió, pero ya me entendéis. El nacimiento de un nuevo equipo técnico en Maranello significó el comienzo de nuestro futuro, ya que serían los responsables de diseñar un coche que nos haría competitivos de nuevo. Por fin volvíamos a ver la luz al final del túnel. Eso, más que nada, fue la inyección de moral que todos necesitábamos.

Pero, antes, aún teníamos que afrontar un pequeño asunto: una prueba de pretemporada y veintidós carreras en los cinco continentes. Al menos perseguíamos un objetivo, dar a dos pilotos debutantes una temporada llena de experiencia como preparación para pilotar el nuevo coche.

Antes de contratar a Simone y de formar su equipo, la mayor lucha que tenía entre manos era mantener a todo el mundo motivado. Excepto a los pilotos, por supuesto.

Eran como dos niños que llevaban una semana encerrados en una tienda de chucherías, y cuanto más nos acercábamos al inicio de la temporada, más entusiasmados estaban. Menuda oportunidad, ¿eh? Los chicos correrían con un coche de Fórmula 1 durante una temporada en los circuitos más emblemáticos del mundo y contra algunos de los mejores pilotos del planeta y sin ningún tipo de presión o expectativa. Algunas personas darían cualquier cosa por una oportunidad así.

En realidad, aunque no juzgaríamos a Mick y Nikita por sus resultados, sí lo haríamos por su rendimiento tanto dentro como fuera de la pista, por no hablar de su comportamiento. Si alguna vez había que motivarlos, sería por razones distintas de las que acabo de mencionar, y yo me ocuparía de ello cómo y cuándo fuera.

Con el equipo era ligeramente distinto. La retención de empleados siempre había sido bastante buena en Haas y existía un vínculo de confianza que se había formado a través de la experiencia mutua. Si todos hubiéramos sido nuevos, entre nosotros habría sido diferente, pero a finales de 2020 ya éramos veteranos (o la mayoría de nosotros lo éramos), como colegas y como miembros de la comunidad de la Fórmula 1. Sin querer parecer demasiado sentimental, algo por lo que no se me conoce mucho, había una sensación dentro del equipo de que en 2021 podríamos superar casi cualquier cosa. Esto, aunque desalentador a veces y no precisamente inspirador, no era más que otro reto. Saldríamos adelante, como siempre. Solo tenía que recordárselo, y lo hice. Mucho.

Una de las preguntas que más me hacen sobre la temporada 2021 es cuáles eran mis expectativas para Nikita Mazepin, con lo que daban a entender, creo yo, que como no lo hizo tan bien por qué demonios lo puse en el coche. ¿Aparte del dinero? Eso fue un factor importante, por supuesto, pero durante el Mundial de Fórmula 2 de 2020 Nikita ganó dos carreras, consiguió otros cuatro podios y terminó solo por debajo de Mick, Callum Ilott, Yuki Tsunoda y Robert Shwartzman. Podrán decir lo que quieran de él, pero no está nada mal.

Como ya sabéis, en cuanto a resultados no teníamos ninguna expectativa con Nikita, pero basándome en su historial y en el hecho de que poseía cierto talento natural, esperaba que pudiéramos convertir a este joven piloto competente, prometedor y con algunos buenos resultados en su haber, en un piloto de Fórmula 1 decente. ¿Alguna vez pensé que llegaría a ser campeón del mundo? Por supuesto que no. En la historia de la Fórmula 1 ha habido solo 34 campeones mundiales y 776 pilotos. Me gusta soñar tanto como a cualquier idiota, pero en el fondo soy realista. Y, además, no era eso lo que buscaba en él.

He estado intentando pensar en equivalentes a Nikita de mis tiempos en el *rally* o en Jaguar, pero no se me ocurre ninguno. En los *rallies* hay algo llamado piloto privado, que son en esencia tipos ricos que quieren participar. Sin embargo, conocen sus limitaciones y lo hacen solo porque disfrutan con ello. Y porque se lo pueden permitir, claro. Nikita estaba en un nivel diferente, en términos tanto de su edad como de lo que podía permitirse, que era básicamente todo lo que quería.

Una cosa que descubrí enseguida de Nikita fue que ser hijo de un oligarca le resultaba tanto un obstáculo como una ventaja, no solo desde el punto de vista financiero, sino también cultural. Como procedía de un entorno tan rico, no tenía nada en común con nadie del equipo. No digo que tener dinero sea malo o bueno, solo es diferente. La gente no podía identificarse con él y viceversa. Al principio no supuso un gran problema, pero sí que lo haría más adelante, como explicaré después. Las diferencias culturales entre Nikita y el equipo también fueron problemáticas, y debió de ser tan duro para él como para nosotros. De hecho, diría que para él fue más difícil, ya que a veces se sentía aislado.

Otra cosa que aprendí de trabajar con Nikita (y con su padre) fue que siempre se creaban situaciones extremas. Era agradable o terrible, blanco o negro. Nunca había nada intermedio. Tal vez eso sea algo normal en la sociedad rusa, pero no facilita la gestión de una persona o de un equipo, y a veces me resultaba desconcertante. ¿Quizá esa fuera la idea? ¿Una forma de control? En última instancia, sin embargo, cuando el 9 de marzo de 2021 llegamos a Baréin para la primera y única prueba de pretemporada, le tocaba demostrarme que había tomado la decisión correcta y aprovechar la oportunidad al máximo. Después de todo, ¿cuántos pilotos potencialmente capaces, pero que están demasiado abajo en la jerarquía, tienen la oportunidad de correr en la Fórmula 1? Casi ninguno.

Esto no lo sabe demasiada gente, pero Mick Schumacher ya había conducido tanto un Haas como un Ferrari de Fórmula 1 antes de las pruebas en Baréin. En 2019 pilotó para Ferrari en una prueba de temporada, y en el Gran Premio de Abu Dabi de 2020, solo tres meses antes, había sustituido a Kevin en una de las sesiones de práctica. Así que decidimos enviarlo primero a las pruebas de pretemporada de 2021, ya que la primera sesión suele ser un viaje a lo desconocido. Tener un poco de experiencia, especialmente en este entorno, puede ser útil.

Como nos temíamos, Mick experimentó algunos problemas hidráulicos la mañana del primer día, lo que acortó su sesión, pero el único otro asunto del que informó fue una tormenta de arena, que se prolongó durante toda la sesión de tarde con Nikita, aunque no le causó ningún problema y pudo realizar un programa completo. Fue entonces cuando noté la diferencia que había entre Mick y Nikita. El primero, que ya había pilotado un Fórmula 1 y en condiciones de prueba, era más considerado y, me atrevería a decir, más profesional. Eso no quiere decir que Nikita fuera poco profesional. No lo era. Solo era un joven que pilotaba un Fórmula 1 por primera vez y que probablemente había soñado con ello durante años.

A la mañana siguiente, en la primera sesión, Nikita dio setenta vueltas, incluida una simulación de carrera. A Mick, que había tenido un primer día frustrante, le fue mucho mejor y logró dar unas impresionantes ochenta y ocho vueltas. La jornada también incluyó una simulación de carrera y concluyó con algunas paradas en boxes con el equipo completo.

El tercer día transcurrió bien para ambos pilotos y terminamos la prueba habiendo completado casi cuatrocientas vueltas. Y lo que es más importante, pudimos someter a los dos pilotos a una serie de procedimientos que les servirían de preparación para la próxima temporada. El comportamiento de Mick durante toda la prueba fue ejemplar. Se mostró educado con todo aquel con el que se cruzó y siempre tuvo una sonrisa en la cara. Se había comportado igual en Abu Dabi el año anterior y eso complementaba su conducta en la pista.

En cuanto a Nikita, su comportamiento dentro y fuera de la pista durante toda la prueba resultó muy correcto. Fue humilde, atento, transmitió bien la información e hizo exactamente lo que se le dijo. Lo único que no experimentó durante la prueba fueron problemas reales ante los que podría haber reaccionado diferente. Por lo tanto, aún no teníamos ni idea de qué esperar de Nikita en un entorno de competición. Ni tampoco de Mick. Pero habíamos hecho todo lo posible y solo nos quedaba esperar lo mejor.

LA TEMPORADA

En una temporada repleta de drama y sucesos polémicos, me he estado devanando los sesos intentando recordar dónde empezó todo, es decir, cuándo se produjo el primer acontecimiento conflictivo de 2021. La decisión de Nikita de grabarse mientras le metía mano a una chica en la parte trasera de un deportivo y luego publicarlo en las redes sociales la semana después de confirmar que contábamos con él habría ganado sin duda, pero eso ocurrió en 2020, por lo que no cuenta. No, el primer acontecimiento polémico que recuerdo de 2021 fue cuando presentamos los colores del nuevo coche. O debería decir, el nuevo coche viejo.

Causó revuelo por dos motivos. En primer lugar, porque utilizamos los colores de la bandera rusa y nosotros éramos un equipo estadounidense (aunque, para ser justos, también podrían haber sido los colores de las barras y estrellas, por no mencionar la bandera de Reino Unido o la tricolor francesa, pero era evidente que no lo eran); y en segundo lugar, porque en diciembre de 2020 el Tribunal de Arbitraje Deportivo había impuesto una prohibición de dos años en relación con el dopaje patrocinado por el Estado ruso y su encubrimiento en los Juegos Olímpicos de Invierno de 2014 tras las investigaciones de la Agencia Mundial Antidopaje (AMA). En febrero de 2021, la Federación Rusa de Automovilismo confirmó que la prohibición se extendería a la Fórmula 1, lo que significaba que Nikita no podría correr bajo la bandera rusa. Además, tampoco podía utilizar banderas rusas, así como la palabra «Rusia» o «ruso» en su equipación.

La confirmación de la Federación Rusa de Automovilismo de que el veto se había extendido a la Fórmula 1 se anunció más o menos al mismo tiempo que lanzamos los nuevos colores, por lo que, a pesar de que no estábamos al tanto de dicha ampliación, la AMA nos acusó de tratar de eludir la veda. En realidad, el diseño del coche se había acordado meses antes y no teníamos ninguna intención de hacer tal cosa. Además, a nuestro entender y al de la familia Mazepin, la prohibición de mostrar banderas solo afectaba a los atletas y a su indumentaria. Y no decía nada sobre exhibir los colores de la bandera rusa.

Dada la ambigüedad de la situación y el hecho de que no exhibíamos ninguna bandera rusa en ninguna parte ni la palabra «Rusia» o «ruso», esperaba que la AMA lo dejara pasar, pero en lugar de eso amenazaron con llevar el asunto ante el Tribunal de Arbitraje Deportivo.

—Hablad con ellos —sugirió la FIA—. Dialogad y quizá llegáis a un acuerdo.

Cuando le conté todo esto a Dmitry, me dijo que, llegado el caso, contratara a los mejores abogados, a los que él mismo pagaría, y luchara.

—Solo te permitiré cambiar los colores del coche si te ves obligado a hacerlo por ley —me dijo, lo cual era bastante justo.

Como era de prever, la negociación con la AMA fue un proceso lento y a finales de 2021 todavía no habían confirmado si llevarían el asunto a los tribunales. Tomarían la decisión al año siguiente, cuando Rusia invadió Ucrania (lo que, por supuesto, da para otro capítulo), pero si eso no hubiera ocurrido la historia podría seguir en marcha.

La segunda polémica que recuerdo a principios de 2021 tuvo lugar a los pocos minutos de la Q1 del Gran Premio de Baréin. Aparte del problema de la AMA, todo había ido bastante bien desde los entrenamientos y, aunque no esperábamos milagros en Baréin (ni en ningún otro sitio), estábamos deseando ver a nuestros dos debutantes en la parrilla. Además, dado que los Williams y los Alfas eran casi tan malos como nuestro coche, esperábamos que incluso tuvieran rivales contra los que competir.

Existe un pacto entre los pilotos de Fórmula 1 por el que no se adelantan en el sector final de las vueltas de clasificación. Nikita no solo hizo eso durante la Q1, sino que lo empeoró al hacer un trompo y, de paso, impedir que Sebastian Vettel y Esteban Ocon marcaran mejores tiempos. Sebastian recibió una penalización de cinco posiciones en la parrilla por no reducir la velocidad después de que Nikita hiciera un segundo trompo, lo que significa que, tras haberse clasificado originalmente decimoctavo por delante de Mick y luego Nikita, tendría que salir de la parte trasera de la parrilla, en el vigésimo lugar. Es lógico que Seb no estuviera muy contento con esto.

Para ser justos con Nikita, su primer trompo se debió a un problema con el sistema de frenado por cable que hizo que se bloqueara, y no tenía ni idea de la existencia del supuesto pacto. Como todas estas experiencias, había que tratarla como un aprendizaje.

El tercer incidente controvertido de la temporada 2021 se produjo en la curva tres, durante la primera vuelta de la carrera de Baréin, así que se sucedieron rápidamente. Nikita apretó el acelerador al salir de la curva, pero perdió la trasera y se fue a la grava antes de chocar con las barreras. Martin Brundle lo resumió a la perfección en su comentario: «Como en tantas otras cosas en mi vida, se le fue la mano con el acelerador, perdió el control y causó su propio accidente». Nikita estaba bien, que era lo más importante, pero su coche no, y por desgracia tuvo que retirarse. Un piloto menos después de unos cientos de metros. Aquello estuvo bien, incluso para nosotros.

Para equilibrar la situación, Mick hizo un trompo unas curvas más tarde, después de que saliera el coche de seguridad, aunque no sufrió ningún daño. Si tuviera que destacar algo positivo de la carrera, aparte de que Mick terminó decimosexto, sería que consiguió alcanzar a Latifi y experimentó lo que es seguir a un coche de cerca y contar con el DRS (sistema de reducción de la carga). No es mucho, lo sé, pero es todo lo que teníamos.

Voy a parar con el recuento de «eventos polémicos», porque si no, cuando lleguemos al final del capítulo, podría haber cientos de ellos, y para ser sincero no quiero saber cuántos fueron en realidad.

La segunda carrera de 2021 fue el Gran Premio de Emilia-Romaña en Imola. El fin de semana comenzó de la peor manera posible cuando, hacia el final de la primera sesión de entrenamientos libres, Nikita se estrelló y provocó una segunda bandera roja. Los daños en el coche no fueron graves, afortunadamente, aunque nos costó tiempo en los segundos libres.

Una vez más, y tras haberle pedido que no lo hiciera, Nikita consiguió enfadar a un par de pilotos durante la clasificación al adelantarlos en el último tramo. Antonio Giovinazzi, en particular, estaba furioso porque las acciones de Nikita le impidieron hacer una vuelta rápida. No había mucho que pudiéramos decir sobre la situación, aparte de que volveríamos a hablar con él. No se estaba haciendo querer por el resto de la parrilla, eso seguro. Por otra parte, ¿acaso le importaba una mierda? Probablemente, no. No solo fue una lección para los demás pilotos, también lo fue para mí. Una vez más, Nikita se salvó de tener que empezar vigésimo gracias a otro piloto desafortunado (Yuki Tsunoda), aunque esta vez el ruso no tuvo nada que ver.

¿Qué puedo decir de la carrera? La verdad es que no mucho, aparte del hecho de que, tras hacer un trompo en la grava, Nikita golpeó a Latifi, que acabó contra el guardarraíl y retirándose, y que Mick y Nikita terminaron dos vueltas por detrás del ganador. Un día más en la oficina para Haas y su cada vez más aguerrido director de equipo.

En Portugal, la tercera carrera, hubo más trompos. Esta vez, sin embargo, nada salvó a Nikita de salir el último de la parrilla, con Mick justo delante de él. Resultó aún más difícil encontrar aspectos positivos en esta carrera y el único que se me ocurre es que Mick terminó la carrera un puesto más arriba de lo que se había clasificado. Eso es todo, me temo. Pero ¿qué esperábamos?

Dado que yo había salvado a su equipo de la extinción y, al mismo tiempo, me había asegurado de que apenas tuviera que meterse la mano en el bolsillo durante un año, esperaba un cambio de actitud por parte de Gene de cara a la temporada 2021. Además, había gestionado bien sus expectativas antes de que empezara, y con una honestidad brutal.

—Con dos novatos y sin desarrollo —le dije— seremos los últimos. No se puede hacer nada más, Gene, así que tendrás que hacerte a la idea. Va a ser una temporada muy dura.

Al principio Gene pareció aceptarlo, pero después de tres o cuatro carreras empezó a quejarse.

—Dijiste que iba a ser duro —me comentó—, pero no sabía que lo sería tanto.

—¿De qué estás hablando, Gene? Vamos últimos, como te advertí. No se puede ser el único equipo que deja de lado el desarrollo y esperar alcanzar un puesto mejor. Estamos donde merecemos estar en este momento. A menos que puedas decirme otra cosa.

Ni siquiera esta valoración tan contundente pareció calar en Gene, y sus comentarios y su extrema decepción continuaron durante la temporada. Al final, lo dejé pasar y se convirtió en un ruido de fondo. No quiero parecer irrespetuoso, pero estaba practicando la autopreservación. La situación ya era bastante mala como para que yo perdiera los papeles por culpa de la constante negatividad de Gene. Fuera quien fuera el que hablara, por lo que a mí respecta, si no tenías nada constructivo que decir en ese momento, no me interesaba oírlo. No, gracias.

En la cuarta carrera, en Barcelona, había sucedido algo que, si no se solucionaba enseguida, nos iba a poner las cosas muy difíciles. Con un rendimiento que no mejoraba (por no hablar de su reputación en la parrilla), la actitud de Nikita hacia la gente que lo rodeaba, aquellos quienes intentaban ayudarlo, había comenzado a empeorar. El educado, receptivo, servicial y a veces incluso humilde heredero de una fortuna multimillonaria con el que habíamos trabajado tan estrechamente al principio de la temporada se había esfumado, y en su lugar había aparecido alguien que yo siempre había temido que estuviera ahí, pero que en el fondo esperaba que permaneciera oculto.

A pesar de la presencia de su padre y de que a veces lo acompañaban un par de chicos de su equipo de Fórmula 2, Nikita se sentía aislado. Al fin y al cabo, solo le decían lo que quería oír, así que no recibía consejos objetivos, salvo de la gente que creía que estaba en su contra, que en realidad era su equipo.

Me resultó muy difícil encontrar el equilibrio, como creo que imaginaréis. En realidad, me quedo titánicamente corto. Fue una auténtica pesadilla. Por un lado, tenía a un piloto cada vez más paranoico, que creía que ser grosero con la gente era la mejor manera de conseguir que lo ayudaran y cuyo padre resultaba ser el patrocinador principal, y por otro tenía a un equipo de personas que se sentían intimidadas y cada vez más incómodas.

La situación se había agravado por el hecho de que Mick había superado a Nikita en casi todos los aspectos desde el principio de la temporada. De hecho, después de nueve carreras, Mick ganaba nueve a cero en las clasificaciones y siete a dos en resultados de carrera. Además, en lugar de evitarlo, como estaban empezando a hacer con Nikita, Mick seguía siendo popular en el equipo. Como consecuencia, la relación entre ambos pilotos también empezó a resentirse, lo que empeoraba las cosas.

No era una situación tan distinta a la que habíamos vivido con Romain a principios de 2016, excepto que esta vez tendría un poco más que perder si decidía patearle el trasero al piloto (en sentido figurado). Por otro lado, además de creer que Nikita estaba equivocado, también era mi deber apoyar y proteger al equipo lo mejor que pudiera.

En una sesión informativa tras un entrenamiento previo al Gran Premio de España, durante el cual Nikita se había mostrado grosero y agresivo con su ingeniero, y luego detestable al comienzo de la reunión, le pregunté si podía hablar con él después. Al parecer, Netflix captó un comentario que hice en el muro de boxes durante la sesión después de que Nikita fuera un maleducado con su ingeniero. Le dije: «Por eso te odia todo el mundo». Por desgracia, era cierto; es una pena.

En la reunión que mantuvimos después de la sesión informativa intenté explicarle a Nikita que, al comportarse como un energúmeno con los miembros del equipo, solo conseguiría alejarlos y quitarles las ganas de trabajar con él. Es un argumento bastante sencillo, ¿eh? Quiero decir, ¿cómo demonios lo rebates?

Bueno, Nikita estaba dispuesto a intentarlo al menos. En su opinión, mostrarse educado con la gente tampoco ayudaría a mejorar la situación, y en lo que a él respectaba, ser grosero con el equipo y enfadarse con todo el mundo era perfectamente aceptable. Me dijo que no pretendía caerles bien, cosa que me pareció comprensible, pero lo que no entendí fue su desprecio hacia la buena educación, no solo como algo que debería practicarse dentro de un equipo por norma, sino como algo que podría ayudarlo a salir de una situación tan catastrófica. En aquel momento parecía una cuestión cultural, pero más definida por la educación que Nikita había recibido que por su nacionalidad.

Lo más frustrante era ver que, de forma lenta pero segura, Nikita estaba empezando a mejorar su rendimiento. Nada exagerado, pero si hubiera tenido el sentido común de agachar la cabeza y trabajar duro con el equipo como había estado haciendo Mick, no solo podría haberse convertido en un mejor piloto de Fórmula 1, sino que también habría cambiado la opinión que tenía la gente sobre su presencia en el deporte. Como hijo de un multimillonario, que a pesar de tener talento no estaba ahí por mérito propio, Nikita tenía mucho que demostrar, pero Mick también. La diferencia es que este debía demostrar que era digno del apellido Schumacher.

El quid del argumento de Nikita tenía que ver con algo que más tarde bauticé como «el escándalo del chasis», y que había salido a la luz durante el fin de semana de la segunda carrera en Imola. Llevaba quejándose y soltando groserías desde la primera carrera, pero esto llevó la paranoia de Nikita a un nivel completamente diferente, por no hablar de mi presión arterial.

Lo primero que supe fue que Nikita empezó a reclamar a su ingeniero de carrera que Mick era más rápido que él en la recta. Enseguida pasó a afirmar que Mick conducía un coche diferente al suyo y que esa era la causa de su bajo rendimiento. Volvemos a la diferencia entre razones y excusas, y esta vez no había ninguna razón a la vista. Intenté recordarles varias veces a Nikita y Dmitry que, como equipo, estábamos obligados por contrato a proporcionar a cada uno de nuestros pilotos el mismo material y apoyo, pero no me creyeron. A Nikita se le metió en la cabeza que Mick tenía ventaja y ahí se acabó todo.

La carrera de Barcelona empeoró las cosas, porque Mick hizo una buena carrera y Nikita no, y cuando llegamos a Silverstone, en julio, las cosas se habían deteriorado aún más. En un último intento de demostrar que Mick conducía un coche diferente al suyo, el padre de Nikita pagó para que le fabricaran un chasis nuevo a su hijo después de afirmar que el que le habíamos proporcionado se flexionaba y le dificultaba controlar el coche.

En efecto, veinte años antes, los chasis se flexionaban a veces debido a los intentos de hacerlos lo más ligeros posible. Este defecto desapareció con la introducción de las pruebas de impacto lateral. Después de eso, pasó a ser cosa del pasado. Intenté explicárselo a Nikita y Dmitry, pero me hicieron caso omiso y siguieron adelante con la fabricación de uno nuevo. Una cosa que quería decirles, pero no pude, es que, en mi opinión, los problemas del coche se debían a la falta de experiencia de Nikita, que podría haber progresado si hubiera seguido trabajando con nosotros y hubiera cambiado de actitud.

Como era de esperar, el nuevo chasis no mejoró en absoluto el rendimiento del ruso, lo que provocó que él y su padre recurrieran al plan B, que consistía en amenazar con retirar el patrocinio. Tuve que recordarle a Dmitry que, si lo intentaba, Nikita se quedaría sin coche, lo que zanjó el asunto bastante rápido.

Mientras todo esto sucedía, evité volverme completamente loco involucrándome cada vez que podía en lo que sucedía en Italia. Además de ser nuevo en el equipo, Simone Resta era nuevo en el puesto de director técnico, y quería asegurarme de que estaba bien y de que él y su equipo tenían todo lo necesario para hacer que tuviéramos un coche competitivo de cara a 2022. Al final, gracias a mis sermones sobre que teníamos un futuro brillante, el progreso de Simone y su equipo constituyó el motor de todo el equipo.

No estoy seguro de cuál fue el catalizador, pero a medida que avanzaba la temporada la actitud de Nikita empezó a mejorar poco a poco y, milagrosamente, también lo hicieron sus carreras. Volvió a ser el mismo que durante las pruebas: educado, considerado, humilde y accesible. Los resultados siguieron siendo iguales hasta el final del año, lo que no fue culpa suya, pero empezó a tener menos accidentes y de vez en cuando daba con el ritmo adecuado. Además, los miembros del equipo dejaron de temerlo y evitarlo, y Nikita consiguió encontrar su sitio en el equipo.

Desde mi punto de vista, fue agradable verlo expresar otras emociones además de la rabia y la frustración. También comprendí lo que significaba para él estar en la Fórmula 1, ya que, tras cometer un error en la sesión de clasificación de São Paulo, además de pedir disculpas al equipo, casi se echa a llorar en una entrevista posterior. Lo sé, ¿Guenther Steiner hablando bien de Nikita Mazepin? ¡Llamad a los putos periódicos! Escribí este párrafo, al igual que todos los demás que componen mi segunda obra literaria de calidad, en retrospectiva, y ahora soy mucho más consciente de los retos a los que Nikita tuvo que enfrentarse al llegar a este mundo.

Como he dicho antes, creo que su origen privilegiado fue, en algunas situaciones, tanto un obstáculo como una ventaja, pero al final de la temporada 2021 se había convertido en uno más del equipo. No era la pieza perfecta, ni mucho menos, pero conocía las reglas del juego y quería mejorar todo lo posible y formar parte del equipo. Tardó un tiempo en conseguirlo, pero no se puede pedir mucho más a un novato.

2022

LA LUZ AL FINAL DEL TÚNEL

Me preocupaba un poco empezar esta sección, porque ya he escrito un libro de trescientas páginas sobre la temporada 2022. Tras releerlo recientemente, considero que un relato reflexivo de lo que ocurrió entonces será muy diferente del relato reactivo que escribí en el momento. Creo que también habrá muchas menos palabrotas. Por otra parte, si has leído *Sobrevivir a toda velocidad,* es imposible que haya más palabrotas. Como acabo de decir, se trata de un relato reactivo ante una temporada bastante agitada y estresante. En este libro no he maldecido tanto y eso se debe a que estoy relajado, tranquilo y en plan zen. De hecho, estoy más feliz que un cerdo cubierto de mierda. En fin, vamos allá.

Mi mentalidad al entrar en 2022 era la opuesta a la que tenía al principio de 2021, o incluso en 2020. Aunque la pandemia aún no se había apoderado de nosotros a principios de 2020, habíamos tenido un 2019 desastroso y la podredumbre ya había empezado a asentarse con respecto a la forma en que yo quería hacer las cosas y cómo Gene las hacía; es decir, yo quería que él invirtiera para que pudiéramos avanzar y él, no. Mi mentalidad y mi estado de ánimo en ese momento eran mucho más parecidos a los que había tenido de 2016 a 2018, y eso era bueno. Muy bueno.

Para ser sincero, de no haber sido por el límite presupuestario que obligó a la Scuderia a despedir a gente, no habríamos conseguido todo el progreso en el diseño para 2022 que habíamos estado realizando durante el año anterior, ya que reunir a todo un equipo de diseño experimentado en cuestión de unas pocas semanas habría sido imposible. La mayoría era gente a la que ya conocía personalmente y que no solo entendía el modelo de negocio que había detrás del Haas F1 Team, sino también cómo funcionaba el equipo día a día. A pesar de eso, y de conocerme en persona, seguían dispuestos a venir a trabajar con nosotros, lo cual era increíble.

Solía pensar que había sido cuestión de suerte el poder reunir un equipo así tan rápido y que habíamos estado en el lugar adecuado en el momento correcto. Pero si no nos hubiéramos asociado con Ferrari, nunca habría ocurrido. En este mundo, uno se labra su propia suerte y, sin querer parecer pretencioso (aunque volveré a hacerlo), es algo que a mí siempre se me ha dado bastante bien.

La moral del equipo en 2022 era similar a la mía, como en los viejos tiempos. Sin embargo, había una cuestión que me preocupaba un poco. No importa lo animado o motivado que te sientas, si te has pasado dos años en punto muerto y sin esperanza, que es básicamente donde habíamos estado desde el comienzo de la pandemia, no vas a estar todo lo espabilado que deberías. O, para utilizar un término deportivo que he oído muchas veces, pero que no tengo ni puta idea de dónde viene, no estarás en forma para el partido.

Además, no teníamos que dar razones ni excusas de por qué habíamos rendido por debajo de lo esperado. A veces me justificaba ante Gene, pero ya estaba acostumbrado. Aunque estos motivos eran legítimos, lo cierto es que nos desligamos de tener que enfrentarnos a cuestiones como la culpabilidad y la responsabilidad. No del todo, por supuesto, pero sí de la parte que te impulsa a rendir en un entorno competitivo. Todo lo que podía hacer para contrarrestar esa posible falta de ventaja era concienciar al equipo de que podía darse. Solo reaparecería cuando volviéramos a luchar por los puntos.

La relación con Uralkali y la familia Mazepin siguió siendo correcta en 2022. De hecho, si tuviera que describirla con una palabra, probablemente la calificaría como neutral, que dadas las circunstancias era lo mejor que cualquiera de nosotros podía esperar. Ellos también estaban deseando que volviéramos a ser competitivos, aunque en el fondo no podríamos afirmar nada hasta la llegada de las pruebas. A pesar de todo lo que había pasado entre nosotros en 2021, los Mazepin estaban al tanto de la situación desde el primer día y siempre habían creído en nuestra visión de relanzar el equipo como una entidad competitiva de cara a 2022.

Lo que hacía la situación aún más inquietante era que, como de costumbre, no teníamos ni idea de lo que tramaban los demás. Como imaginaréis, esto siempre te ronda por la cabeza cuando eres director, pero si encima estás intentando sacar a tu equipo de una montaña de mierda, puede torturarte todavía más. Por fortuna, siempre he sido bastante experto en ignorar los «y si…», de modo que, por el bien de mi propio bienestar, los envié a un archivo a rebosar en mi mente denominado «no hay nada que pueda hacer al respecto».

En 2022, unos días antes de la primera prueba, se organizó una jornada de rodaje en el Circuito de Barcelona-Catalunya y fuimos el tercer equipo en salir después de Red Bull y Alfa Romeo. Con las restricciones impuestas sobre las simulaciones aerodinámicas, así como sobre las pruebas, los días de rodaje previos a las pruebas se habían convertido en algo esencial para los equipos de Fórmula 1, y yo estaba impaciente por llegar a España.

Nikita fue el primer piloto en subirse al coche, y mientras bajaba por la recta en la primera vuelta noté algo extraño.

—Me cago en la puta —le dije a Ayao Komatsu—. Mira eso, está rebotando. —En ese momento, Nikita llamó por radio:

—Lo siento, chicos, pero no puedo conducir este trasto. El coche está literalmente saltando por la pista.

Cuando ves un coche elevarse así, sabes que tienes un puto problema. Recuerdo que me llevé las manos a la cabeza mientras pensaba: «¿qué demonios hemos hecho?». Esta, por supuesto, fue la primera vez que experimentábamos el fenómeno aerodinámico conocido como «efecto marsopa».

Estoy seguro de que todos habréis oído hablar del efecto marsopa, pero, por si no sabéis qué es, os lo explicaré en términos sencillos. El «marsopeo» es una consecuencia del efecto suelo y se produce cuando el aire que pasa por debajo del coche provoca una succión que lo pega más a la pista. De lo que no nos dimos cuenta en aquel momento es de que, cuanto más rápido vas, más succión hacia el suelo se produce, y cuando se pega demasiado, el flujo de aire se estanca, lo que provoca que la carga aerodinámica desaparezca de repente. En ese momento, el coche salta hacia arriba y todo vuelve a empezar. Otra cosa que no sabíamos entonces era que esto sería la pesadilla de nuestras vidas durante muchas semanas y que causaría algunas discusiones importantes. Aunque no todas conmigo, por suerte.

A propósito, ¿sabéis de dónde viene el término «marsopeo»? Yo sí, pero solo porque lo leí en un artículo. Procede de un animal llamado marsopa que vive en el mar y se balancea arriba y abajo. Está claro que encaja como nombre, pero a quien se le haya ocurrido debía de estar drogado o algo así. En serio, ¿marsopa? Venga ya.

En circunstancias normales, uno no se acercaría a otro director de equipo para preguntarle cómo le había ido durante una prueba o un día de rodaje, y al principio nadie lo hizo. Pero me di cuenta de que algo iba mal, y pronto empezaron a circular algunos rumores. Todos los equipos de la parrilla habían tenido que diseñar y construir un coche nuevo bajo la filosofía del efecto suelo, y yo insistía en que no podíamos ser el único equipo con un coche que rebotaba. Pero con la suerte que habíamos tenido últimamente, ¿quién sabe?

La Fórmula 1 es un deporte global con solo diez equipos, por lo que es muy incestuoso. Las cosas que deberían permanecer en secreto suelen quedarse así, pero cuando algo nos amenaza a todos entendemos que el dolor compartido es menos doloroso. Tras hablar con algunos de los jefes de equipo después de la jornada de rodaje, resultó que no éramos el único equipo con un coche que rebotaba. De hecho, si los rumores eran ciertos, los diez equipos lo sufrían en mayor o menor medida. Esto hizo que fuera más fácil aceptarlo, pero al mismo tiempo había que solucionarlo a toda prisa.

—Si esto es lo peor a lo que tenderemos que enfrentarnos esta temporada —le dije a Gertie cuando la llamé después del rodaje—, seré muy feliz.

Ojalá.

LA INVASIÓN

Como la primera jornada de la prueba se celebró solo dos días después de la sesión de rodaje, el equipo no tuvo mucho tiempo para trabajar en el efecto marsopa. Por supuesto, no esperaba que lo solucionáramos en ese tiempo, pero confiábamos en poder atenuarlo. Esa era mi única preocupación de cara a la prueba y, en conjunto, me sentía confiado y bastante relajado.

Cuando llegué al circuito el martes, es decir, la víspera del primer día de la prueba, Stuart Morrison me recibió en la puerta del *motorhome*. Por lo general, nuestro director de comunicación es una de las personas más tranquilas e imperturbables que conozco, pero ese día parecía nervioso.

—Guenther, ¿puedo hablar contigo, por favor? Es urgente.

—¿Qué ha pasado ahora? —le dije—. Vale, vamos a mi despacho.

Mientras Stuart abría la puerta del *motorhome* y entraba, empecé a preguntarme qué podría ser. Pero no se me ocurría nada, lo que no era normal.

—¿Has oído las noticias sobre Rusia? —preguntó una vez hubo cerrado la puerta de mi despacho.

—No, ¿qué pasa?

—Parece que están a punto de invadir Ucrania.

—¿Qué? Tienes que estar de broma.

Había puesto el móvil en silencio en cuanto había llegado al circuito, pero en cuanto lo desactivé, empezó a sonar casi de inmediato. También tenía una veintena de mensajes y correos electrónicos esperándome.

—Esto es muy serio, Stuart —le dije. Pasé el resto del día evitando a la prensa y pensando qué hacer a continuación. No solo teníamos un patrocinador y un piloto ruso, sino también una carrocería con los colores de la bandera rusa. Mientras Putin hacía sonar los tambores de guerra, el mundo del motor tenía los ojos puestos en nosotros, y tarde o temprano íbamos a tener que hacer o decir algo.

Vi a Nikita más tarde ese día. Todos actuaban con la mayor normalidad posible a su alrededor, pero el elefante en la habitación —el elefante blanco, rojo y azul— era cada vez más grande. Para ser sincero, al principio estaba un poco preocupado por él. Pasara lo que pasara en Rusia, no era culpa suya y no quería que se sintiera ni aislado ni incómodo. Acabé charlando con él en mi despacho y, por suerte, se le veía bien.

—Solo quiero centrarme en la prueba —me dijo, lo cual me pareció estupendo.

Aquella noche tardé mucho en conciliar el sueño, e incluso cuando lo conseguí me despertaba cada pocos minutos. La posibilidad de que se declare una guerra siempre es algo terrible, pero cuando estás asociado con los agresores, es decir, el país, adquiere un significado totalmente nuevo.

—¿Qué vas a hacer? —me preguntó Gertie cuando hablé con ella muy temprano a la mañana siguiente.

—Eso es lo que todo el mundo quiere saber —le dije—. Pero de momento no estoy seguro.

El primer día de la prueba fue un desastre. Nikita tuvo una fuga de refrigeración por la mañana, lo que redujo su sesión, y luego Mick sufrió problemas con el fondo por la tarde que interrumpieron la suya. Yo también estaba bastante agotado, y cuando no me encontraba en el muro de boxes o merodeando por el garaje, me pasaba la mayor parte del tiempo en mi despacho con la puerta cerrada. Mi teléfono se encendía cada pocos segundos, pero seguía sin saber qué hacer. Una parte de mí quería deshacerse del nombre de nuestro patrocinador principal, por no hablar de los colores de la bandera rusa. Pero ¿y si Rusia decidía no seguir adelante con la invasión? ¿Qué pasaría entonces? No podía ganar de ninguna de las maneras.

Como estaba tan cansado, me acosté temprano y conseguí dormir bien. Gene se hallaba en la ciudad, alojado en el mismo hotel, y había quedado con él para desayunar. A la mañana siguiente, sentados en el comedor, la conversación pasó de la prueba a la situación entre Rusia y Ucrania.

—Todo el mundo quiere saber qué vamos a hacer —le comenté a Gene—. Pero de momento tenemos las manos atadas.

En ese momento, por el rabillo del ojo, vi las palabras «Última hora» en una de las pantallas de televisión de la sala, seguidas de «Rusia declara la guerra a Ucrania».

—Lo ha hecho —le dije a Gene—. Putin ha declarado la guerra.

A pesar de la conmoción que produjo la noticia, al menos me permitió hacer lo que había deseado desde que me enteré de que esto iba a ocurrir: eliminar a Uralkali y los colores de la bandera rusa de nuestra librea y publicidad de inmediato. Ya resultaba controvertido con la investigación de la AMA aún en curso, y si no actuábamos enseguida la prensa nos iba a crucificar. Además, algunos de nuestros otros patrocinadores ya nos habían comentado por teléfono su preocupación por que sus marcas aparecieran junto a una empresa rusa.

No sé si me hallaba entre la mayoría, pero a pesar de todas las amenazas que había proferido en las últimas semanas, nunca pensé que Putin fuera a declararles la guerra a sus vecinos. Tampoco creí que Fernando Alonso acabaría haciendo la mejor de todas las remontadas, así que ¿qué sé yo?

Tras una rápida conversación con Gene, que aprobó mi plan, me fui directamente a la pista y le pedí a Stuart que preparara un comunicado de prensa mientras yo empezaba a llamar a todas las personas relevantes. El primero de la lista, después de la FIA y Stefano Domenicali, era Uralkali. Dmitry había estado con nosotros en Barcelona hasta el día anterior, pero le habían llamado de urgencia para que volviera a Moscú. Ahora sabíamos por qué. En vez de contactar con él, decidí llamar al presidente de Uralkali, que estaba en Estados Unidos y con quien tenía muy buena relación. Al principio me pidió que esperara unos días, pero me negué. Si lo dejábamos para más tarde, corríamos el riesgo de vernos involucrados en una de las situaciones geopolíticas más graves desde la Segunda Guerra Mundial, y no podía permitirlo. Aunque se sintió decepcionado, comprendió mis motivos, así que se zanjó el asunto. Sin embargo, tenía la sensación de que la cosa no acabaría ahí, ya que aún tenía que darles la noticia a Dmitry y a los demás miembros del consejo. En cualquier caso, al menos la llamada estaba hecha.

Antes de enviar el comunicado de prensa, Gene organizó una reunión con la junta de Haas Automation para aclararlo todo. Como la mayoría de los miembros estaban en California, tuvimos que esperar unas horas hasta que despertaran y tomaran su primera kombucha del día. Mientras que la mayoría se mostró de acuerdo con lo que yo proponía, uno o dos de ellos, al igual que el presidente de Uralkali, querían que esperáramos a ver si la situación cambiaba.

—No podemos —les dije—. Para empezar, perderíamos a todos los patrocinadores que tenemos, y nuestra reputación quedaría destruida. Ese comunicado de prensa tiene que salir ya.

Por suerte, en lugar de insistir, los miembros de la junta entraron en razón, y en la tarde del 24 de febrero, Stuart Morrison envió el siguiente comunicado:

Haas F1 Team presentará su VF-22 con una librea blanca lisa, sin la marca Uralkali, para el tercer y último día de rodaje en el Circuit de Barcelona-Catalunya el viernes 25 de febrero. Nikita Mazepin pilotará como estaba previsto en la sesión matinal y Mick Schumacher lo hará por la tarde. No se harán más comentarios por el momento sobre los acuerdos con los socios del equipo.

En cuanto a la prensa y al público en las redes sociales, esto tuvo el efecto deseado, y pasamos de estar a punto de convertirnos en un paria deportivo mundial a ser un equipo que tenía conciencia y que había actuado de forma rápida y adecuada.

La única otra persona con la que conversé personalmente ese día fue Nikita. Había estado bien el día anterior y cuando hablé con él me dijo que, a pesar de que las cosas habían cambiado, seguía centrado en la prueba y en su carrera como piloto de Fórmula 1. En ese momento, la FIA debía tomar una decisión con respecto a cómo la invasión afectaría tanto al Gran Premio de Rusia como a los pilotos rusos, pero no se lo mencioné. No tenía sentido.

La prueba, por cierto, fue mucho mejor el segundo día y por fin empezamos a ver algo del potencial que básicamente había sido lo que nos había mantenido a flote desde que tenía uso de razón. A decir verdad, de no haber sido así, no estoy seguro de lo que habría hecho. La situación de Uralkali había sido otra piedra en el zapato de mi fuerte pero atribulado equipo y solo las buenas noticias desde el garaje mejorarían el ánimo y nos darían la fuerza necesaria para seguir adelante. Todo esto suena un poco dramático, supongo, pero así era la situación. Nadie se mete en la Fórmula 1 por el bien de su salud. De hecho, suele tener un efecto perjudicial en ese sentido. Lo haces porque quieres competir. Nos faltaba poco.

Cuando llegué al hotel esa noche cometí el estúpido error de desactivar el modo silencioso del móvil. En cuanto desapareció la amenaza de que el mundo del deporte nos excomulgaría, empezó a circular el rumor de que estábamos a punto de hundirnos. La gente había dado por sentado que habíamos rescindido nuestro acuerdo con Uralkali, lo que no era cierto, y que por tanto nos habían retirado los fondos. En cualquier caso, después de que algunas personas me aseguraran lo que podría ocurrir si teníamos que rescindir el acuerdo con la empresa, no me preocupé demasiado. Estaba agotado y me sentía como si hubiera envejecido cinco años en dos días, pero no preocupado.

Aunque parezca mentira, el día siguiente, que era el último de la prueba, fue más estresante que los dos anteriores juntos. Lo digo en serio. Cuando llegué a la pista, los mecánicos habían encontrado una fuga de aceite en el coche y, para resumir una historia cada vez más deprimente, acabamos dando solo nueve vueltas en todo el día, unas ciento ochenta menos de lo que esperábamos. En términos reales, esto significaba que solo habíamos dispuesto de un día completo de pruebas de los tres posibles, por no mencionar el resto de los problemas con los que teníamos que lidiar. No era ni mucho menos una situación ideal, pero debíamos agachar la cabeza y esperar que nuestra suerte empezara a cambiar.

EL REEMPLAZO

Llegar a casa y ver a mi familia después de haber estado fuera siempre es un placer, pero cuando entré por la puerta después de la prueba en Barcelona casi podría haber llorado de alegría. La situación con Uralkali y Nikita distaba mucho de estar superada, lo sabía, pero para afrontar la siguiente etapa (fuera cual fuese) necesitaba recargar las pilas y pasar tiempo con las personas más cercanas a mí.

En total, creo que tuve cuatro o cinco días de paz y tranquilidad antes de que todo volviera a acelerarse. Hubo muchos correos electrónicos y mensajes en ese tiempo, pero la mayoría eran solo especulaciones de amigos y colegas sobre la decisión que podría tomar la FIA con respecto al Gran Premio de Rusia y a los pilotos rusos. En realidad, creo que todo el mundo sabía que el Gran Premio de Rusia tenía que cancelarse, por lo que solo quedaba el asunto de los pilotos. O, en lo que respectaba a la Fórmula 1, el piloto.

Hablando de pilotos, los rumores que circulaban sobre la posibilidad de que a los pilotos rusos se les prohibiera correr en determinados países abrieron las puertas a conductores que habrían querido ocupar su lugar. No recuerdo cuántos se pusieron en contacto conmigo, seis o siete en total, pero sus mensajes iban desde un sutil «Hola Guenther, ¿cómo estás? En caso de que necesites un piloto en las próximas semanas, estoy disponible», hasta algo un poco más contundente como «Guenther, cuando te deshagas del ruso de los trompos, llámame».

El 2 de marzo no solo se había eliminado el Gran Premio de Rusia del calendario de 2022, sino que varios países de todo el mundo habían emitido sanciones contra ciudadanos rusos que impedirían a Nikita correr allí. Debido al caso de la AMA, en ese momento no corría bajo bandera rusa, pero lo más probable era que, con razón o sin ella, no se le hubiera recibido con los brazos abiertos. Si decidíamos seguir con Nikita, no solo nos enemistaríamos con esos países, sino que además estaríamos intrínsecamente vinculados a los atacantes de esta nueva guerra. Como ya he dicho, no podía permitir que eso sucediera.

—Tenemos que cortar lazos con Uralkali y Nikita de inmediato —le dije a Gene—. Es la única forma de avanzar. Cualquier otra cosa nos hará cómplices de la guerra de Putin.

Si Gene no hubiera estado de acuerdo conmigo, me habría marchado allí mismo, pero afortunadamente no lo hizo.

—De acuerdo, tú encárgae de lo tuyo —añadió—. Yo me ocuparé de la junta.

Tras pasar la mayor parte de la noche en vela preparándolo todo con Stuart, que estaba en el Reino Unido, el sábado 5 de marzo publicamos lo que esperábamos que fuera nuestra declaración final sobre nuestro vínculo con Rusia, al menos durante algún tiempo:

Haas F1 Team ha decidido poner fin, con efecto inmediato, a la asociación con Uralkali y al contrato del piloto Nikita Mazepin. Como el resto de la comunidad de la Fórmula 1, el equipo está conmocionado y afligido por la invasión de Ucrania y desea un final rápido y pacífico del conflicto.

Como ya sabréis, las consecuencias de todo esto, tanto en lo que respectaba a Nikita como a Uralkali, se prolongaron durante bastante tiempo y, debido a la situación legal, es mejor que me calle. Baste decir que ninguno de los dos estaba especialmente contento con nuestra decisión de rescindir los contratos, pero sabíamos que así sería. No se puede hacer una tortilla sin romper algunos huevos, y para nosotros esto suponía hacer borrón y cuenta nueva. Los abogados arreglarían el desaguisado.

Antes de que saliera el comunicado de prensa, ya había empezado a buscar un sustituto para Nikita. De hecho, el proceso había comenzado poco después de que Gene y yo hubiéramos tomado la decisión de rescindir su contrato. La lista inicial de candidatos adecuados que elaboré era bastante corta, y mientras la discutía con Gene tuvo una idea.

—¿Has contactado con Magnussen? —dijo.

—¡Coño, Kevin! Claro. —Para ser sincero, ni siquiera había pensado en nuestro amigo danés, pero fue una gran idea. No solo conocía el equipo a la perfección, sino que también era un piloto experimentado. Si lo conseguía, sería perfecto—. Voy a llamarlo ahora —le dije a Gene.

Desde que había dejado Haas, Kevin había pasado un año corriendo para Chip Ganassi en el Campeonato IMSA SportsCar y recientemente había firmado un contrato con Peugeot para pilotar en el Campeonato Mundial de Resistencia junto a Jean-Éric Vergne y Paul di Resta. Aunque esperaba que le interesara mi oferta, no conocía las condiciones de su contrato con Peugeot ni sabía si querría hablar con el hombre que había puesto fin a su carrera en la Fórmula 1 de forma prematura.

La conversación inicial, que se produjo menos de media hora después de que yo hablara con Gene, duró menos de cinco minutos. Primero le pregunté a Kevin si estaba interesado, a lo que respondió que sí, y luego quise saber cuál era la situación con Peugeot.

—Creo que no tendrán problema —dijo—. La carrera de Sebring no es hasta dentro de una semana, así que darán con un sustituto.

—De acuerdo —añadí—. Vamos a intentarlo.

Kevin y yo nos pusimos a trabajar de inmediato para tratar de reincorporarlo y, al cabo de unos días, casi lo habíamos conseguido. Peugeot colaboró mucho y nos dijo que si encontrábamos un sustituto a tiempo para las 24 Horas de Sebring, que era la primera carrera de la temporada del Campeonato Mundial de Resistencia, estarían encantados de dejarle marchar. Obviamente, tuvimos que pagarles una indemnización, que fue bastante razonable, pero en general, el trato con ellos fue muy bueno y justo. Al final, un compatriota de Kevin llamado Mikkel Jensen ocupó su lugar, y el 9 de marzo publicamos otro puñetero comunicado de prensa. Esta vez, sin embargo, en lugar de hacer saber al mundo que habíamos cortado lazos con un piloto, le hacíamos saber que traíamos a otro de vuelta.

Era una de esas situaciones perfectas, y por eso lo llevamos a cabo en cuestión de días. Normalmente, uno se tomaría su tiempo al concertar una cita tan importante, pero no teníamos mucho de eso. De hecho, la segunda prueba en Baréin debía empezar apenas veinticuatro horas después de emitirse el comunicado de prensa. Sin embargo, todo estaba bajo control. Kevin había firmado su contrato y ponía rumbo a Baréin, el equipo estaba entusiasmado por verlo y yo aún no había sufrido un ataque al corazón, ni uno de nervios. Por otra parte, la temporada todavía no había comenzado, por lo que teníamos una prueba y veintidós carreras por delante. No tenía ni idea de lo que iba a pasar, por supuesto, pero a estas alturas nada me habría sorprendido.

EL RETORNO DEL VIKINGO

La prueba de Baréin se retrasó por un problema de transporte (¡claro que sí!) y, tras muchas idas y venidas, al final nos concedieron más tiempo para compensar. Por cómo habían ido las cosas este año, casi esperaba que pasase alguna tragedia y probablemente la habría echado de menos si no hubiera ocurrido. Hacía la vida más interesante sin duda.

Nuestro piloto reserva, Pietro Fittipaldi, salió el primer día de pruebas y realizó una buena carrera. Por supuesto, estaba decepcionado por no haber podido reemplazar a Nikita, pero para que pudiésemos aprovechar el potencial del nuevo coche, no podíamos rechazar la oportunidad de sustituir a un novato por un piloto experimentado. Al final lo entendió, y cuando llegó a Baréin volvía a estar tan feliz como siempre.

Mick fue el primero en conducir el segundo día de la prueba y, debido a una fuga de aceite, tuvo una mañana difícil en la que solo dio veintitrés vueltas. El turno de Kevin llegó por la tarde y, como es evidente, despertó una gran expectación. Hacía dieciséis meses que no se subía a un Fórmula 1 y la gente se preguntaba si sería capaz de hacerlo.

—Pasó seis temporadas completas en la Fórmula antes de eso —le dije a un periodista—. Por supuesto que podrá. Aunque creo que acabará con el cuello jodido.

Kevin terminó dando sesenta vueltas durante su sesión y la vuelta más rápida del día.

—¿Cómo ha ido? —le pregunté después de la prueba.

—Me ha llevado un par de vueltas volver a pillarle el truco —dijo—, pero sí, ha estado genial. Aunque creo que me he roto el cuello.

Por suerte, solo bromeaba con lo del cuello roto, aunque dijo que le dolía bastante.

El último día de la prueba fue más o menos como el segundo en cuanto a vueltas y datos, y si tuviera que resumir cómo habían ido las cosas en general diría que teníamos entre manos un coche bastante rápido, pero con uno o dos problemas de fiabilidad. Por fortuna, a diferencia del efecto marsopa, que se seguía produciendo (aunque en nuestro caso había mejorado, gracias a Dios), eran problemas menores y confiábamos en que cuando volviéramos a Baréin para la primera carrera de la temporada, la semana siguiente, todos se habrían solucionado.

Después de tres alentadoras sesiones de entrenamientos libres en Baréin el viernes y el sábado por la mañana (alentadoras porque no se produjeron problemas importantes de los que hablar), llegamos a la Q1 con una sonrisa en la cara y algo de esperanza en el corazón. Creo que corro el riesgo de parecer un disco rayado con respecto a lo largo que fue el camino para salir de Villamierda, pero tendréis que ser un poco indulgentes conmigo. Nunca hubo garantías de que tendríamos un coche rápido con cierto potencial, y considerando todo lo que había ocurrido, con el nuevo equipo de diseño y demás, podría haber salido muy mal. No era solo esperanza lo que experimentábamos entonces (además de emoción), era alivio.

Haciendo memoria, mis expectativas para la clasificación de Baréin antes del sábado eran pasar con los dos coches a la Q2. En aquel momento no me atrevía a esperar más que eso y me habría alegrado mucho si hubiera sido así. Entonces, cuando Kevin consiguió la quinta posición en la Q1 y Mick la decimotercera, mi ambición empezó a crecer un poco. En la Q2, Mick terminó duodécimo, su mejor clasificación hasta la fecha. Luego Kevin se clasificó con el sexto puesto, lo que garantizó a Haas nuestra primera aparición entre los diez primeros en la parrilla desde Brasil en 2019. ¿Las cosas podían ir a mejor? Lo cierto es que sí.

Durante la Q2, un problema hidráulico había empezado a darle problemas a Kevin y no pudo salir en la Q3 hasta que se solucionó. A medida que pasaban los minutos, empecé a hacerme a la idea de que no íbamos a salir. Entonces, a poco más de tres minutos para el final de la sesión, me dijeron que el problema se había solucionado.

Cuando salió de la calle de boxes, solo quedaban dos minutos y cincuenta segundos en el cronómetro; solo había dado una vuelta. Ayao Komatsu, que estaba a mi lado en el muro de boxes, empezó a animarse, pero yo no podía mirar. Ya sabéis que no soy una persona nerviosa, pero la sorpresa de haber llegado tan lejos me estaba afectando. Un minuto después de que Kevin saliera, ya no podía apartar la mirada, porque si el último tercio de su vuelta era indicativo de algo, era de su velocidad.

—Eres séptimo —dijo el ingeniero de Kevin en cuanto cruzó la meta. Bienvenido de nuevo, colega.

Ahora era yo el que se estaba animando. Madre mía, ¡estaba tan feliz!

Por mucho que quisiéramos celebrarlo después de la clasificación, tuvimos que contener nuestras emociones, ya que solo habíamos hecho la mitad del trabajo. Nuestra misión era competir y sumar puntos, y estábamos a punto de conseguirlo por primera vez en veintiocho carreras. ¡Veintiocho! Esa sensación de expectación era una de las emociones que más había echado de menos desde que todo se había ido a la mierda y quería que se prolongara el mayor tiempo posible.

Lo único que me preocupaba ahora era si Kevin estaría listo para la carrera. Acostumbrarse de nuevo a pilotar un Fórmula 1 en una sesión de pruebas o incluso en una clasificación era completamente diferente, y tras haber pasado más de un año fuera no podía evitar preguntarme cómo lo afrontaría. Me animó un poco saber que Kevin no tiene miedo y que es un luchador nato. También está muy en forma, y sabía con certeza que disfrutaría de la situación. Además, ninguno de los otros pilotos de la parrilla había corrido antes con uno de los coches nuevos. Lo haría bien.

Kevin hizo una muy buena salida y antes de terminar la primera vuelta ya iba quinto. Por desgracia, no pudo mantener la posición y volvió a la séptima, pero estaba conduciendo muy bien.

—Parece confiado —le dije a Ayao.

—Sí —respondió—. Tiene buena pinta.

En la vuelta cuarenta y siete, Kevin había entrado tres veces en boxes, pero seguía séptimo. Entonces, tras perder su posición contra Pierre Gasly, que iba octavo, y volver a recuperarla, le informamos de que el francés había tenido que retirarse, lo que provocó la salida del coche de seguridad. El abandono de Gasly fue bastante dramático, ya que tras detenerse, la parte trasera de su coche explotó. Estableció lo que debe haber sido un nuevo récord mundial en salir de un monoplaza. Dios, fue muy rápido. Debió de haber sido aterrador.

El coche de seguridad entró en la vuelta cincuenta, momento en el que me había resignado a la idea de que solo anotaríamos seis miserables puntos. ¡Seis! Menudo desastre (me gusta el sarcasmo contundente). Entonces, tres vueltas antes del final de la carrera, el coche de Max

Verstappen empezó a ralentizarse y acabó metiéndose en boxes.

—Mira la distancia entre Kevin y Bottas —le comenté a Ayao—. ¡Doce segundos! Eso son ocho puntos asegurados.

—¡No digas eso! —espetó—. Recuerda que estamos en Haas. Puede pasar cualquier cosa y, probablemente, ocurrirá.

Ayao tenía razón. Si a Kevin lo hubieran abducido unos extraterrestres en la última vuelta para sustituirlo por el fantasma de Niki Lauda, nadie habría pestañeado.

En la vuelta cincuenta y seis, la penúltima de la carrera, el coche de Sergio Pérez se fue por el mismo camino que el de Verstappen, por lo que estábamos a punto de ganar diez puntos.

—¿Cuál es la distancia entre Kevin y Bottas?

—¡Compruébalo tú mismo! —se quejó Ayao—. ¡Mira la puta pantalla!

Con el finlandés aproximadamente dieciséis segundos por detrás del danés, sabía que era imposible que Valtteri alcanzara a Kevin, incluso con nuestra suerte. Solo quería una confirmación.

Sin platillos volantes ni fantasmas de malhumorados pilotos austríacos de Fórmula 1 en las inmediaciones, Kevin cruzó la línea de meta en quinto lugar. Mi respuesta inmediata, aparte de sonreír y abrazar a un montón de gente, fue felicitar a mi nuevo piloto.

—Joder, Kevin, ¡vaya retorno del vikingo! —le dije por la radio—. De puta madre. No me lo creo. —Fue y siempre será uno de los momentos más especiales de mi vida profesional. De hecho, Kevin resumió la situación a la perfección.

—Todo el trabajo duro y los resultados de mierda de los últimos tres años —me respondió— por fin han dado sus frutos.

Yo no lo habría expresado mejor.

—Kevin, esto es como un jodido bálsamo —le dije más tarde—. Lo necesitaba.

Lograr algo partiendo de la adversidad siempre será más dulce que conseguirlo con ventaja o incluso desde una posición de salida. Es la prueba definitiva en cualquier deporte, y cuando lo consigues te da el subidón y la motivación máximos. Es adictivo. Todos queremos más.

EL DILEMA

No he hablado mucho de Mick hasta ahora, así que permitidme poneros al día. Creo que ya he dicho que su comportamiento había sido estelar desde el primer momento, y cuando salimos de Baréin en 2022 mi opinión no había cambiado mucho. Había conseguido el mejor resultado de su carrera hasta el momento en la competición, terminando decimoprimero, y estaba entusiasmado con la temporada que se avecinaba. Con un piloto experimentado como Kevin al otro lado del garaje, por no hablar del nuevo coche, tenía una excelente oportunidad para progresar y consolidar su propio lugar en el equipo. La pelota estaba en su tejado, y al principio de la temporada habría apostado por él.

El Gran Premio de Baréin era la primera carrera de dos encuentros en Arabia Saudí, y llegamos allí con la noticia de que algunos rebeldes huties estaban atacando una refinería de petróleo a unos quince kilómetros de la pista. Dado lo que he dicho antes sobre que atraemos el drama, ni siquiera me inmuté cuando me lo contaron, aunque, como era de esperar, el futuro del Gran Premio se puso en duda de inmediato. Los ataques sorpresa con misiles por parte de organizaciones militares islamistas chiíes disidentes suelen tener ese efecto.

La tragedia continuó cuando, después de haber recibido el visto bueno del gobierno saudí para proseguir con el fin de semana de carreras, Kevin tuvo que retirarse debido a un fallo mecánico al comienzo de la segunda sesión de entrenamientos libres sin completar una sola vuelta.

Sin embargo, esto no fue nada comparado con lo que ocurrió durante la clasificación. Ambos pilotos pasaron a la Q2, lo cual era el comienzo perfecto, pero en la curva doce, durante una vuelta rápida, Mick perdió el control y se fue directo contra el guardarraíl. Debido a la velocidad a la que conducía, lo primero que me vino a la mente al verlo fue el accidente de Romain en Baréin, excepto que esta vez no hubo llamas y el coche no se partió en dos. Aun así, fue un accidente enorme y Mick tardó en responder a su ingeniero. Al igual que sucedió con Romain, el tiempo que tardó en salir del coche me pareció una eternidad. Estaba aturdido cuando se comunicó por radio, pero dijo que se encontraba bien. Tras llevarlo al centro médico del circuito, lo trasladaron a un hospital cercano, pero solo como medida de precaución.

Una vez que supimos que Mick iba a ponerse bien, tuvimos que ocuparnos de las consecuencias del accidente. Supongo que me criticarán por expresarlo en términos monetarios, pero como responsable del presupuesto, no tenía otra opción. «Aproximadamente entre medio millón y un millón», le dije a Gene. Entonces tuve que tomar una decisión con respecto a la carrera. O bien les pedía a los chicos que trabajaran toda la noche en la construcción de un coche nuevo para que, si se encontraba lo bastante bien, Mick pudiera empezar la carrera desde la calle de boxes, o bien nos limitábamos a correr con un solo coche.

No me llevó demasiado tomar la decisión. Era la segunda carrera de una cita doble y, si incluimos la segunda prueba, los chicos del garaje habían estado trabajando o viajando durante tres largas semanas. No habría sido justo someterlos a tanta presión, sobre todo teniendo en cuenta que Mick debía salir de la calle de boxes. Ahora estábamos de vuelta con el objetivo de puntuar y las posibilidades de que lo hiciera desde esa posición habrían sido escasas en el mejor de los casos.

Después de pasar a la Q3, Kevin logró la décima posición en la calificación y su recompensa por otra sólida actuación fueron dos puntos tras terminar noveno. Salir de Arabia Saudí con doce puntos en el bolsillo fue increíble; el único inconveniente era que también teníamos una factura por reparación de casi un millón de dólares.

Cuando llegamos a Mónaco para la séptima ronda, Mick no había tenido más accidentes. Sin embargo, seguía sin puntuar. Eso también empezaba a preocuparme. Después de todo, el potencial estaba ahí, todo el mundo coincidía en ello, y dependía de los pilotos, al menos principalmente, convertir ese potencial en puntos. Mick sentía la presión a estas alturas, pero lo necesitaba. Ya no era un novato y esto no era la Fórmula 2. Era la Fórmula 1, que se supone que alberga a los veinte mejores pilotos del mundo. Presionado o no, tenía que empezar a conducir como uno de ellos, y rápido.

Si tuviera que equiparar al Haas F1 Team de mi época con un circuito de Gran Premio, tendría que ser Spa o Mónaco, por la sencilla razón de que nunca sabes lo que va a pasar en ellos. Aunque estoy escribiendo esto con una sonrisa en la cara (es increíble lo que pueden hacer un poco de terapia y un camión cargado de putos tranquilizantes), en aquel momento la broma de que Haas era imprevisible empezaba a cansar, al menos a mí. Aparte de que Max Verstappen gana al menos el noventa por ciento de las carreras en estos días, nadie sabe lo que va a pasar cuando te presentas a un fin de semana de carreras. Aun así, una vez que comienzas a progresar y rindes de forma fiable dentro y fuera de la pista, puedes empezar a hacer predicciones. A esas alturas de la temporada, esperaba que estuviéramos en ese punto, pero no era así. De hecho, unos cuantos resultados más como los últimos, que no habían pasado de la decimocuarta posición, y corríamos el peligro de convertirnos en previsiblemente malos.

La clasificación en Mónaco fue heterogénea (Kevin decimotercero y Mick decimoquinto), pero la mala actuación se debió más que a nada a la suerte, o debería decir a la falta de ella. La situación continuó igual en la carrera, cuando Kevin tuvo que retirarse debido a un problema con la unidad de potencia. «Bueno», recuerdo que me dije a mí mismo, «al menos no puede ir a peor». Adelante, señor Mick Schumacher.

Tras verse involucrado en un accidente al principio de la carrera y tener que cambiar el alerón delantero, Mick volvió a salir y, una o dos vueltas más tarde, perdió el control en la curva Piscina y se fue directo contra las barreras. Esta vez su coche se partió en dos, lo que volvió a recordarme a Romain. Por fortuna, no se produjo ninguna bola de fuego y, al cabo de unos segundos, confirmó a su ingeniero que estaba bien.

He intentado por todos los medios no repetir lo que escribí en *Sobrevivir a toda velocidad,* pero lo primero que me vino a la mente en cuanto supe que Mick se encontraba bien, y que estoy bastante seguro que coincide con lo que escribí en ese libro, es que cuando un piloto destroza un coche una vez durante la temporada debido a un error humano, te olvidas de ello. Son cosas que pasan, y si dejas que te afecten, eres un idiota. Cuando un piloto estrella dos coches en siete carreras durante una temporada de veintidós, empiezas a hacerte preguntas. Gene iba a enloquecer, lo sabía, y tenía todo el derecho. Pero ¿qué podía decir? Él esperaba que lo llamara para decirle que habíamos puntuado y yo tenía que decirle que no lo habíamos hecho y que tendríamos que gastarnos otra fortuna.

A estas alturas me había quedado claro que la presencia de Kevin en el equipo estaba perjudicando a Mick. En general, Mick había hecho una temporada bastante buena en 2021, pero con la llegada de Kevin había pasado de ser el piloto más rápido del equipo a ser el segundo. En lugar de aceptarlo y tratar de mejorar, había comenzado a correr riesgos que estaban afectando a su estado de ánimo, a su rendimiento y al presupuesto del equipo. Algo tenía que cambiar.

EL CAMBIO DE RUMBO

En Canadá tuvimos un recordatorio de que el problema del marsopeo no había desaparecido, ni por asomo. Cuando llegamos allí para la octava carrera, Mercedes solo había logrado cuatro podios (tres para George Russell y uno para Lewis Hamilton), mientras que la temporada anterior a estas alturas ya habían conseguido tres victorias y siete podios, y la anterior siete victorias y trece podios. El efecto marsopa se había medio solucionado en gran parte de los equipos, incluido el nuestro, desde el inicio de la temporada. Sin embargo, Toto Wolff no había obtenido los resultados esperados en ninguna de las carreras, por lo que estaba muy enfadado, y durante una reunión de directores de equipo el viernes antes de la carrera, el asunto llegó a un punto crítico.

En algún momento de la reunión surgió el tema del efecto marsopa y la conversación se volvió acalorada. Después de que Stefano Domenicali me echara la bronca al principio de la reunión por hablar, no dije nada, y mientras se quejaba de cómo se había gestionado todo el asunto del marsopeo y del hecho de que los demás equipos parecían haber hecho progresos al respecto excepto Mercedes, de repente Toto estalló en cólera. Estoy parafraseando, pero dirigiéndose a los jefes de los demás equipos, dijo algo así como que si uno de sus coches se estrellaba contra el muro por culpa de un rebote o porque iba demasiado rígido, vendría a buscarnos. ¿De verdad? No tendría que buscar muy lejos. ¡Estoy al final del puto *paddock*, Toto, como siempre!

Es la única vez que he visto u oído a Toto decir algo remotamente irracional. No estaba acostumbrado a no poder competir por victorias y títulos, y era evidente que se debía al cambio en sus expectativas: de ganar carreras y subir al podio a que los coches no dejaran de rebotar y acabaran octavos.

Después de la reunión, uno o dos directores de equipo y yo dijimos que, como Netflix estaba allí, quizá lo estaba haciendo para las cámaras, pero, pensándolo bien, ese no es el estilo de Toto. Siempre se ha mostrado bastante escéptico sobre todo el asunto de Netflix y lo ve como un mero entretenimiento. Pero eso no significa que de repente vaya a ponerse hombreras y convertirse en Joan Collins. Su dolor, pasión y frustración eran reales ese día y, para ser honesto, me gustó verlo. No porque quisiera verlo sufrir. Claro que no. Solo quería que supiera lo que era ser un poco mierda.

En su momento, algunas personas afirmaron que Toto perdió los estribos porque se cree con derecho y porque las cosas habían dejado de ir como él quería. Permitidme que os diga que eso es una completa estupidez. Contrariamente a la creencia popular, Toto Wolff no procede de un entorno privilegiado y, al margen de lo que se pueda pensar de él, ha llegado donde está gracias a una mezcla de trabajo duro, dedicación, talento y esfuerzo. ¿Y qué si parece un cruce entre Spock de *Star Trek* y Frank Grillo? A mí me cae bien.

Desde nuestro punto de vista, Canadá fue un punto de inflexión potencial, ya que en lugar de que la clasificación fuera variada, como solía ser el caso, ambos pilotos llegaron a la Q3 y terminaron ocupando la tercera línea de la parrilla, Kevin en quinto lugar y Mick en el sexto. Aunque no había sumado nada, las carreras de Mick habían ido mejorando y parecía que hablaba mucho más con Kevin. Si alguien necesitaba un mentor, era Mick, y yo esperaba que así fuera.

Fue por aquel entonces cuando empezó mi conocida guerra verbal con Ralf, el tío de Mick. ¿Lo recordáis? Nos consiguió más titulares que algunas de las puñeteras carreras. Desde entonces, hemos enterrado el hacha de guerra (que paren las rotativas: ¡nos hemos vuelto a pelear!), pero no me importa admitir que Ralf no pudo escoger peor momento para sus arrebatos. Empeoró lo que había empezado a ser una relación difícil y contribuyó a abrir una brecha entre Mick y yo. En retrospectiva, como director del equipo debería haber estado por encima de esto, pero no fue así. Esa es una de las muchas cosas que cambiaría si pudiera volver atrás, ¡además de patearle el culo a Ralf en el *paddock* en lugar de solo pensarlo! En 2022 quería cargármelo.

Este último párrafo ha servido de agradable descanso entre los buenos resultados en la clasificación y las inevitables noticias de mierda que llegaron con la carrera. Sí, lo habéis adivinado, a pesar de que ocupamos la tercera línea de la parrilla en lo que fue nuestra mejor clasificación de la historia, no conseguimos convertir este éxito en un solo punto. Esta vez fue culpa de Kevin, que decidió enfrentarse a Hamilton (y perdió el alerón delantero en el proceso), y si Mick no hubiera sufrido un fallo en el motor habría terminado dentro de las diez primeras posiciones. Eso y el resultado de la clasificación me impidieron hacerme el *harakiri* después de la carrera; estaba seguro de que era cuestión de tiempo que Mick empezara a puntuar. Él también lo sabía, lo que era mucho más importante, y se mostró muy optimista.

Recuerdo los preparativos para la siguiente carrera, la de Silverstone, por dos razones, ninguna de las cuales me resulta agradable recordar. La primera es una entrevista que le hicieron a Bernie el viernes anterior a la carrera, en la que decía que recibiría un balazo por el presidente Putin. Aunque así fuera, ¿por qué demonios diría algo así? Decenas de miles de personas habían muerto por culpa de la estúpida guerra de ese hombre, así que el comentario era de muy mal gusto. De hecho, me enfadé bastante con él.

La segunda razón por la que recuerdo los preparativos para Silverstone es porque empezaba a sentir un poco la presión. No suelo dejar que me afecte, pero el hecho de que solo hubiéramos conseguido dos puntos en las últimas siete carreras me preocupaba. También daba que pensar a la prensa, y con razón. Al fin y al cabo, solo se hacían las mismas preguntas que yo, es decir, ¿qué demonios había salido mal?

La clasificación en Silverstone fue un desastre (Kevin decimoséptimo y Mick decimonoveno), pero la carrera en sí fue increíble. Por una vez lo hicimos todo bien: el ritmo, la estrategia y las actuaciones (de todos), y acabamos haciendo un doblete; Kevin terminó décimo, con lo que sumó un punto, y Mick octavo, lo que nos concedió otros cuatro puntos. Mick se dejó la piel ese día y me alegré mucho por él. De hecho, si alguna vez tienes la oportunidad de escucharlo (probablemente esté en YouTube), la reacción de Mick por radio nada más terminar la carrera es excelente. Se oye el alivio en su voz, y después de dar las gracias al equipo una y otra vez, dice algunas palabrotas y luego se disculpa. Soltar palabrotas por la radio del equipo es obligatorio en la Fórmula 1 hoy en día, y si no que se lo pregunten a Yuki Tsunoda.

La siguiente carrera, la *sprint* de Austria, sacó a relucir el tema de las órdenes de equipo, algo con lo que Mick nunca había tenido que lidiar antes. Ambos pilotos pasaron a la Q3, con Kevin en sexto lugar y Mick en el séptimo. El peligro era, por supuesto, que pudieran competir entre ellos desde el principio, así que me senté con ellos antes de la carrera y los informé de que, si se convertía en un problema, nosotros (el equipo) seríamos quienes decidiríamos quién iba más rápido.

Al final no tuvimos que aplicar las órdenes de equipo hasta el final de la carrera. La decisión en sí fue polémica, aunque nos dio puntos. Mick iba detrás de Kevin y probablemente era el más rápido de los dos en ese momento. El problema es que lo seguía Hamilton, que era más rápido que los dos. Para abreviar, en lugar de permitir que Mick intentara adelantar a Kevin, lo que podría haber provocado que Hamilton los adelantara a ambos, le ordenamos que se quedara justo donde estaba el mayor tiempo posible, y así lo hizo. Como consecuencia, Hamilton adelantó a Mick a falta de un par de vueltas, y sumó el último punto disponible, pero no pudo alcanzar a Kevin, que sumó dos puntos, y fue todo gracias a Mick.

Mick estaba muy decepcionado, pero después de la carrera me senté con él y le expliqué por qué lo habíamos hecho. Lo entendió porque es sensato, no como algunos de sus seguidores. Dios mío, ¡me odiaron después de eso! Me encantaba que me dijeran lo que habían escrito sobre mí en las redes sociales. Yo era su enemigo público número uno, dos, tres, cuatro y cinco. Lo siento, fans de Mick, ¡solo hacía mi trabajo!

LA PRIMERA POSICIÓN

En las seis carreras siguientes no conseguimos sumar ni un puñetero punto, lo que nos devolvió a la casilla de salida. Esta vez se debió a una mezcla de mala suerte, malos resultados y malas decisiones, tanto por nuestra parte como de la FIA. Desde el inicio de la temporada se habían producido una docena de incidentes que nos habían hecho perder puestos o puntos.

El asunto de la FIA llegó a su punto álgido en una reunión a finales de temporada, en la que admitieron que se habían cometido errores que habían provocado una distribución desigual de banderas negras y naranjas. Agradecimos que lo reconocieran, pero eso no nos devolvió los puntos ni los puestos. Fue exasperante y, para ser sincero, todavía lo es un poco. Podía soportar los errores que cometíamos como equipo y siempre hacía todo lo que estaba en mi mano para rectificarlos. Sin embargo, los fallos continuos que cometía el órgano que nos dirigía a todos escapaban a mi control, y nos estaban costando puntos. Eso, amigos míos, no debería ocurrir en ningún deporte, nunca.

Las últimas cinco carreras de 2022 estuvieron marcadas por dos acontecimientos que resumieron no solo nuestra temporada, sino nuestros siete años en la parrilla. El primero tuvo lugar en Suzuka durante los primeros libres. Mick estaba en su vuelta de entrada y de alguna manera se las arregló para chocar, lo que nos costó 700 000 dólares en daños. Durante una vuelta de entrada. ¿De verdad? Su excusa fue que el asfalto estaba mojado en ese momento, pero ningún otro piloto se salió. No solo el presupuesto se ve afectado cuando algo así sucede. Para empezar, la moral del equipo recibe un mazazo, por no hablar de tu reputación. En aquel momento estábamos intentando conseguir un nuevo patrocinador principal, y este tipo de cosas no ayudaban en absoluto.

El segundo acontecimiento lo recuerdo con más alegría. Tuvo lugar en Interlagos durante el penúltimo fin de semana de la temporada y es probablemente el logro más celebrado del equipo hasta la fecha. Me refiero, por supuesto, a la primera posición de la parrilla de salida que conseguimos para la carrera al *sprint*.

El mayor nivelador (aparte del dinero) que puede haber en la Fórmula 1 es el clima húmedo. Creo que en mi primer libro ya mencioné que esto hace que los bastardos de las primeras posiciones, que esperan grandes resultados, se caguen en los calzoncillos y los pobres equipos pobres de los últimos puestos se froten las manos. En la Q1 de la carrera al *sprint* en Brasil el clima jugó a nuestro favor y, a su vez, en nuestra contra, ya que Mick se salió en la Q1 y Kevin pasó a la Q2. Según recuerdo, Mick había decidido seguir con neumáticos intermedios mientras que Kevin había cambiado a blandos y, como la pista había empezado a secarse, Kevin iba unos tres segundos más rápido.

El tiempo en la Q2 siguió siendo cambiante, pero de nuevo, tras cambiar a blandos, Kevin hizo una buena vuelta y pasó a la Q3. En ese momento, el cielo estaba negro y había riesgo de que empezara a llover, así que decidimos que Kevin condujera con los blandos y suficiente combustible para una sola vuelta. Lo que jugó a nuestro favor fue que estábamos situados lo más cerca posible de la salida de la calle de boxes, y cuando los coches empezaron a ponerse en cola para el inicio de la sesión nos encontrábamos delante de todo.

Cuando el semáforo se puso en verde, Kevin salió y enseguida marcó un tiempo de 1 minuto y 11,674 segundos. Era rápido, pero necesitábamos que empezara a llover, y pronto. Mientras estaba sentado en el muro de boxes junto a Ayao Komatsu y Pete Crolla, empezaron a caer unas gotas en la calle de boxes.

—¿En qué posición me he puesto? —le preguntó Kevin a Mark, su ingeniero.

—Eres primero, colega —respondió.

La lluvia comenzaba a arreciar y los demás pilotos estaban a punto de empezar sus segundas vueltas. Pérez fue rápido en el primer sector, pero cuando Russell se salió en la curva cuatro, la sesión se suspendió por bandera roja.

—¿Cuánto tiempo va a seguir lloviendo? —le pregunté a Pete.

—Al menos media hora —me dijo.

Quedaban solo ocho minutos de sesión restantes y ya estaba. ¡Habíamos conseguido la primera posición!

Las celebraciones que siguieron están bien documentadas y, aunque no llegué a verlas en persona, empezaron con Kevin saltando sobre su coche y diciendo muchas veces cosas como «¡Joder, sí!». Mi recuerdo más vívido de ese día es caminar desde el muro de boxes hasta el garaje y oír al público enloquecer. No se puede poner precio a momentos como ese, y es algo que recordaré y atesoraré el resto de mi vida.

Pero olvidaos de Kevin y de mí por un momento. Quien se lo merecía más que nadie era el equipo. No solo el equipo de Interlagos, sino también el de Banbury,

Maranello y Carolina del Norte. Todos ellos. Este era su Campeonato, y haber contribuido a juntarlos a casi todos me hizo sentir muy orgulloso. Durante la carrera al *sprint,* pronto todo volvió a la normalidad y terminamos octavos con un punto. Era nuestro último punto de la temporada, pero sin duda el más dulce.

El lunes después de la carrera principal, en la que, como era de prever, terminamos decimocuartos con un coche y el otro tuvo que retirarse, Gene y yo tomamos la difícil decisión de no contratar los servicios de Mick para 2023. Había estado hablando con Nico Hülkenberg durante algún tiempo y la perspectiva de que tuviéramos dos pilotos experimentados por primera vez desde 2020 era demasiado tentadora.

Como predije, Mick se sintió decepcionado cuando lo informé, pero me dijo que lo entendía, igual que cuando le conté por qué habíamos tenido que aplicar las órdenes de equipo. Como tantas otras cosas, la prensa y los medios de comunicación habían tergiversado mi relación con Mick casi desde el primer día, lo que no le había hecho ningún favor. Yo no tenía ningún problema. Ya era un hombre mayor, y si Gene decidía deshacerse de mí (¡seguro que no se atrevería!) sabía que me las arreglaría. Mick, en cambio, estaba en los inicios de su carrera y, en mi opinión, esta se había visto continuamente perjudicada por culpa de unos pocos titulares.

Si pudiera volver a hablar con él, lo animaría a que contratara a un mánager o a un asesor. Alguien que tuviera experiencia en carreras y que pudiera ser su mentor. Uno no puede entrar en un deporte tan importante con la cantidad de responsabilidad y presión que él tenía sobre sus hombros sin disponer de alguien así en tu entorno. Es ridículo. Su padre, Michael, se había convertido en campeón del mundo a los veintidós años y había tenido a Willi Weber a su lado durante años. ¿Por qué Mick no contaba con alguien así?

Mirad, Mick Schumacher tiene mucho talento, eso no lo voy a discutir, pero en mi opinión ese talento no se ha cultivado correctamente. Pensé que estaba poniendo mi granito de arena al darle la oportunidad de curtirse con un coche de Fórmula 1, pero al final no fue suficiente. Todo el mundo debería haber hecho más, incluido él.

PARADA EN BOXES

RIVALIDADES

Aunque siempre he sido consciente de las rivalidades dentro del automovilismo, y en algunos casos me han fascinado, nunca me había planteado la anatomía de estas hasta que empecé a trabajar en el sector. Lo primero que aprendí fue que si no eres nada competitivo, ni como equipo ni como individuo, no tendrás rivales porque no le importarás a nadie. Así de sencillo. Solo empiezan a formarse cuando comienzas a quitarle algo a otro. Un poco de éxito, en otras palabras. Además, no hay reglas sobre cuánto puede durar una rivalidad, ni siquiera sobre cómo puede manifestarse. Y no siempre será una situación como la de Prost contra Senna. Una rivalidad es un estado de ánimo, básicamente. Al menos desde dentro. Un estado de ánimo que afectará a diferentes personas de maneras distintas, dependiendo de quién tenga la sartén por el mango. Si cobran impulso, a menudo empezarán a transmitirse a los aficionados, amigos, familia, medios de comunicación y a cualquiera que esté interesado. Es entonces cuando las cosas empiezan a ponerse emocionantes y cuando las rivalidades prolongadas y bien documentadas, como la de Prost contra Senna y la de Hunt contra Lauda, alcanzan un estatus legendario.

En mis dos años en Jaguar Racing F1 Team, donde trabajé a las órdenes del gran Niki Lauda, no experimenté ni una pizca de rivalidad, por la sencilla razón de que éramos una mierda. ¿Pensáis que lo pasé mal en Haas? Creedme, no fue nada comparado con esos dos años. En parte debido a un montón de rivalidades internas, lo cual supongo que es algo irónico, además de toda una serie de otras razones con las que podría llenar un libro entero, Jaguar estaba a otro nivel que Haas. Lo peor es que las expectativas eran muy altas cuando Niki y yo nos unimos al equipo y se suponía que en tres años lucharíamos por el Campeonato. El equipo era propiedad de Ford que, a pesar de sus grandes ideas y buenas intenciones, no tenía el compromiso ni el dinero para hacerlo funcionar. Tampoco contaban con la experiencia necesaria y parecían pensar que traer a Niki Lauda sería como agitar una varita mágica. No fue así, y al final de su cuarta temporada en la parrilla, Red Bull compró Jaguar, a quien sin duda le ha ido un poco mejor.

La primera vez que Haas empezó a llamar la atención en la parrilla fue en 2018, cuando terminamos quintos en el Campeonato de Constructores. Éramos un equipo pequeño que estaba rindiendo por encima de sus posibilidades y, aunque realmente no pasó nada importante en cuanto a rivalidades externas, los demás equipos empezaron a interesarse mucho más por nosotros. Lo que sí existió durante ese periodo fue una rivalidad interna entre Kevin Magnussen y Romain Grosjean. Romain llevaba con nosotros desde el principio y cuando Kevin se unió en 2017 no conseguían ponerse de acuerdo.

En términos de habilidad y éxito estaban bastante igualados, pero ambos tenían fama de ser intensos e impredecibles, dentro y fuera de la pista. Como era de esperar (sobre todo porque conducían para nosotros), en lugar de que esa rivalidad se manifestara en una respetuosa pero reñida batalla por los puntos, como debería haber sido, empezaron a correr riesgos estúpidos. Les dije que lo que hacían era una estupidez, pero solo con mirarlos supe que no me iban a hacer caso. La rivalidad se había convertido en una obsesión malsana para ambos pilotos y amenazaba con volverse tóxica.

Lo mencioné por encima antes, pero la situación llegó a un punto crítico en Silverstone en 2019 cuando, en la curva tres de la primera vuelta, se tocaron y se sacaron mutuamente de la carrera. Esto fue inexcusable, y mientras cojeaban de vuelta al garaje cogí la radio y les dije —con mucha calma, algo sorprendente teniendo en cuenta lo enfadado que estaba— que en cuanto volvieran quería hablar con los dos en mi despacho. La discusión que siguió entre los tres adquirió cierta notoriedad, ya que Netflix tenía un micrófono en mi despacho (aunque no una cámara) y lo grabó todo, para luego incluirlo en un capítulo de *La emoción de un Grand Prix.*

Terminé la reunión diciéndoles que, si no estaban dispuestos a cambiar su comportamiento y empezar a trabajar para el equipo, no los quería y que podían irse a tomar por culo. No se me ocurre ningún otro momento de mi carrera en el que me haya puesto tan furioso. Sin embargo, en lugar de disculparse y prometer que no volvería a hacerlo, que creo que habría sido lo aconsejable,

Kevin se levantó de la silla y salió echando humo de la oficina y dando un portazo, con lo que rompió la puerta de mi despacho. A corto plazo, todo esto se olvidó enseguida, ya que, a pesar del histrionismo, tanto él como Romain modificaron su comportamiento y dejaron de actuar como unos capullos. Sin embargo, la primavera siguiente reapareció.

No recuerdo dónde me encontraba exactamente, pero poco después de que empezara la siguiente temporada de *La emoción de un Grand Prix*, estaba entrando en mi coche cuando alguien me gritó: «¡Eh, Guenther, no te cargues mi puta puerta!». Al principio pensé que sería un loco fugado o algo similar y lo ignoré. Más tarde, ese mismo día, ocurrió por segunda vez. «¡No te cargues mi puta puerta, Guenther!». Una vez más los ignoré.

Durante los dos o tres días siguientes, al menos doscientas o trescientas personas me gritaron algo parecido a «¡No te cargues mi puta puerta!». Era el momento de llamar a Stuart Morrison.

—¿Qué demonios está pasando, Stuart? —le pregunté—. La gente no deja de gritarme que no les rompa la puta puerta por la calle.

—Ah, entonces ha empezado.

—¿Qué ha empezado? ¿De qué coño estás hablando?

—La nueva temporada de *La emoción de un Grand Prix*.

—Sí, ¿y qué? Sabes que no la veo.

—Recuerdas tu reunión de la temporada pasada después de Silverstone con Kevin y Romain. En la que Kevin…

No necesitaba terminar la frase. Yo lo hice por él.

—¡Se cargó mi puta puerta! Ahora lo entiendo. ¿Quieres decir que grabaron la reunión y la utilizaron para el programa?

—Sí —respondió Stuart—. Te dije que lo habían hecho.

—¿Lo hiciste? Mierda, no debí escucharte. Bueno, al menos eso explica por qué me lo gritan cada cinco minutos. Esta gente se emociona con cosas raras, ¿no crees?

Con diferencia, la rivalidad más absurda que he vivido en Haas fue la que existía entre Mick Schumacher y Nikita Mazepin. He dicho antes que las rivalidades suelen nacer cuando alguien le arrebata o amenaza con quitarle algo a otra persona. A veces, sin embargo, si la persona interesada no tiene la capacidad necesaria, se puede montar un numerito para intentar disimularlo. Cuando las rivalidades genuinas se intensifican, a menudo pueden entrar en juego cosas como esta, pero cuando se basa simplemente en excusas, no es buena señal.

En 2016, año en el que Gene y yo lanzamos Haas F1 Team a un público desprevenido, el deporte en sí era muy diferente. La jerarquía en la parrilla, por ejemplo, estaba mucho más definida de lo que está hoy y no existía la Comisión de la Fórmula 1 (al menos tal y como es ahora), que es el grupo que toma muchas de las decisiones estratégicas que conciernen al deporte y está formado por representantes de los diez equipos, de la Fórmula 1 y de la FIA. Por aquel entonces teníamos el Grupo de Estrategia de la Fórmula 1, que incluía a representantes de la FIA y de la Fórmula 1, además de los de Ferrari, Red Bull y Mercedes (o sus encarnaciones anteriores), McLaren, Williams y el otro equipo mejor clasificado en el Campeonato de Constructores del año anterior. Como ya he dicho, a los otros equipos, como Haas, se les permitía asistir a las reuniones, pero no tenían voto, y solo podían opinar sobre algo gracias a una versión anterior de la Comisión, que en ese momento representaba a las otras partes interesadas, como los equipos más pequeños y los promotores de carreras. Era un asco, básicamente, y se mantuvo así hasta que Liberty Media se hizo cargo. Si Bernie hubiera seguido al timón, nada habría cambiado. Después de todo, no a todos sus amigos les gusta la democracia.

Hoy la Fórmula 1 sigue siendo una meritocracia, en el sentido de que cuanto mejor lo haces, más obtienes, pero al menos la Comisión de la Fórmula 1, en su versión actual, incluye a representantes de todos los equipos de la parrilla, por lo que se trata de una democracia. En cuanto a la competencia entre equipos y pilotos, es evidente que la igualdad de condiciones ha dado sus frutos y se han creado muchas rivalidades nuevas. Lo que ha cambiado, sin embargo, es que en lugar de que la mayoría de estas rivalidades se den entre los pilotos, afectan más a los equipos. O, mejor dicho, a los directores de equipo.

En 2021, la rivalidad entre Max Verstappen y Lewis Hamilton produjo uno de los momentos más emocionantes jamás vistos en la Fórmula 1, pero no es eso lo que la gente recuerda. Sí, Max y Lewis pilotaban los coches, pero lo que permanece en nuestra memoria es la imagen de Toto Wolff perdiendo los papeles con el director de carrera Michael Masi, y Christian Horner llorando de alegría, como un niño pequeño que se ha portado bien la mañana de Navidad. Al margen de a quién defiendas, la rivalidad entre Christian y Toto ha sido, y sigue siendo, una gran fuente de entretenimiento. También es completamente genuina, lo creas o no. Claro que me gusta reírme de Toto y Christian de vez en cuando (o la mayoría de las veces), pero estos tipos están en lo más alto de uno de los deportes más importantes del planeta y sus diferencias de carácter y personalidad (¡por no hablar de la altura!), que parecen coincidir a la perfección con la cultura de los equipos a los que representan, conforman una rivalidad casi perfecta y que espero que siga haciéndome morir de risa durante muchos años.

Ahora todos juntos: «No, MICHAEL, NO, MICHAEL, ¡ESO NO ESTUVO BIEN!».

2023

EL PANORAMA GENERAL

Al terminar el apartado anterior me quedé preguntándome si la temporada 2022 había estado a la altura de las expectativas. No en cuanto a variedad y dramatismo, porque fue la mejor de todos los tiempos desde mi punto de vista, sino en cuanto a resultados y logros. Después de pensarlo un poco, diría que probablemente superó las expectativas. O al menos las mías. Tras 2021, todo el mundo pensaba que Haas ocuparía el último lugar para siempre. Llevábamos dos años estancados y, de ser por Williams, habríamos sido los indiscutibles perdedores del deporte sin duda. Lo que conseguimos en 2022, con los recursos que teníamos a nuestra disposición, fue muy impresionante. La mayor frustración, por supuesto, es que podría haber salido mejor con mucha facilidad de no haber sido por los errores del equipo y de la FIA. Así es la vida.

En retrospectiva, este es probablemente el momento en el que debería haberle estrechado la mano a Gene y haberme retirado. Desde el principio de nuestra relación, nuestra única ambición era que el equipo siguiera progresando. Es humano querer hacer las cosas mejor, y durante los primeros años creo que lo conseguimos. No había objetivos fijados. No había una meta final. Nuestro propósito era progresar, ver adónde llegábamos y disfrutar del viaje.

Por muy importante que sea querer mejorar algo y progresar, también hay que saber cuándo se está librando una batalla perdida. Yo lo sabía, creo, pero no hice nada al respecto. A mis ojos, Gene ya no tenía una visión para el equipo y su relación con el deporte había cambiado. En mi opinión, lo que había empezado como una agradable aventura deportiva (para ambos) se había convertido para él en un inconveniente caro. Por ejemplo, cuando llegó el nuevo patrocinador principal del equipo, MoneyGram International, Gene iba a comprar un *motorhome* nuevo. La que teníamos era horrible y, con diferencia, la más vieja del *paddock*. Desentonaba mucho. Hice el trabajo preliminar, reuní los presupuestos y todo, pero cuando llegó el momento de firmar el cheque, Gene cambió de opinión. «Nos quedaremos con la que tenemos», dijo.

En 2015, Gene Haas no habría actuado así. Habría comprado el *motorhome* y se habría puesto manos a la obra. Además, en aquel entonces el equipo no valía nada como negocio, mientras que ahora podía valer hasta mil millones de dólares. No tenía ningún sentido y era muy frustrante.

Su argumento era que eso no haría que el coche fuera más rápido. ¿De verdad? Creo firmemente que un mejor equipamiento puede motivar a la gente, elevar el nivel y establecer una cultura de equipo, y a su vez tener un efecto tangible en nuestro rendimiento en la pista. Pero ya me entendéis. La visión había desaparecido.

La pregunta que os estaréis haciendo ahora es, si todo eso es cierto, ¿por qué demonios decidí quedarme? En realidad, es bastante fácil. Ante todo, me quedé por el equipo. A riesgo de repetirme, yo había participado en la contratación de casi todos los miembros del personal de Haas y muchos de ellos habían estado con nosotros desde el primer día. Para mí eran como de la familia. ¿Suena sentimental? Puede que un poco. Pero es verdad. Me sentía responsable de ellos, de todos, y por eso no me fui. Yo era como un padre autoritario que dice demasiadas groserías y avergüenza a todo el mundo en las fiestas, mientras que Gene era como un misterioso tío rico que aparece de vez en cuando de la nada, pero al que nadie conoce de verdad.

En fin, ¿quién se apunta a leer unas cuantas páginas en las que se va a repetir mucho la expresión «degradación de los neumáticos»? ¿Tú? Eso me decepciona, porque yo no.

Antes de que empezáramos a aparecer en los titulares por gastar neumáticos como la FIA gasta excusas poco convincentes, la mayoría de las noticias sobre el equipo justo antes del inicio de la temporada 2023 eran sobre nuestra nueva alineación de pilotos, formada por Kevin Magnussen y Nico Hülkenberg. El motivo del alboroto de la gente era que en 2017, en el Gran Premio de Hungría, habían tenido un toque en la pista que dio lugar a que, después de la carrera, Nico le dijera algo a Kevin en la zona de prensa. Creo que lo acusó de no ser muy buen deportista o algo así. De todas formas, si se hubiera quedado ahí, todos lo habrían olvidado, pero estamos hablando de Kevin Magnussen. Es un cabrón peleón. En lugar de poner la otra mejilla e ignorar a Nico, le ordenó que le hiciera algo muy grosero en sus partes íntimas que, como lo estaban entrevistando, quedó grabado por la cámara. En aquel momento no recuerdo que fuera un gran problema, pero cuando se anunció la asociación para 2023, de repente se convirtió en titular. Frases como «Hay resentimiento», «No pueden verse» y «Se esperan fuegos artificiales» eran habituales en la prensa, y al final tuve que hacer averiguaciones.

—¿Qué pasa con esta mierda, Kevin? —le pregunté—. Supongo que ya lo habréis arreglado todo.

—Lo hicimos, hace un año —respondió—. Ambos hemos madurado un poco desde entonces. Ahora también somos padres.

—Gracias a Dios —dije—. Lo último que necesito al principio de la temporada es que Nico y tú os echéis mierda el uno al otro.

—No te preocupes, estamos bien.

Cuando llegamos a las pruebas, Kevin y Nico habían pasado un buen tiempo juntos y mis fuentes me confirmaron que se llevaban bastante bien. En serio, fue un gran alivio. Tenía muchas esperanzas puestas en la nueva alineación y no quería negatividad ni distracciones.

Antes de continuar, permitid que os cuente cuáles eran mis esperanzas de cara a 2023, aparte de que Kevin y Nico no se mataran entre ellos. Una era que no ocupáramos tantos titulares. A pesar de nuestros éxitos, 2022 había sido una locura en ese sentido y esperaba un año más tranquilo en comparación. Mi previsión era que probablemente no resultaría así, pero nunca se sabe. En cuanto a nuestras actuaciones en la pista, lo mejor que podía esperar era algún tipo de mejora con respecto a 2022. Como siempre, no teníamos ni idea de lo que los demás equipos habían estado haciendo en los meses de descanso, por lo que todo estaba muy medido.

En retrospectiva, creo que mi última esperanza para 2023 era que la situación de Gene se resolviera de alguna manera. Aunque no nos habíamos peleado exactamente, a esas alturas solo nos hablábamos cuando era necesario y mi frustración por la falta de inversión empezaba a molestarme. Dada la situación actual del equipo frente a la del deporte, es decir, lo que estaban invirtiendo los demás equipos y lo que podía ocurrir en el futuro, no nos veía capaces de quedar novenos en el Campeonato, y mucho menos quintos o sextos. El patrocinio era positivo, pero solo nos ayudaba a sobrevivir día a día, que era como el equipo había estado funcionando durante mucho tiempo. No había un plan a largo plazo. No había perspectivas. No suelo ser derrotista, pero mientras Gene había ido perdiendo su pasión y visión por el equipo (y ya lo había hecho en 2019), yo había perdido la esperanza. Me había visto en algunas situaciones de mierda en mi vida, pero nunca en una como esta. Tampoco es que me planteara rendirme. Eso no se me da nada bien.

En Jaguar las cosas no funcionaban por mil y una razones. Era frustrante, sin duda, pero también imposible de salvar, lo que facilitó que me alejara. O, en mi caso y en el de Niki, ¡facilitó que nos pusieran de patitas en la calle! En Haas ocurría todo lo contrario. Para empezar, el deporte estaba mucho mejor que cuando yo trabajaba en Jaguar. De hecho, aparte del nombre y de que seguíamos corriendo con coches de cuatro ruedas y en muchos de los mismos circuitos, estaba casi irreconocible. Luego la gente. En Jaguar teníamos un equipo bastante bueno, pero debido a la naturaleza evolutiva del deporte, los chicos de Haas estaban a otro nivel. A pesar de ello, solo podían rendir al máximo de su capacidad si disponían de los mejores recursos. Y luego estaba el propio equipo. Además de valer mil millones como empresa activa, con una pequeña inversión sabía que podría volver a estar en la zona media y después luchar por convertirse en el mejor de los demás. Con aún más inversión, ¿quién sabe? No estaba sugiriendo que se invirtiera dinero en el equipo porque sí. Es más, con el tope presupuestario en vigor ya no se podía hacer eso. Pero el hecho es que, si ni siquiera estás dispuesto a gastarte lo que se te permite, te colocas de inmediato en una situación de desventaja. Esa era nuestra situación, y se estaba convirtiendo en un gran problema.

LAS PRUEBAS

Este va a ser el capítulo más corto del libro, ¡si no del mundo entero!

Las pruebas fueron como un puto sueño. Comprensión de los fundamentos del nuevo coche: hecho. Muchas vueltas (415 en total): hecho. Simulaciones de clasificación: hecho. Simulaciones de carrera: hecho. Pruebas aerodinámicas: hecho. Tandas con mucho combustible: hecho. Pruebas de diferentes compuestos de neumáticos: hecho, hecho, hecho. Nico y Kevin no cabían en sí de felicidad al final del último día y solo se bajaron del coche para ir al baño. El único problema que nos preocupaba era la degradación inesperada de los neumáticos en recorridos más largos.

Pero no nos alarmamos demasiado. Todo iría bien.

Ejem.

LA TEMPORADA

¿Seguro que no puedo convenceros de que os saltéis esta parte de la historia? ¿No? Venga, chicos. Pensé que teníamos una relación. Bueno, si no me queda más remedio… Vosotros lo habéis querido. Os lo advierto, no va a ser bonito. Algunos adultos corren el riesgo de acabar llorando al final del capítulo, que lo sepáis.

Una de las razones por las que decidimos apostar por Nico Hülkenberg fue porque sabíamos que era rápido en las clasificaciones, y justificó nuestra decisión de inmediato con un décimo puesto en la primera carrera en Baréin. Las posibilidades de Kevin de pasar de la Q1 se vieron frustradas por el tráfico, pero estaba contento con el coche y las primeras sensaciones eran buenas.

El asunto de la degradación de los neumáticos volvió a aparecer durante los primeros entrenamientos libres, pero no fue hasta la carrera cuando nos dimos cuenta de que podía suponer un problema. Nico, que terminó decimoquinto (Kevin decimotercero), dijo después que durante la carrera había desgastado los neumáticos a toda leche. Kevin, por su parte, sintió que habíamos progresado mucho desde los primeros entrenamientos libres en ese sentido, así que aunque estábamos preocupados, aún no había nada decidido.

Arabia Saudí resultó ser el último falso albor. Después de que ambos coches pasaran a la Q2 (Nico salió en la decimoprimera posición y Kevin en la decimotercera), los dos hicieron una carrera impecable; Kevin terminó décimo, con lo que sumó nuestro primer punto de la temporada, y Nico duodécimo. Obviamente, habríamos preferido hacer un doblete, pero la gestión de los neumáticos no había supuesto un problema para ninguno de los dos pilotos, así que salimos con un cauto optimismo. Por lo que a nosotros respectaba, podíamos luchar.

La siguiente carrera en Australia tuvo de todo. Mucho drama, algo de rabia al final y, por suerte, algunos puntos para Haas. El desastre comenzó cuando Kevin perdió un neumático en la curva dos hacia el final de la carrera, lo que provocó una bandera roja y una salida parada. Luego Carlos Sainz golpeó entonces a Fernando Alonso, que acabó haciendo un trompo y se llevó a otros coches con él. Después de otra bandera roja, la carrera se reanudó con precaución durante la última vuelta y la clasificación final quedó con Nico en la cuarta posición. Así es, chicos, ¡he dicho cuarta!

Antes de que tuviéramos tiempo de celebrarlo, me enteré de que, por razones que llevaría demasiado tiempo explicar aquí y que os aburrirían a todos, los comisarios habían decidido volver a la clasificación anterior a la segunda bandera roja, lo que dejaba a Nico en séptimo lugar. Seguía estando bien, por supuesto, pero no era una cuarta posición. Presentamos una protesta (después de enfadarme bastante) que se desestimó, así que tuvimos que conformarnos. Y lo que es más importante, al menos en lo que respecta a la historia que estoy contando, habíamos experimentado poca degradación de los neumáticos, así que nos mostrábamos cada vez más optimistas.

En Bakú, Niko volvió a tener problemas, pero Kevin no. Lo mismo ocurrió en Miami, donde Kevin sumó un punto. Después de eso, las cosas se fueron a la mierda. En las clasificaciones obtuvimos resultados sorprendentes para el equipo, con Nico alineado en la primera línea de la parrilla en Canadá. Tuvo algo de suerte con una bandera roja cortesía de Oscar Piastri hacia el final de la sesión, pero ¿a quién le importa? En circunstancias normales, habríamos saltado como idiotas ante tal noticia, pero se vio empañada por una sensación de inevitabilidad. Una inevitabilidad de que no seríamos capaces de convertirlo en puntos.

Como si quisieran asegurarse de que acabáramos el fin de semana de mal en peor, los comisarios sancionaron a Nico después de la clasificación por una infracción con bandera roja y luego le hicieron retroceder tres puestos. Incluso salir desde la tercera línea de la parrilla debería haber sido motivo de celebración, pero no lo fue. Los equipos que nos rodeaban, algunos de los cuales habían tenido un problema similar con los neumáticos al principio de la temporada, habían seguido adelante y mejorando, mientras que nosotros íbamos hacia atrás. No literalmente, me alegra decirlo, pero por poco.

El problema, por cierto, se debía a un desplazamiento exagerado hacia delante del centro de presión durante la frenada y en la entrada en las curvas. Esto puede hacer que los neumáticos delanteros funcionen durante una vuelta en la clasificación, y así fue, pero con el tiempo empieza a afectar a los traseros. Cuando eso ocurre, se pierde tracción y las cosas comienzan a ir mal.

El error que cometí en este punto de la temporada fue seguir intentando rectificar el problema en el túnel de viento, cuando lo que debería haber hecho, y al final hice, era buscar en otra parte y así liberar tiempo en el túnel de viento para el desarrollo del coche de la próxima temporada. Llega un momento en que hay que poner un límite y, en este caso, llegué tarde. Gene estaba cada vez más enfadado con los resultados y, en lugar de aguantarme como hacía cuando empezaba a quejarse, me obsesioné con intentar callarlo. Esa es la verdad.

Cuando por fin tomamos la decisión de dejar de desarrollar el VF-23 en el túnel de viento, los chicos de Maranello tuvieron vía libre para empezar con el VF-24. Todavía tenían tiempo suficiente, según ellos, así que todo iba bien. Bueno, «bien» probablemente sea un poco exagerado, pero ya me entendéis. Suena irónico, pero como parte de ese desarrollo todavía tendrían que tratar de resolver el problema de la degradación de los neumáticos. Solo que lo harían en un coche nuevo.

Las cuatro últimas carreras de la temporada fueron más o menos iguales en cuanto a resultados, lo que consolidó nuestra posición en los últimos puestos del Campeonato de Constructores. Se habló mucho entonces de que Haas había terminado noveno o décimo en cuatro de las cinco últimas temporadas, pero sin mencionar el covid-19 ni el hecho de que nos viéramos obligados a correr con un coche sin desarrollar. Un año antes eso no me habría molestado lo más mínimo, pero ahora ya estaba harto.

Con independencia de cómo hubiera ido una temporada, siempre me cargaba de esperanza después de la última carrera y mi mente empezaba a llenarse de pensamientos sobre cómo podíamos mejorar y qué podríamos conseguir el año siguiente. Os aseguro que, por mucho que me guste pasar tiempo con mi familia, no veo la hora de que todo vuelva a empezar. Pero ahora no. Cuando Kevin pasó bajo la bandera a cuadros en última posición en Abu Dabi me sentí abatido. La determinación de la que hablaba un poco antes había desaparecido. Tampoco es que se me notara. Siempre digo que no soy un buen actor, pero quizá me equivoque. No di saltos de alegría cuanto la temporada llegó a su fin, pero tampoco tenía la cabeza entre las manos. Por dentro, sin embargo, me sentía bastante anestesiado.

PARADA EN BOXES

LA FIA

Esto va a ser divertido.

Las diferencias entre la FIA de 2014, cuando obtuvimos la licencia, y la actual darían para un libro. Aun así, no es un libro que me gustaría leer o ayudar a escribir. Mis discrepancias con el actual presidente, Mohammed Ben Sulayem, por ejemplo, son bien conocidas desde hace dos años, y compararlo con Jean Todt, que en mi opinión fue un excelente presidente, es como comparar manzanas con peras. No me malinterpretéis, Mohammed es un buen tipo, pero su etapa en el cargo ha sido caótica hasta ahora y ha conseguido enfadar a casi todos los equipos y a todos los directores de equipo. Jean, por el contrario, siempre supo mantener el rumbo y llevarse bien con casi todo el mundo. A diferencia de Mohammed, tenía experiencia en la Fórmula 1 y eso inspiraba confianza.

La persona a la que más se echa de menos en la FIA, por no decir en el deporte en general, es Charlie Whiting. Desde un punto de vista personal, Charlie no solo era un buen amigo mío, sino que también me dio muchos consejos cuando empezamos con Haas, y sin él las cosas habrían sido diferentes para nosotros. De hecho, sin la ayuda de

Charlie existe la posibilidad de que no hubiéramos llegado a la parrilla.

Unos años más tarde, en 2018, Charlie acudió a nuestro rescate una vez más al refutar públicamente las afirmaciones hechas por unos idiotas sobre que el intercambio de tecnología entre Haas y Ferrari iba en contra de las reglas. Haas había empezado la temporada 2018 a lo grande, así que uno o dos a los que no les iba tan bien empezaron a quejarse.

—Sabemos de sobra lo que está pasando entre Haas y Ferrari —declaró Charlie— y es completamente legal. No hemos visto nada que nos preocupe.

Si alguien más hubiera dicho aquello, no habría supuesto un cambio con respecto a los rumores. Con Charlie no fue así. Eran sus reglas y sus normas y ahí se acababa todo. Él había escrito muchas de ellas, así que nunca dudabas de su interpretación. Por encima de todo, sin embargo, tenía el respeto de todos los involucrados en el deporte: los pilotos, los mecánicos, los directores de equipo y los ingenieros. Todos los que tenían experiencia en la Fórmula 1 respetaban y, en la mayoría de los casos, apreciaban a Charlie Whiting. De hecho, no se me ocurre nadie más legal que haya trabajado en este deporte.

Debido al respeto que siempre se tenía por gente como Charlie y Jean, y porque ellos te respetaban también, si alguna vez discutías con ellos, que era inevitable, se olvidaba en pocos minutos. Así funcionaban las cosas. Todos éramos seres humanos maduros y cada uno asumía lo que decía el otro. A veces estábamos de acuerdo y otras no. El caso es que siempre acabábamos dándonos la mano y pasando página.

En 2017 tuve un desencuentro con Charlie sobre los comisarios de carrera permanentes que acabó haciéndose público. Debido a la cantidad de decisiones controvertidas que se estaban tomando, que a menudo afectaban más a los equipos pequeños que a los grandes, yo quería que la Fórmula 1 pusiera en marcha un panel de comisarios que supieran lo que hacían y que asistieran a todas las carreras del calendario. Le propuse la idea a Charlie y, a lo largo de unas semanas, mantuvimos varias reuniones al respecto. Después de pensarlo, llegó a la conclusión de que, en su opinión, un panel permanente daría lugar a más preguntas que respuestas.

—En mi opinión, el procedimiento actual es más razonable —dijo Charlie—. Así que no. Lo siento, Guenther. —Debo admitir que me enfadé un poco con su decisión, pero la respeté.

Hoy, si tienes un desacuerdo con la FIA, a menudo tiene que haber consecuencias, y quizá no os sorprenda saber que recibí mi primera reprimenda oficial de la FIA después de que Charlie falleciera. Fue a finales de septiembre de 2019, durante el Gran Premio de Rusia (¡tenía que ser en la maldita Rusia!). Hice un comentario sobre un comisario por la radio del equipo después de que el tipo en cuestión sancionara con cinco segundos a Kevin Magnussen por reincorporarse a la pista tras salirse en la curva dos. Mis palabras exactas fueron: «Si no tuviéramos un comisario incompetente e idiota iríamos octavos... Sabéis quién es el comisario. Lo conocéis. Siempre es el mismo. No puede ser más tonto». El mensaje se difundió entre el público y luego se publicó en varios medios de comunicación. ¡Buena cobertura!

Después de que me llevaran ante el tribunal, me impusieron una multa de 7500 euros y me advirtieron de que no volviera a hacerlo. Por cierto, no me molestó la multa. Tienen un código de conducta y yo lo incumplí. Lo que me dio rabia fue que el comisario en cuestión, que en mi opinión tenía un historial escandaloso, pudiera seguir cometiendo esos errores sin ninguna represalia. Ni siquiera consideraron la posibilidad de que se hubiera equivocado. Aunque Charlie me habría multado, y con razón, también habría escuchado mi versión de los hechos, lo que me habría ayudado a mantener la confianza en el organismo rector. Pero no fue así. En mi opinión, la FIA después de Charlie Whiting ha dejado de ser culpable de sus errores y ha perdido la humildad. Y eso no es bueno para nadie.

Mirad el espectáculo de Max contra Lewis en Abu Dabi al final de la temporada 2021. No importa a quién apoyes (y sí, estoy de acuerdo, resultó muy entretenido), desde un punto de vista reglamentario fue una cagada de proporciones bíblicas, y con independencia de la decisión que Charlie Whiting hubiera tomado de haber estado en la posición de Michael Masi, habría generado mucha menos controversia y vergüenza. A la mierda. Todos sabemos lo que Charlie habría hecho. Si él hubiera estado al mando, Lewis sería ahora ocho veces campeón del mundo.

Cuando empecé a escribir esto, busqué en Google mi nombre y la FIA, y en 0,32 segundos obtuve 307 000 resultados. No todos eran sobre discusiones o reprimendas, pero sí una buena parte. En cualquier caso, creo que debería contaros mis últimas «experiencias» con la organización y seguir adelante. De lo contrario, esto se convertirá en una larga lista de multas y quejas. En otra ocasión, tal vez. O quizá no.

La última vez que la FIA me amonestó fue en junio de 2023. Se trató de un incidente relacionado con los comisarios (¡sorpresa!) que ocurrió después de una colisión en la que se vio involucrado Nico Hülkenberg durante el Gran Premio de Mónaco y que me llevó a pedir una vez más un panel permanente. Acabé refiriéndome a los comisarios como «profanos», y no les hizo ninguna gracia.

«En todo deporte profesional», dije en la polémica entrevista, «hay profesionales que arbitran. La Fórmula 1 es uno de los deportes más importantes del mundo y todavía tenemos a profanos decidiendo sobre el destino de personas que invierten millones en sus carreras. Siempre es motivo de discusión porque no son coherentes. No quiero culpar a nadie en particular, pero si no están en todas las carreras [un panel permanente], entonces esto es como cualquier otro trabajo. De hecho, ni siquiera es un trabajo, porque en un trabajo te pueden despedir, porque te pagan, y si haces un mal trabajo, te despiden. Aquí no te pueden despedir porque no cobras. Creo que debemos dar un paso adelante».

La cuestión surgió porque cada uno de nosotros tenía una interpretación diferente de la palabra «profano». La mía se refería a una persona que trabajaba en un determinado puesto ocasionalmente, lo cual era acertado y siempre había sido mi principal problema con respecto a los comisarios. En cambio, su interpretación de un profano era alguien que carecía de cualificación. En cualquier caso, pensaron que les estaba faltando al respeto y tuve que disculparme. Fue un malentendido, eso es todo. En retrospectiva, la gran mayoría de mis encontronazos con la FIA han tenido que ver con mi firme convicción de que un panel permanente de comisarios beneficiaría sobremanera al deporte; y lo sigo creyendo.

Curiosamente, mi última actuación con la FIA se produjo durante y después del Gran Premio en casa para Haas en 2023, en el Circuito de las Américas. Aunque fue arduo, caro y un auténtico grano en el culo, resultó en una pequeña victoria que, nunca se sabe, algún día podría suponer un cambio.

Como estoy seguro de que comprenderéis, dado lo sucedido durante la temporada 2023, hay pocas frases en este deporte que me molesten más que «degradación de los neumáticos». De hecho, la única que se le acerca es «límites de pista». Dios mío, ¿por dónde empiezo con esto?

Si la memoria no me falla, el problema ocurrió en la curva seis. Un montón de coches habían sobrepasado los límites de pista en múltiples ocasiones, pero como la FIA no tenía cámaras en el lugar nunca se les penalizó. Aunque estaba de acuerdo en que el enfoque variable de la época de Charlie, cuando solo se vigilaban ciertas curvas de ciertos circuitos, necesitaba actualizarse; el hecho de que la FIA fuera incapaz de controlar esto de forma adecuada los había dejado al descubierto y se estaba convirtiendo en una broma de mal gusto. «Si ciertas curvas de ciertos circuitos exigen cámaras de CCTV con ángulos adecuados para controlar los límites de pista», dije en una entrevista, «debería ser un requisito básico que se instale la cantidad necesaria de cámaras antes de cada carrera».

No fue así, por lo que en esta ocasión Haas acabó perdiendo.

Después de recopilar y estudiar las imágenes disponibles, que en nuestra opinión demostraban de forma concluyente que Checo, Lance Stroll, Alex Albon y Logan Sargeant habían cometido múltiples infracciones durante la carrera (en el caso de Logan, una penalización de cinco segundos habría colocado a Nico Hülkenberg en décima posición, con lo que habría ganado un punto), decidimos presentar una solicitud de derecho de revisión con la esperanza de que se iniciara una revisión.

Tras dos reuniones con la FIA en las que participaron los respectivos directores de equipo, parte de cuyo trabajo es servir de enlace con la FIA, la solicitud de revisión se rechazó con el argumento de que las pruebas que presentamos ya estaban disponibles en el momento de las decisiones originales de los comisarios el domingo por la noche. Y lo que es más importante, estas pruebas no se habían considerado suficientes debido a la falta de imágenes fijas de CCTV.

La victoria que he mencionado se produjo en un comunicado de prensa emitido después por los comisarios en el que decían:

Nuestra incapacidad para hacer cumplir de forma adecuada la norma actual sobre los límites de pista para todos los competidores es del todo insatisfactoria y, por lo tanto, recomendamos encarecidamente a todos los interesados que se proponga enseguida una solución para evitar que se repita este problema generalizado. Si el problema se aborda de forma adecuada mediante mejores soluciones tecnológicas, modificaciones de la pista, una combinación de las mismas o un reglamento y una norma de aplicación diferentes, los comisarios lo dejan en manos de quienes están mejor posicionados para hacer tales evaluaciones.

Por supuesto, tenía que dar mi opinión después de eso.

«Deberían asegurarse de que disponen de los medios para comprobar su propio reglamento, y no a mí sentado en casa o a Aston Martin [que protestó por un asunto similar en Austria] comprobando lo que están haciendo. Esa no es tarea del equipo. No tuvimos tiempo de revisarlo todo en media hora porque no es nuestro trabajo. No somos el órgano rector, somos un equipo de carreras, pagamos a alguien para que haga ese trabajo: la FIA».

¡Aleluya, maldita sea!

Diciembre de 2023

HAASTA LA VISTA, *BABY*

Si hubiera tenido que adivinar dónde descubriría que mi etapa al frente del equipo que había soñado, luego formado y al que había dedicado más de diez años de mi vida había llegado a su fin, un supermercado de Merano, en el norte de Italia, ni siquiera habría estado entre mis cinco primeras opciones. Pero ¿cuáles habrían sido tus cinco primeras, Guenther?, os oigo preguntar. En el retrete tendría que ser la número uno. Y la número dos, por supuesto. La tercera sería en el coche, que es donde pasaba bastante tiempo cuando no estaba en casa o en un circuito de carreras. En cuarto lugar, la oficina, o en alguna de ellas, probablemente donde estaba la mayor parte de las horas de vigilia, y en quinto lugar, la cama. Ya está. Pero ocurrió en un supermercado de Merano. Era viernes 29 de diciembre de 2023, por la tarde, y estaba de pie ante el mostrador de la charcutería, mirando un bonito trozo de jamón cuando, de repente, me sonó el teléfono. «¿Quién demonios es?», recuerdo que pensé. Era Gene. Llevaba un par de días intentando ponerse en contacto conmigo, pero debido a la diferencia horaria entre Italia y California no habíamos coincidido. Ni siquiera pensé en qué querría.

—Hola, Gene —le dije—. ¿Cómo estás? Feliz Navidad.

No me gusta responder a llamadas telefónicas cuando estoy intentando elegir productos de calidad a base de carne de cerdo en un supermercado italiano en Navidad, pero al fin y al cabo era mi jefe.

—Estoy bien —contestó—. Feliz Navidad a ti también. —Luego se pasó más o menos un minuto hablando de naderías, y yo estaba a punto de preguntarle adónde quería llegar cuando se detuvo y cambió de tema. Gracias a Dios—. ¿Por qué crees que nos está yendo tan mal, Guenther?

—Hemos discutido esto un millón de veces, Gene —dije—. Para que mejoremos, tienes que invertir dinero y acercarnos al límite presupuestario.

A esto le siguió una pequeña perorata sobre la cantidad de dinero que había invertido en el equipo a lo largo de los años, a lo que yo le recordé que se había valorado al equipo en cerca de mil millones de dólares, y que incluso había encontrado un inversor externo que quería poner doscientos millones de dólares, los cuales él había rechazado.

—También conozco a gente que está interesada en comprar el equipo, Gene —añadí—. Solo tienes que decirlo.

Otro sermón sobre que no quería vender el equipo, que era lo que yo esperaba que dijera. Entonces, se detuvo:

—En fin, Guenther, tu contrato está a punto de vencer y he decidido no renovarlo.

—De acuerdo, Gene, por mí no hay problema —contesté, y colgué.

La llamada no debió de durar más de seis o siete minutos. Después de diez años.

En vista de todo lo que había ocurrido a lo largo de la temporada y de nuestro estancamiento en materia de inversiones y del límite presupuestario, tal vez debería habérmelo esperado. Pero lo cierto es que a finales de 2023 estaba anestesiado y no había sido capaz de plantearme gran cosa, aparte de cómo demonios íbamos a salir del lío en el que estábamos metidos. De repente, los sentimientos que me habían consumido durante tanto tiempo se disiparon. Era un hombre libre.

—¿Quién llamaba? —preguntó Gertie con indiferencia. No tenía ni idea de lo que acababa de ocurrir.

—Gene —respondí—. Me ha echado.

—Que ¿qué? —Su voz debió de subir al menos una octava y doblar su volumen.

—Me ha echado —repetí—. Ya no soy el director del Haas F1 Team. Soy un desempleado de mediana edad.

—Pero no puede hacer eso.

—Puede, y lo ha hecho. Es su equipo. Adivina lo que esto significa. Soy un hombre libre, Gertie.

Durante los dos minutos siguientes, nos quedamos de pie ante el mostrador del supermercado intentando asimilarlo todo. Como he dicho, debería habérmelo esperado, pero no lo hice. Por otra parte, no recuerdo que me sorprendiera. Quizá si nos hubiera ido bien en aquel momento, lo habría hecho (¡probablemente me habría puesto furioso!), pero me pareció bien. Soy un tipo bastante filosófico cuando se trata de estas cosas y todavía tenía a mi familia, salud, que con casi toda seguridad mejoraría bastante, y a mis amigos. También tenía la mitad de una empresa de éxito, una carrera floreciente como autor de literatura de alta calidad con atractivo para el mercado de masas, un Toyota Tundra de dos años y un perro que Greta me había pedido durante un tiempo. ¿Dónde se fue todo a la mierda, Guenther?

Lo que ya no tenía era la responsabilidad de dirigir un equipo de Fórmula 1 que empleaba a más de doscientas personas y la obligación de explicarle al mundo y a mi mujer todos los días de la semana por qué nos había ido tan mal sin decirles la verdad y sin entrar en detalles sobre mi continua batalla con Gene por la inversión. Aunque aprecio el valor de no dejar que una pequeñez como la verdad se interponga en el camino de una buena historia, tener que ocultar la realidad durante un período prolongado de tiempo y a personas que no son estúpidas puede ser francamente problemático. Estaba harto de tener que engañar a la gente, pero ahora, por fin, se había acabado.

—¿Nos vamos a casa? —le pregunté a Gertie por fin—. Necesito sentarme y pensar un poco.

—Por supuesto, vamos.

Cuando llegamos a casa, unos veinte minutos más tarde, mi mente, que desde que tengo uso de razón siempre ha visto por defecto el vaso medio lleno, estaba a mil por hora. Además de sentir que me había quitado el peso del mundo de encima, estaba entusiasmado con lo que me esperaba. Ya sabéis lo que dicen, cuando una puerta se cierra, dos se abren, y cuanto más pensaba en ello, más emocionado y animado me sentía.

—¿Estás seguro de que estás bien, Guenther? —me preguntó Gertie aquella tarde—. Haas ha sido tu vida durante diez años. Es mucho que asimilar.

—No niego que Haas ha sido una gran parte de mi vida —dije—, pero, al mismo tiempo, nada dura para siempre. Como he dicho en el supermercado, ahora soy libre. Libre para ser padre de Greta y tu marido. Acabo de darme cuenta de que, como estoy en el paro, ¡soy un marido y padre amo de casa! ¿No es una locura?

No puedo asegurar qué le pasó a Gertie por la cabeza cuando dije esas palabras, pero parecía bastante alarmada. Llevábamos casados casi treinta años, y en todo ese tiempo yo había pasado entre un tercio y la mitad de cada año fuera. Ahora, la pobre Gertie se enfrentaba a la perspectiva de tener a su nervioso e irritante marido en casa la mayor parte del tiempo.

—Greta estará encantada —comentó al fin.

—Eso espero. ¿Cuándo crees que deberíamos decírselo?

—En el avión a casa —dijo Gertie.

—¿Para que no tenga a dónde escapar cuando empiece a gritar?

—¡GUENTHER!

—Lo siento.

Gertie sugirió retrasar el anuncio un par de días porque no estaba segura de cómo reaccionaría nuestra hija. No a la noticia de que su padre por fin iba a pasar más tiempo con ella, sino a que ya no dirigía Haas. «Ya sabes cómo son los niños», dijo Gertie. «Como eres muy conocido, puede que le preocupe una reacción violenta o tener que responder a muchas preguntas de la gente».

Tal y como Gertie sospechaba, cuando por fin le dimos la noticia a Greta durante el vuelo de vuelta a casa, su reacción fue una mezcla de felicidad, gracias a Dios, porque el «viejo», como ahora me llama, iba a estar mucho más cerca de ella a partir de ahora, y un poco de aprensión por lo que pudieran decir sus amigos. Sin embargo, al cabo de uno o dos días, esta sensación desapareció y todo el mundo se alegró. Gertie sabía muy bien que yo no estaría en casa todos los días del año (¡si fuera así, ella habría solicitado mi antiguo trabajo!) y todos estábamos muy ilusionados.

—Hacía años que no te veía así —dijo mi mujer la mañana siguiente a nuestra llegada a Carolina del Norte.

—Así ¿cómo?

—Vuelves a tener la vitalidad que tenías antes.

Me quedé pensando un rato y llegué a la conclusión de que la «vitalidad», en palabras de Gertie, probablemente había empezado a desaparecer en 2020, que es cuando llegaron el covid-19 y todos los demás problemas, y cuando la falta de inversión en el equipo empezó a tener un efecto material. Antes de eso, a pesar de algún que otro contratiempo, tuvimos cuatro años en los que hicimos más cosas bien que mal y fuimos un equipo competitivo que la gente, tanto dentro como fuera del deporte, respetaba y tomaba en serio. Dadas algunas de las tonterías que se han escrito sobre el equipo a lo largo de los años, es difícil de creer, pero es cierto.

Es una afirmación bastante atrevida, pero yo diría que una de las principales cosas que nos mantuvo a flote en los años posteriores a 2020, que es cuando cambié la dirección de un equipo competitivo de automovilismo por la resolución de problemas y extinción de fuegos, tanto en términos de moral del equipo como de exposición, fue *La emoción de un Grand Prix*. De no haber sido por eso, Haas no habría recibido el amor que la gente ha mostrado al equipo en los últimos años, y sé a ciencia cierta que marcó una gran diferencia. El equipo tenía problemas dentro y fuera de la pista, pero el público en general nos deseaba lo mejor. No sustituía a ser competitivos en la pista, por supuesto, pero hacía mucho más fácil seguir luchando.

Estoy intentando adivinar qué preguntas os gustaría que respondiera antes de despedirme. Supongo que una de las obvias sería: si pudiera volver atrás, ¿haría algo diferente? La respuesta es sí, lo haría. Teniendo en cuenta lo que ha pasado, si tuviera otra oportunidad intentaría encontrar más inversores externos antes de crear el equipo, en lugar de dejarlo todo en manos de un hombre y una cartera. Obviamente, Gene tenía sus razones para dejar de invertir en el equipo, pero eso no cambia el hecho de que acabó repercutiendo de forma negativa en el rendimiento y fue, en mi opinión, la razón principal por la que el equipo atravesó tantas dificultades en los últimos años.

¿He hecho todo bien? No, claro que no. A pesar de lo que podáis pensar, soy un ser humano y todos los seres humanos erramos. Siempre me esforcé al máximo, y eso es todo cuanto uno puede hacer.

Por cierto, lo que acabo de decir no va con retintín. Vamos, ya sabéis que ese no es mi estilo. El hecho es que si hubiera contado a la prensa lo que estaba pasando, Gene y yo nos habríamos peleado públicamente, y eso habría perjudicado al equipo. Además, hasta hace poco, tenía la esperanza de que algún día cambiaría de opinión y volvería a invertir. Tal vez debería haberle llamado la atención en público, ya que podría haber instigado el cambio. Maldita sea la retrospectiva. A veces me pone de los nervios.

Supongo que la cuestión más importante que puedo plantearme aquí es qué podría hacer ahora en el plano profesional. Al fin y al cabo, no puedo quedarme en el paro para siempre. En realidad, mientras escribo esto, solo han pasado unos meses desde que me despidieron, pero ya me entendéis. Y nunca he estado tan ocupado, lo cual no deja de ser irónico. De hecho, la última vez que recibí tantas llamadas, correos electrónicos y mensajes fue justo después de que Rusia invadiera Ucrania y Haas se convirtiera en el enemigo deportivo número uno. En aquella ocasión, recibí instrucciones estrictas de Stuart Morrison de no hablar con nadie, y por una vez en mi vida, hice exactamente lo que me dijeron. Recuerdo que, para empezar, apagué el teléfono y luego, cada media hora, más o menos, lo volvía a encender un minuto para ver qué pasaba. Qué puedo decir, ¡soy curioso! Cada vez que lo hacía, había docenas de llamadas perdidas y Dios sabe cuántos mensajes y correos. Era bastante abrumador, a pesar de que ignoraba la mayoría. Cuando Haas hizo público el comunicado en el que anunciaban que yo no renovaría mi contrato, volvió a ocurrir lo mismo, salvo que esta vez la gran mayoría de la gente quería desearme lo mejor, lo cual es agradable. También querían saber qué había pasado, por supuesto, pero supongo que tienen derecho a sentir curiosidad. «Tendréis que comprar el libro», les dije.

Entre todos los que se alegraron, había unos cuantos conocidos que querían hablar conmigo sobre futuras oportunidades y, si yo fuera un hombre de apuestas, cosa que por suerte no soy, apostaría unas cuantas liras a que una o dos de ellas saldrían adelante. Una cosa es segura: no me voy a encerrar y a dejarme crecer la barba a corto plazo. Si hay algo que he aprendido sobre mí mismo en los últimos diez años es que, ante todo, soy una persona sociable. Esto me lo insinuaron por primera vez hace unos dos años y medio durante una reunión con mis editores sobre mi libro *Sobrevivir a toda velocidad*. Recuerdo que uno de ellos dijo algo así como:

—Queremos averiguar qué es lo que hace vibrar a Guenther Steiner.

—Nada me hace vibrar —dije—. No soy un maldito teléfono. Soy un tipo normal.

No supieron qué responder.

Estuvimos dando vueltas en círculo durante veinte minutos hasta que uno de los asistentes a la reunión sugirió que yo era una persona muy sociable.

—¿Lo soy? —pregunté.

—Creo que sí.

Los demás asistentes parecían estar de acuerdo con la idea, así que cuando me fui, me puse a pensar en ello. Y adivinad qué, tenían razón. Todo lo que he conseguido en mi vida profesional, desde un cómodo trabajo como chófer para un general durante mi servicio militar hasta montar mi propio negocio antes de venderle la idea de montar un equipo de Fórmula 1 a Gene y luego conseguir que Bernie y la FIA me concedieran una licencia, lo he logrado no porque sea superinteligente ni nada de eso, sino porque soy una persona con don de gentes. También debo saber lo que hago, por supuesto, y tener mucho empeño e ideas. Pero si no hubiera sido capaz de comunicarlas y llevarme bien con la gente, no habría pasado de la primera base. Creo que ese es mi único talento real: la capacidad de congeniar y relacionarme con mucha gente diferente. Y dar malas noticias, por supuesto. Pero lo primero no está mal, ¿no creéis?

Lo que lo hace agradable es que soy una persona sociable por naturaleza y la gente me interesa de verdad. No siempre caigo bien a todo el mundo (¿quién demonios lo hace?), pero suelo encontrar algún punto en común si es necesario, y es muy raro que me lleve mal con alguien. Eso solo suele ocurrir con gente que conozco bien, y a menudo tiene más que ver con aclarar las cosas que con otra cosa. Un poco de sinceridad y unas cuantas palabrotas bien elegidas son a veces justo lo que necesita una relación.

Mi mayor triunfo en este sentido es casi con toda seguridad haber conseguido la licencia para Haas, por la sencilla razón de que tuve que convencer a una sala llena de gente muy poderosa pero singular, todos con opiniones e ideas diferentes, de que lo que proponíamos era financieramente viable y beneficiaría al deporte. Volvemos a las apuestas, pero si una casa de apuestas hubiera ofrecido cuotas antes de empezar la reunión sobe nuestra obtención de la licencia, habrían sido similares a las probabilidades de que Haas ganara el Campeonato con Mick y Nikita en 2021. Nadie en el mundo pensaba que tuviéramos alguna posibilidad de conseguir esa licencia, excepto yo.

Echando la vista atrás, aunque mi presentación de la propuesta fue bien, en el sentido de que nadie se durmió ni abandonó la sala, lo que me consiguió la reunión en primer lugar fue que ya existía una relación entre la mayoría de los allí presentes y yo. No digo que fuéramos mejores amigos, pero había llegado a conocerlos bastante bien a lo largo de los años, así que no fue necesario hacer presentaciones.

Por cierto, el hecho de participar en un deporte o en una empresa durante mucho tiempo no significa que uno vaya a conocer de forma automática a todos los integrantes. Hay que esforzarse y, una vez más, es algo que me gusta. Sin embargo, no todo el mundo se alegra de verme. A lo largo de los años, ha habido gente que corría y se escondía si me veía acercarme a ellos en el *paddock*. No porque me tuvieran miedo. Al menos, no creo que así fuera. Simplemente, no soy de su agrado. No me tomo estas cosas demasiado en serio. Puedo pensar lo que quiera sobre muchas personas del *paddock,* pero tendrían que hacer algo muy malo para que no las saludara o charlara con ellas. La vida es demasiado corta para esas tonterías.

Desde que me incorporé a Jaguar en 2001, he tenido la ambición de ascender en este deporte y, para ello, y para hacer bien mi trabajo en Jaguar, he tenido que llamar a muchas puertas, estrechar muchas manos y conocer a mucha gente. Y me refiero a conocerlos de verdad. No basta con saludar a alguien, entablar una conversación trivial y darle una tarjeta de visita. Eso solo es hacer contactos. Lo que me propuse conseguir con gente como Bernie Ecclestone, Charlie Whiting y Jean Todt fue intentar entablar algún tipo de relación con ellos, en parte porque era relevante para mis responsabilidades y ambiciones profesionales, pero también porque soy un ser humano curioso al que le gusta conocer a otros seres humanos. En serio, ¿quién en el mundo del motor no querría conocer a gente como Charlie y Bernie? Por último, pensé que hacerme amigo de Charlie, Bernie y Jean, que estaban en la cima de la jerarquía y cuya experiencia combinada en el automovilismo sumaba unos seiscientos años, yo también podría aprender un par de cosas. No me jodas.

Como sabéis, el tipo que me metió en la Fórmula 1 en primer lugar fue Niki Lauda, y la razón por la que me pidió verme por primera vez hace tantos años fue porque algunos amigos suyos del sector de los *rallies,* gente a la que me había esforzado por conocer y con la que había entablado una relación, le habían dicho que yo hacía las cosas bien, tenía buenas ideas de vez en cuando y era leal y fiable. Que me concedieran la licencia fue como si la historia se repitiera, tanto por la oportunidad que se me presentó, que también era bastante especial, como por el hecho de que se debió tanto a mis contactos como a mis conocimientos.

El otro ámbito de mi vida en el que mi «talento» ha sido útil es *La emoción de un Grand Prix.* O, mejor dicho, las consecuencias de mi aparición en la serie. Teniendo en cuenta lo que ha ocurrido desde entonces, si no me gustara conocer gente nueva, habría tirado el teléfono y me habría ido a vivir a una isla en algún lugar. Antes de que todo estallara, pasaba la mayor parte de mi tiempo con mi familia en casa o con los chicos de Haas y de la Fórmula 1. Pero seguía habiendo mucha gente. Al menos unos cientos. Entonces, después de marzo de 2019, ese número aumentó ligeramente, y no solo por la gente que había visto el documental de Netflix. La prensa y los medios de comunicación estaban mucho más interesados en mí que antes. La razón por la cual la transición de ser un pez conocido en un estanque pequeño a un pez conocido en un estanque enorme ha sido tan fácil es porque, como sugirieron los editores, soy una persona sociable. ¿Y sabéis qué? Me parece genial como marca.

En realidad, hay una pregunta más que creo que necesita respuesta aquí y es qué pretendo hacer con todo este tiempo libre. Según Gertie, llevo de vacaciones permanentes desde 1986, lo cual es un poco injusto. En realidad, debido a la cantidad de viajes que he hecho, nunca hemos tenido vacaciones. O, al menos, no de la forma tradicional, como ir a esquiar o volar a un país cálido durante dos semanas y sentarnos junto a una piscina. No me imagino a mí mismo sentado junto a una piscina durante dos horas, y mucho menos dos semanas. Me aburriría como una ostra. Por suerte, Gertie y Greta también, así que lo que solíamos hacer mientras yo estaba con Haas era pasar unos días aquí y allá. A veces lo compaginábamos con un fin de semana de carreras, así que venían a cualquier parte del mundo donde yo estuviera el viernes y nos quedábamos hasta el martes, o aprovechábamos una pausa en el calendario de la Fórmula 1. Era sensato sacar partido a mi estilo de vida nómada.

Tomemos Las Vegas como ejemplo. Todo el mundo estaba entusiasmado con la idea de que la Fórmula 1 visitara Las Vegas en 2023, incluidas Greta y Gertie.

—¿Por qué no venís a ver la carrera? —les sugerí. No hizo falta pedírselo dos veces. Como estábamos tan acostumbrados, no tuve que explicarles que, a pesar de encontrarse en Las Vegas para la carrera, no podría pasar mucho tiempo con ellas el viernes y el sábado. A la inversa, ellas no necesitaron decirme que les parecía muy bien. Mientras yo trabajaba, ellas se iban de compras y de turismo y luego, a la hora de comer, nos reuníamos. Lo de Las Vegas fue un poco diferente, ya que el número de eventos a los que tenía que asistir se salía de la norma. Por suerte, se trataba sobre todo de actos sociales, así que Gertie y Greta estuvieron encantadas de acompañarme. Al final, creo que todos lo pasamos bien. Incluso Max Verstappen.

Lo que creo que acabará ocurriendo ahora es más de lo mismo y, para ser sincero, no veo el momento. Si incluimos mis dos temporadas con Jaguar y el tiempo que pasé creando Haas, he pasado trece años viajando cientos de miles de kilómetros, pero sin ver casi nada. Un amigo mío de Inglaterra vino al Gran Premio de Singapur en 2023 y conoció más Singapur en tres días que yo en una década.

—Los jardines botánicos son impresionantes —me dijo el viernes por la noche durante la cena, después de que yo hubiera estado en el circuito todo el día—. Sobre todo, el jardín de orquídeas. Deberías ir a verlos. Vaya, lo siento. No puedes, ¿verdad? Qué pena.

—¡Vete a la mierda!

Estoy bastante seguro de que esa noche también pagué la cena. Qué cara más dura.

Para empeorar las cosas, el mismo tipo vino a Brasil para el Gran Premio en noviembre. «Los restaurantes de São Paulo son geniales», comentó durante lo que probablemente fue otra comida gratis. El hecho de que él hubiera probado más de lo que ofrecen estos lugares en unas pocas horas que yo en diez años me dio ganas de cambiar las cosas, y lo haré.

Hay otra cosa que aún no he mencionado sobre lo que haré en el futuro, y puede que os sorprenda. Hace unos cinco años, estaba en Merano y el hombre que me había vendido el apartamento donde vivimos cuando estamos allí me convenció para que comprara una casa que acababa de reformar. No tengo ni idea de lo que me hizo decir que sí, pero eso es exactamente lo que hice.

—¿Que has hecho qué? —dijo Gertie.

—He comprado una casa de cinco habitaciones en el centro de Merano.

—Pero ¿por qué?

—No lo sé.

—¿No sabes por qué? Ay, Guenther.

Aunque no lo creáis, suelo ser un buen marido y soy bastante comunicativo. Tampoco hago las cosas por capricho. ¿Qué coño había pasado?

Una vez que las cosas se calmaron un poco, Gertie y yo tuvimos una conversación sensata sobre lo que íbamos a hacer con la casa de Merano, y la opción más viable parecía ser convertirla en un pequeño hotel o una casa de huéspedes.

Cuando se lo conté, Stuart Morrison me dijo:

—¿Vas a montar un hotel?

—Sé lo que estás pensando —añadí—. No digas una palabra más. Crees que me voy a convertir en una especie de Basil Fawlty.

—Es exactamente lo que estaba pensando.

—Lo sabía.

—¿Quién sería Manuel?

—No lo sé. ¿Y Alonso?

Después de muchas discusiones con Gertie, que tenía tantas ganas de convertirse en Sybil Fawlty como yo en Basil, decidimos optar por una casa de huéspedes.

—¿Por qué no la hacemos temática? —sugirió Gertie.

—¿Como qué?

—Como la Fórmula 1.

—¿Te refieres a colocar mesas hechas con neumáticos y ponerles nombres de pilotos a las habitaciones?

—¡No! Me refiero a que cada *suite* podría diseñarse pensando en un lugar famoso de la Fórmula 1, como Singapur o Montecarlo.

—Entonces, ¿nada de neumáticos?

—Nada de neumáticos.

Y eso es exactamente lo que hicimos. Durante los dos años siguientes, con la ayuda de un diseñador de interiores, Gertie diseñó cinco *suites* inspiradas en cinco lugares diferentes: Melbourne, Singapur, Suzuka, Montecarlo y

Silverstone. La casa de huéspedes se llama Villa Steiner, y los dos estamos muy orgullosos de ella. Una pequeña parte de mí todavía desearía que la hubiéramos convertido en un hotel en el que yo golpeara a Alonso en la cabeza con una sartén cada dos minutos y llamara capullos a los huéspedes, pero bueno, no se puede tener todo en la vida.

Bien, amigos, me temo que nuestro tiempo juntos está llegando a su fin. Pero ha sido divertido, ¿no creéis? Espero que sí. Yo lo he disfrutado. Es una buena historia. Una historia que sería difícil de inventar. Sed sinceros conmigo, si fuerais un editor de una editorial o el productor de un estudio de cine y os llegara una propuesta como esta historia, ¿qué haríais? Llamar a la policía, probablemente. Me pregunto qué será lo próximo. Supongo que algún día escribiré una autobiografía, si a alguien le interesa, pero no será hasta dentro de un tiempo. Todavía tengo que vivir un poco más. Y, quién sabe, tal vez algún día me veáis de nuevo en el *paddock,* pero no con un micrófono en la mano.

Vale, panda de estrellas del *rock.* Nos vemos en el otro lado, dondequiera que esté.

Ciao.

AGRADECIMIENTOS

Teniendo en cuenta la cantidad de gente que me ayudó a montar Haas F1 y que lo ha mantenido en marcha durante tanto tiempo, por no mencionar a los que me ayudaron a escribir y publicar una obra de tanta calidad, esto podría convertirse en otro puto capítulo si me descuido. Pero vale la pena gastar papel por ellos. Todos ellos. Antes de continuar, si me olvido de alguien, y lo haré, me gustaría disculparme de todo corazón.

Si hacemos esto en orden cronológico, lo que parece sensato, me gustaría dar las gracias en primer lugar a Chase Carey, Stefano Domenicali, Bernie Ecclestone y a los difuntos y grandes Charlie Whiting y Niki Lauda. Ya sabéis que, sin su ayuda, no habría hecho mi sueño realidad y siempre estaré en deuda con ellos. Pero no económicamente, ¿vale, Bernie?

A continuación, me gustaría expresar mi agradecimiento a todas y cada una de las personas que contraté o con las que trabajé en Haas F1, desde Alan, Pete, Dave-o, Stuart, Kate, Nigel y el resto de los chicos que estuvieron allí desde el principio, hasta todos los que se incorporaron al equipo cuando me marché. Nunca sabréis lo orgulloso que estoy de cada uno de vosotros y, en contra de la creencia popular por lo que ha ocurrido desde que me fui, nada me gustaría más que ver triunfar, progresar y prosperar al equipo que formé con la ayuda de Gene. No es más de lo que cualquiera de vosotros se merece y os deseo lo mejor.

Bien, ahora pasemos al libro. Una vez más, mi cómplice en lo que acabáis de leer es un tipo bajito de Leeds con el que he estado trabajando casi constantemente durante más de dos años, James Hogg. Gracias Hoggy. Si nos piden un tercer libro, ¡ve y cómpranos una puñetera freidora de aire!

También me gustaría dar las gracias a mi agente literario, Tim Bates, de Peters Fraser + Dunlop, y a mi editor, Henry Vines, de Penguin Random House. Estos dos pijos londinenses están dispuestos a juntarse con fracasados como Hoggy y yo, y la verdad es que formamos un buen equipo. ¡Que siga así!

Por último, pero no por ello menos importante, quiero dar las gracias a Gertie y Greta. Siempre me brindasteis vuestro apoyo incondicional mientras formaba y luego dirigía Haas F1, y no podría haberlo hecho sin vosotras.

En realidad, hay algunas personas más a las que me gustaría dar las gracias antes de despedirme, y son los aficionados a la Fórmula 1. Desde que me convertí de forma involuntaria, y cito, «en la estrella revelación de la exitosa serie de Netflix *La emoción de un Grand Prix»*, he recibido una oleada constante de sonrisas, cumplidos, apretones de manos, abrazos y buenos deseos. ¿Qué más podría desear un hombre mayor con talento para decir lo incorrecto en el momento adecuado? Hacéis que la vida sea divertida y creo que sois jodidamente increíbles.

CRÉDITOS DE LAS IMÁGENES

Se ha hecho todo lo posible por contactar y reconocer a los titulares de los derechos de autor, pero los editores piden disculpas por cualquier error u omisión al respecto e invitan a corregirlos en futuras ediciones.

Página 1: El autor con Niki Lauda en el Gran Premio de Brasil, 2002 © Mark Thompson/Getty Images; con Christian Horner, 2005 © Motorsport/LAT Images; al teléfono, 2005 © Motorsport/Sutton Images.

Página 2: Rueda de prensa de los directores del equipo, Singapur, 2016 © Mark Thompson/Getty Images; de pruebas en Barcelona, 2016 © Motorsport/Sutton Images; celebrando los primeros puntos del equipo, 2016 © Sam Bloxham/Motorsport/LAT Images.

Página 3: El autor en el Gran Premio de China, 2017 © Motorsport/LAT Images; el bastón, 2017 © Motorsport/ Sutton Images; con Ayao Komatsu y Arron Melvin, 2019 © Charles Coates/Getty Images.

Página 4: El autor con Toto Wolff en Austria, 2018 © Pixathlon/ Shutterstock; en una rueda de prensa, 2020 © Pixathlon/ Shutterstock.

Página 5: Romain Grosjean se estrella en Baréin, 2020 © Andy Hone/Motorsport/LAT Images; el autor con

Grosjean, 2020 © Peter Fox/Getty Images; el covid llega a la Fórmula 1, 2022 © Clive Mason/Getty Images.

Página 6: El autor con Eddie Irvine en 2022 © Peter Fox/Getty Images; aficionados australianos, 2022 © Andy Hone/Motorsport/LAT Images; haciendo fotos, 2024 © Clive Mason/Getty Images.

Página 7: Sobrevivir a toda velocidad en la naturaleza © Motorsport/LAT Images; el autor con Mohammed Ben Sulayem, 2022 © Julien Delfosse/Shutterstock; dirigiéndose a Downing Street, 2023 © Dan Kitwood/Getty Images.

Página 8: El autor en Australia, 2023 © Dan Istitene/Getty Images; en Suzuka, 2023 © Michael Potts/Shutterstock; con Gertie en los Autosport Awards, 2019 © Glenn Dunbar/Motorsport/ LAT Images.

Principal de los Libros le agradece la atención
dedicada a *Sin filtro,* de Guenther Steiner.
Esperamos que haya disfrutado de la lectura
y le invitamos a visitarnos
en www.principaldeloslibros.com,
donde encontrará más información
sobre nuestras publicaciones.

Si lo desea, también puede seguirnos
a través de Facebook, Twitter o Instagram
utilizando su teléfono móvil
para leer los siguientes códigos QR: